教师心理健康

张怀春 主编

图书在版编目(CIP)数据

教师心理健康/张怀春主编. —北京：北京大学出版社，2016.10
（21 世纪教师教育系列教材）
ISBN 978-7-301-27403-3

Ⅰ.①教… Ⅱ.①张… Ⅲ.①教师—心理健康—健康教育—师资培训—教材 Ⅳ.①G443

中国版本图书馆 CIP 数据核字（2016）第 189319 号

书　　　名	教师心理健康 JIAOSHI XINLI JIANKANG
著作责任者	张怀春　主编
丛书主持	李淑方
责任编辑	邹艳霞　李淑方
标准书号	ISBN 978-7-301-27403-3
出版发行	北京大学出版社
地　　　址	北京市海淀区成府路 205 号　100871
网　　　址	http://www.pup.cn　新浪微博:@北京大学出版社
微信公众号	通识书苑（微信号：sartspku）　科学元典（微信号：kexueyuandian）
电子邮箱	编辑部 jyzx@pup.cn　总编室 zpup@pup.cn
电　　　话	邮购部 010-62752015　发行部 010-62750672　编辑部 010-62767857
印刷者	天津中印联印务有限公司
经销者	新华书店 787 毫米 × 1092 毫米　16 开本　17.5 印张　350 千字 2016 年 10 月第 1 版　2024 年 5 月第 4 次印刷
定　　　价	55.00 元

未经许可，不得以任何方式复制或抄袭本书之部分或全部内容。
版权所有，侵权必究
举报电话：010-62752024　电子邮箱：fd@pup.cn
图书如有印装质量问题，请与出版部联系，电话：010-62756370

前　言

"教师心理健康"是教师教育类课程中的一门选修课程。该课程旨在为师范类学生和在职教师提供必要的理论基础知识和实用策略训练,使师范类学生和在职教师了解有关教师心理健康和对学生实施心理健康教育的基本知识,掌握出现心理健康问题后自我调节或寻求帮助的方式方法以及对学生开展心理健康教育的策略和技能,帮助师范类学生尽早有意识地预防心理疾病,保持心理健康;帮助在职教师审视自己在心理健康方面可能存在的问题,正确对待学生的心理问题,及时给予恰当处理,成为优秀的教育教学和管理工作者。

教材是重要的课程资源,是培养师范类学生和在职教师科学技能和继续学习能力的重要载体。本教材依据《国家中长期教育改革和发展规划纲要(2010—2020年)》,参照教育部中小学教师资格考试大纲,本着以下两条原则进行编著。第一,尽可能做到与时俱进。心理健康和心理健康教育方面的理论、方法、策略不断有创新,教材尽可能吸取这些理论创新和方法策略的进步,选取的资料尽可能贴近学科前沿,体现科学性、时代性、领先性和实用性,同时也展示了编著者在相关领域的最新研究进展。第二,紧密结合教育教学一线实际,引进西方外来理论和技术,又充分考虑国情,注重教材在中国文化传统下的适用性,达到师生身心健康成长、教育教学事半功倍的效果。

本教材共分为十一章。第一章为教师心理健康概论,引导师范生和在职教师关注心理健康问题,让他们了解在心理健康自知、求助、心理援助方面的原理原则;第二章阐述教师角色扮演中如何做到心理健康;第三章阐述教师最常见的压力问题;第四至七章,分别阐述了教师认知、情绪情感、意志和性格等方面的心理健康问题;第八章阐述教师人际关系问题;第九章阐述教师教学中的心理健康;第十章是关于教师心理健康教育能力的问题;第十一章介绍的是为增进心理健康开展的心理素质拓展训练知识。为增强学习者学习本课程的兴趣,激发他们主动学习和探索的动机,本教材在内容中插进了一些相关知识介绍,以"拓展阅读""案例分析""走进课堂"等方式出现。

本教材编著者由高校长期从事心理学特别是有关心理健康和心理咨询科研与教学的研究者、专业教师组成,他们具备丰富教学实践经验,保证了教材取材和研究的广度与深度,教材质量可靠。各章编著者分别是:张怀春,第一、六、十、十一章;江玉印,第二章;柳加仁,第四章;宋其安,第三、七章;孙俊才,第五、九章;张雯,第八章。全书由张怀春负责统稿定稿。

  本教材的编著得到了曲阜师范大学教师教育教材建设项目资助,也得到了教师教育学院领导和全体教职员工的热情支持。北京大学出版社的李淑方、邹艳霞编辑对本教材的编著给出了具体实在的帮助和指导,对他们致以真诚谢意。本教材借鉴和吸收了同行研究者和各位专家的观点、成果,我们尽可能在书中注明出处以表示尊重,也在各章末尾列出参考文献,但仍可能有所疏漏,在此对可能出现的疏漏谨请有关学者、专家予以宽容。另外,对本教材可能存在的错误、疏漏,敬请各方人士和教材使用者批评指正,不胜感激!

编 者

2015 年 12 月

目　　录

第一章　绪　　论 ··· 1
　　第一节　教师心理健康概论 ··· 1
　　第二节　教师心理健康问题 ··· 5
　　第三节　教师心理自我保健与求助 ·· 13

第二章　教师角色与教师心理健康 ·· 33
　　第一节　角色与教师角色 ··· 33
　　第二节　教师角色要求的心理素质 ·· 39
　　第三节　教师角色心理健康状况对学生的影响 ···································· 46

第三章　教师压力与心理健康 ··· 51
　　第一节　压力概述 ·· 52
　　第二节　教师压力的主要来源 ·· 56
　　第三节　教师压力的应对策略 ·· 66

第四章　教师认知与心理健康 ··· 73
　　第一节　教师世界观与心理健康 ··· 74
　　第二节　教师教育观念与心理健康 ·· 77
　　第三节　教师不合理信念的调整 ··· 81

第五章　教师情绪情感与心理健康 ·· 91
　　第一节　教师情绪情感概述 ·· 92
　　第二节　教师消极情绪情感调控 ·· 101
　　第三节　教师积极情绪情感养成 ·· 105

第六章　教师意志与心理健康 ·· 109
　　第一节　教师意志与意志行为 ··· 109
　　第二节　教师积极行动克服困难 ·· 116

| 第三节 教师挫折与正确对待 | 124 |

第七章 教师性格与心理健康 … 139
- 第一节 性格与教师职业和心理健康 … 140
- 第二节 教师常见性格消极因素及其调适 … 147
- 第三节 教师完善与提高积极性格 … 156

第八章 教师人际关系与心理健康 … 162
- 第一节 人际关系与心理健康 … 164
- 第二节 教师的人际关系类型 … 171
- 第三节 教师人际关系调适的艺术 … 175

第九章 教师教学中的心理健康 … 192
- 第一节 教师的教学观和学生观 … 192
- 第二节 教师课堂教学积极心理学原则 … 200
- 第三节 教师培养学生创新能力与创造性 … 205

第十章 教师心理健康教育能力 … 217
- 第一节 学校心理健康教育中的常见做法和误区 … 218
- 第二节 教师心理健康教育能力的结构 … 221
- 第三节 教师心理健康教育能力的提高 … 223
- 第四节 教师心理健康教育实施模式 … 226

第十一章 教师心理素质拓展训练 … 246
- 第一节 心理素质拓展概论 … 246
- 第二节 教师心理素质拓展类型、价值与要素 … 255
- 第三节 教师心理素质拓展示例 … 261

第一章 绪 论

学习目标

1. 了解健康、心理健康及教师心理健康的意义。
2. 掌握教师心理健康的标准,了解教师常见心理问题与疾病。
3. 知晓教师遇到心理健康问题如何去做。

近年来,教育界出现了一些令人痛心疾首的事件。有教师自杀悲剧;有教师被杀;有教师体罚甚至残酷虐待学生事件;有教师对学生实施言语暴力导致学生自杀惨剧;还有令人发指的教师奸杀学生并烹煮尸体凶案……

这些事件涉及法律、道德、纪律、管理、素质、健康等诸方面,其中心理健康是容易受到忽视的一个重要问题。教师了解心理健康,讲究心理保健,保证在身心处于健康状态下从事教育教学和学生管理,对心理问题和心理疾病防微杜渐,才能减少悲剧发生的概率,使自己从事的教育事业健康发展。

第一节 教师心理健康概论

世界卫生组织(WHO)的一项全球调查结果显示,真正符合世界卫生组织关于健康的定义、达到健康标准的人只占5%,有约20%的人是需要诊治的病人,其余75%的人处于健康和疾病之间的状态,即"亚健康"状态。"亚健康"经常被诊断为疲劳综合征、内分泌失调或神经衰弱等,在心理上常表现为精神不振、情绪低沉、反应迟钝、失眠多梦、白天困倦、注意力不集中、记忆力减退、烦躁焦虑、易受惊吓等,在生理上表现为疲劳、乏力,活动时气短、出汗、腰酸腿疼等。"亚健康"可出现心血管系统疾病,如心悸、心律不齐等。造成"亚健康"的主要因素包括:竞争日趋激烈,用心用脑过度,身体主要器官长期处于"入不敷出"状态等。

一、健康与心理健康

1989年,世界卫生组织提出健康新概念,健康包括生理健康、心理健康、道德健康等。

生理健康是指人的身体能够抵抗一般性感冒和传染病,体重适中,体形匀称,眼睛明亮,头发有光泽,肌肉、皮肤有弹性,睡眠良好等。生理健康是人们正常生活和工作的基本保障。

心理健康是指人的精神、情绪和意识方面的良好状态,包括智力发育正常,情绪稳定乐观,意志坚强,行为规范协调,精力充沛,应变能力较强,能适应环境,能从容不迫地应付日常生活和工作压力,经常保持充沛的精力,乐于承担责任,人际关系协调,心理年龄与生理年龄相一致,能面向未来。心理健康同生理健康同样重要。良好的心态,能促进人体分泌出更多有益的激素,能增强机体的抗病能力,促进人体健康长寿。

道德健康指能人们能够按照社会道德行为规范准则约束自己,支配自己的思想和行为,有辨别真与伪、善与恶、美与丑、荣与辱的是非观念和能力。

【拓展阅读】

巴西著名医学家马丁斯研究发现,屡犯贪污受贿的人易患癌症、脑出血、心脏病等。品行善良、心态淡泊、为人正直、心地善良、心胸坦荡,则会心理平衡,有助于身心健康。相反,有违于社会道德准则,胡作非为,则会导致心情紧张、恐惧等不良心态,有损健康。一个人食不甘味、寝不安席、惶惶不可终日,何以谈健康!这类人很容易发生神经中枢、内分泌系统功能失调,其免疫系统的防御能力也会减弱,在恶劣心态的重压和各种身心疾病折磨下,早衰或早亡。

生理健康是心理健康的物质基础,心理健康是生理健康的精神支柱。良好的情绪状态可以使生理功能处于最佳状态,反之则会降低或破坏某种功能而引起疾病。身体状况的改变可能带来相应的心理问题,生理上的缺陷、疾病,特别是痼疾,往往会使人产生烦恼、焦躁、忧虑、抑郁等不良情绪,导致各种不正常的心理状态。人的身体和心理是紧密依存的两个方面。

二、教师心理健康的意义

教育部颁布的《中小学心理健康教育指导纲要》要求教育相关部门要关心教师的工作、学习和生活,从实际出发,采取切实可行的措施,减轻教师的精神压力和心理压力,使他们学会心理调适,有效提高心理健康水平。

(一)教师心理健康状况是重要问题

教师职业是一份承载着责任与使命的特殊职业。教师的根本职责,是培养社会主义新人,是培养社会主义现代化事业的建设者和接班人。自觉履行教师职业责任,就是要求教师把职业责任变成自觉的道德义务,为培养和造就社会主义新人无私奉献。正因为教师责任重大,所以教师的心理健康状况是相当重要的一个问题。要让学生具有良好的心理素质,首先教师要有良好的心理素质;要提高学生的心理健康水平,首先教师要有较高的心理健康水平。因此,关注教师的心理健康至关重要。随着经济社会的急剧变革,种种压力不期而至,人们的心理问题越来越严重。教师归根到底是一个普通的社会人,同样会有不同程度的心理问题,但教师职业的特殊性又要求教师必须以心理健康者的面貌出现并表现出心理健康的行为,因为教师的一言一行在学生心目中将产生深远影响。这要求教师不仅要用高超的教学艺术去培养学生的智力,还要以高尚的师德和良好的心理素质去感染和熏陶学生,高尚的师德和良好心理素质源于教师的心理健康。教师的思维方式、处世态度要与社会要求相协调,为社会所容纳,要具有创造性思维,有广泛的生活兴趣、融洽的人际关系、健康的情绪体验、积极的进取精神、稳定的工作热情。

教师不仅对学生传授知识,更是在塑造人格。教师对学生的影响,不仅可以通过实际的教育教学过程和学生管理工作来实现,还通过教师自身的人格特点和表现的心理健康状态这些无形的教育资源对学生产生潜移默化的影响。

(二) 教师心理健康对教学具有影响力

1. 教师心理健康影响课堂教学效果

教学过程中教师的人格特征与心理状况是不可忽视的教学力量,它直接影响学生的非智力因素,如兴趣、动机、情绪、意志、性格等,进而影响课堂教学效果。教师对工作充满热情,对教学表现出浓厚兴趣,能通过各种途径激起学生求知欲,激发学生对学习的兴趣。教师轻松愉快的心境,可以让学生产生愉快的情感体验,使学生创造性思维及想象力明显提高;教师表现出情绪低落、萎靡不振、暴躁易怒,会使课堂心理气氛紧张,学生感到压抑,思维活动受束缚。教师良好的心理品质和人格特征,对学生有强烈吸引作用,学生"亲其师,信其道",会愉快地向教师学习。这可以激发学生学习动机,有利于课堂教学效果提高。

2. 教师心理健康影响学生心理健康和人格健全发展

教师心理健康不仅对学生心理健康产生直接积极影响,还有助于教师形成较强的心理健康教育能力。教师和学生朝夕相处,教师一言一行都是学生模仿的榜样。教师心态良好,意志坚强,有进取心、同情心、创造力,人际关系协调,人格完善,能迅速调节不良情绪,就能与学生建立良好师生关系,学生在潜移默化中养成良好心理品质;反之,心理不健康的教师,赏罚无度,喜怒无常,冷漠粗暴,容易引起学生情绪困扰、适应不良,甚至产生心理障碍,形成消极人格特征。学生成长过程中出现的程度不同的心理障碍、交往障碍和青春期情绪困惑等心理问题需要人格健全、心理健康的教师加以指导。只有心理健康的教师,才能使这些问题得到及时、有效的教育和指导。

【拓展阅读】

上课迟到　班主任"骂"死花季女生

2003年4月12日早上,丁小婷醒来已经8点多钟了,她急得连早餐都没敢吃便去学校。当她心惊肉跳地赶到学校时,已经耽误了一节课。第二节课时,班主任汪宗惠把丁小婷叫到了办公室,训斥了近1个小时。她先是用木棍打,接着又开始辱骂:"你不看看你自己,又矮、又丑、又肥,你只能当一辈子老处女,你连坐台的资格都没有!"第三节课是汪宗惠的语文课,整整一节课丁小婷都坐在座位上抽泣。

下课后,同学们发现丁小婷不见了,中午午餐时也没有出现。她独自带了一支笔、一个本子、一支漂亮的发夹,悄悄地从5楼的教室上了8楼。

在8楼档案室外,绝望的15岁女孩丁小婷含着泪把遗书写好后,纵身跳了下去……

一声轰响,丁小婷从重庆实验学校教学大楼8楼跳下来重重地摔在水泥地上,鲜血将一大块水泥地染红……

丁小婷被紧急送到重庆市急救中心进行抢救。由于伤势过重,丁小婷如花的生命就这样骤然凋零了。

丁小婷遗书写道:"汪老师您说得很对,我做什么都没资格,学习不好,长得也不漂亮,连坐台都没资格。您放心,我不会再给您惹事,因为这个世界上不会再有我这个人,我对您的承诺说到做到……"

法院认为,被告人汪宗惠明知体罚学生和对学生使用侮辱性语言会使学生的人格尊严及名誉受到贬损,仍实施该行为,足见其主观故意。客观方面,汪宗惠当着第三人的面,实施侮辱行为,具有法律所规定的"公然"性,且引发的后果严重,属"情节严重"。因此,汪宗惠的行为符合侮辱罪的主客观构成要件。汪宗惠的行为不仅贬损了丁小婷的人格尊严和名誉,而且产生了严重的后果,造成恶劣的社会影响,具有一定的社会危害性,应当受到刑事制裁。

法院作出一审宣判,以侮辱罪判处被告人汪宗惠有期徒刑一年,缓刑一年。

(转引自:巴山晓琴.上课迟到　班主任"骂"死花季女生[EB/OL].2003-09-16. http://edu.sina.com.cn/l/2003-09-16/53295.html. 有改动.)

（三）教师心理健康对教师自己具有重要意义

1. 教师心理健康有助于提高工作效率

教师心理健康水平高就会在智力、情感、意志和个性等方面得到正常健康发展，形成健全人格，做到自如运用自己的智慧应付客观环境，心理倾向和行为与社会现实要求关系协调，个体与环境取得积极平衡，有利于学习和工作。一个心理健康的教师能以正确态度和方法来对待矛盾和处理问题，学习、工作效率优于心理不健康者。

2. 教师心理健康有助于身体健康

心理健康与生理健康关系密切。心理健康与生理健康互为因果，相互制约。心理健康可以提高教师的机体免疫水平，增加抗病防病能力。教师提高心理健康水平，可促进生理健康，增强体质。心理健康也会使身体疾病较快治愈。

3. 教师心理健康才算具备完善人格

教师人格特点及心理健康水平会在教育教学中体现出来。心理健康的教师，为学生塑造完美健康形象，使学生在潜移默化影响下向健康方向发展。在班级"心理场"中，教师占主动、支配地位，学生易把教师视为自己模仿的榜样。教师对学生的影响是深刻、长远的。教师不仅传授知识，还塑造学生健全的人格、为学生设计良好的心理成长环境。因此，教师的人格、心理健康水准，对学生全面健康发展很重要。

综上所述，教师心理健康状况对学生的健康成长起着举足轻重的作用，对教师自己也很重要。教师要加强自己的心理健康防护，提供学生健康成长的环境。教育管理部门要加强教师审核，筛选心理健康者担任教师，并创造条件让教师愉快工作、学习、生活，把重视教师心理健康作为管理者义不容辞的责任，让学生生活、学习在心理健康者构成的环境之中。

三、教师心理健康涉及的内容

教师心理健康涉及教师心理的方方面面。本书重点阐述以下内容：第二章的"教师角色与教师心理健康"；第三章的"教师压力与心理健康"；第四章的"教师认知与心理健康"；第五章的"教师情绪情感与心理健康"；第六章的"教师意志与心理健康"；第七章的"教师性格与心理健康"；第八章的"教师人际关系与心理健康"；第九章的"教师教学中的心理健康"；第十章的"教师心理健康教育能力"；第十一章的"教师心理素质拓展训练"。这些内容在各章的学习中逐一展开。

第二节　教师心理健康问题

教师心理健康像人的生理健康一样，在特定时间，因特定事件，会出现这样那样的问题甚至疾病。对此,教师应该正确认识,恰当处理,不必讳疾忌医,延误咨询或治疗。教师心理一旦出现问题或疾病,只有及时发现,积极寻求咨询或治疗,才能保证教育教学工作正常开展,保障师生人身、心理安全。

一、教师心理健康的标准

教师心理健康标准,既包括一般人具有的心理健康标准,又体现教师职业特殊性,概括起来,包含以下几点。

(一)对教师角色的认同

教师对教师角色的认同表现在实际行动中,就是勤于教育工作,热爱教学工作,爱生、爱校、敬业、乐业,在工作中获得成就感、满足感。

(二)具有健全的人格

教师健全人格通常表现为性格开朗,襟怀坦白,言行一致,表里如一;有正确的教育观、人生观、学生观,为人师表,诲人不倦,信心坚定,意志顽强,顺境不傲慢,逆境不悲观。

(三)有良好和谐的人际关系

教师良好和谐人际关系通常表现为有正确的荣誉观、名利观;交往中能了解彼此的权利和义务;能客观了解和理解别人,能够接受对方,接受他人的优点,也接受他人的缺点;与别人相处时,积极态度多于消极态度,尊重、理解、赞美、喜悦多于仇恨、怀疑、妒忌、厌恶;积极与他人真诚沟通,懂得与上下级和同事友好合作,注重建立和谐的师生关系。

(四)能正确了解自我、体验自我和悦纳自我

教师能对自己的能力、优缺点做出恰当客观评价,不随便拿自己跟别人比较,能平衡自我与现实、现实与现实的关系。

(五)具有教育独创性

教师的教育独创性表现为教师在教育教学过程中不断学习、不断进步、不断创造,能根据学生的生活、心理和社会特点富有创造性地解读教材、选择教法、设计教学环节,对不断出现的创新性教育教学方法能很快接受。

(六)在教育活动和日常生活中,能真实感受情绪,恰如其分地控制情绪

教师具备健康心理,就能保持乐观积极心态,在任何情况下,都能恰当表达和控制自己,反应适度,行为有序,安详稳妥地处理学校工作和社会生活中的突发事件;不将生活中不愉快的情绪带入课堂,不迁怒于学生;冷静处理课堂环境中的不良事件;克制偏爱情绪,一视同仁地对待学生;不将工作中的不良情绪带回家庭。

在理解教师心理健康标准时，应当注意以下两点。

第一，心理健康与不健康是一种连续的状态。人的心理健康水平可以分为不同等级，从良好心理健康状况、一般心理健康状况、有某些心理困扰、轻度心理障碍到严重的心理疾患，是一个连续的过程。许多情况下，正常心理与异常心理、常态心理与变态心理两极之间只有相对标准和程度差异，没有绝对界线。

第二，心理健康状态是动态变化的。人的心理健康状态不是静止固定的，而是动态变化的。环境改变、不良刺激、意外事件、自身成长与发展、学习与经验积累、主观调节能力等都能影响心理健康状态。如果不注意心理保健，经常处于焦虑、抑郁心理状态，心理健康水平必然会下降；反之，如果出现困扰、失衡后能正确认识，及时自我调整和寻求帮助，就会恢复到心理健康良好状态。每一个人在现有基础上通过努力，不断发挥自身潜能，都可以追求心理健康发展的更高层次。

二、教师存在的心理健康问题

根据对教师心理健康的定义，按照程度不同，可以将教师心理健康问题划分为三类：发展性心理问题、适应性心理问题与障碍性心理问题。

（一）教师的发展性心理问题

发展性心理问题主要是指教师自身不能正确自我认知，特别是对自我能力、自我素质方面的认知，其心理素质及心理潜能没有得到有效、全面发展。

发展性心理问题的解决重在帮助教师提高心理素质，健全人格，通过针对性教育训练，培养其良好心理素质，塑造健康完整人格，使其成为适应现代社会需要的合格教师。

发展性心理问题的特点有如下几点。

（1）发展性心理问题是心理健康、身心发展正常教师的问题，意味着教师在发展方面仍有潜力可挖，心理素质还有提高的空间。

（2）发展性心理问题的解决，重在引导教师在一个更新层面认识自我，开发自我潜能。这种潜能开发更具有突破自我认识局限性的特征，能使教师在能力提升、信心重建等方面实现一定飞跃，使自己得到更充分发展。

（3）强调发展的原则。发展性心理健康问题是教师的工作、适应、发展等问题，更侧重于"发展"方面，着眼于教师心理素质提高和教师能更好、更充分地发展。要求教师更会调节和控制情绪、改善精神状态、建立自信心。

【案例分析】

一位教师日记中显示的心理困惑

教学中的我为什么会不自信？

开学第二周了，一直想着写日记但是没动笔，今天才终于下定了决心。

我的问题实在是有点多，也很乱。我很没有头绪，很不自信。

今天是星期五，本来我已经下班了，此刻应该回到家里或者休息或者吃饭，但是我想备课，想看书，想多熟悉教材，我现在正待在办公室里面。

回顾过去的两个星期，我一边担忧着，一边前进着，走着……

整体上来讲，我的课堂很活跃，因为我喜欢看到学生活泼快乐的样子。课堂上一动一静的节奏也让我很有成就感。安排他们讨论的时候，大部分学生很积极地讨论着，少部分基础欠佳的学生也偶尔会将信将疑地发言。并且讨论的结果都很符合我本来设计的思路，说明我的问题起到了恰到好处的引导作用。在我写板书的时候，学生很积极地主动做笔记。我尽量做到关注每一个学生，我喜欢看他们的眼睛，我发现，大部分时候我看着他们时，他们也在看着我，大家保持着一种默契。每一次，我都会为这种默契而为自己欣慰，我很棒。我以为，老师在课堂上的表情对学生有很大的影响，老师的激情可以在一定程度上带动或者激发学生的热情。我最害怕的是在课堂看见一个无辜的表情，我怕他们听不懂我讲的知识，我怕他们觉得我讲得不够生动，没有兴趣。我怕这些事情的到来，所以在备课的时候，上课的时候，我尽量避免这些事情的发生。虽然，但目前为止，还没有发生过，我并不认为是因为自己做得好，我更多的是在觉得这是自己的幸运，因为我没有一套自己的方法，没有总结过方法。究竟哪些地方做得好，是根据什么做的，为什么这么做会达到这样的效果，我思考了吗？我没有总结！是胡乱碰到而已。

我为什么会不自信？为什么别的老师说学生喜欢我、喜欢我的课的时候，我发自内心地不相信？我为什么要一直在怀疑自己？我很自卑，自卑于我的个人魅力，自卑于我的专业知识。我不是一个幽默的人，也不是一个学习成绩优秀的学生。

作为新老师，我这么不自信，真的很不好，很不好，我该怎么办？

感觉肩上有几千斤的担子压着，我为什么这么不自信？我好茫然……

这篇日记说明教师也会缺乏自信，新教师更容易出现缺乏自信的问题。缺乏自信是教师自我认知方面的问题，是发展性心理问题的一种体现，如果教师不能够进行自我调节，会影响其心理健康。

（二）教师的适应性心理问题

适应是个体在现实生活中不断调整身心状态，与环境保持良好、有效接触的过程。适应性心理问题是个人与环境不能取得协调一致所带来的心理困扰，属于正常人出现的心理不健康问题。

在人生各个阶段，个体要不断依据环境的变化，持续不断地维护心理平衡。这个过程反复出现，伴随人的一生。当人无须付出太高代价去处理一个具有一般性及可预期性与环境有关的问题，很快实现与环境之间的和谐、平衡，就可以说这个人具有了较好的适应性。

教师的适应性心理问题有以下几个特点。

（1）适应性心理问题发生在身心发展正常，但带有一定心理、行为问题的教师，或者在适应方面发生困难的正常人身上。

（2）解决教师适应性心理问题，需多注重教师正常需要与现实状况之间的矛盾冲突，主要工作是运用认知调整，帮助教师在认知方面得到调整和改善。

（3）强调引导与自我教育。解决教师适应性心理问题，要重视教师自身理性的作用。领导者或心理健康辅导人员要帮助教师分析情况，提出合理解决途径和方法。强调发掘、利用教师潜在积极因素，引导教师自己解决问题。

（4）教师适应性心理问题，多涉及工作指导、交往指导、生活指导等，引导教师正确处理在这些方面遇到的心理问题。

（三）教师的障碍性心理问题

障碍性心理问题也称为"心理障碍""心理疾病"。其特征是个体持久地感受到痛苦；社会功能受损，人际关系糟糕，产生对抗甚至敌对行为；表现出非当地文化类型的特殊行为。

当教师遭遇人际关系严重冲突、重大挫折、重大创伤或面临重大抉择时，有人会表现出焦虑、恐惧、抑郁；有人表现出沮丧、退缩、自暴自弃；有人表现异常愤怒甚至冲动报复；有人过度应用防卫机制，表现出一系列适应不良行为。若长期持续，心理障碍得不到适当调适或解脱，就容易发展为更严重疾病，产生严重后果。

教师障碍性心理问题常见以下几种类型。

1. **焦虑性障碍**

焦虑是由紧张、焦急、忧虑、担心和恐惧等感受交织而成的复杂情绪反应。它可以在人遭受挫折时出现，也可能没有明显的诱因而发生，即在缺乏充分客观根据的情况下出现某些情绪紊乱。焦虑总是与精神打击以及即将来临的、可能造成的威胁或危险相联系，主观上感到紧张、不愉快，甚至痛苦和难以自制，并伴有植物性神经系统功能的变化或失调。焦虑可分为：正常焦虑与神经症性焦虑；状态焦虑与特质焦虑；广泛性焦虑与惊恐发作。

（1）正常焦虑与神经症性焦虑。① 正常焦虑是现实威胁引起的担忧、不安，是由人类与生俱来的有限性，即人类面对自然力量、病痛、微弱以及终极死亡感到脆弱无力，无法应付而产生的焦虑。正常焦虑的反应与客观威胁成比例，不涉及压抑或其他内在心理冲突机制，不需要启动神经性防御机制来管理焦虑，能在意识觉察层次上建设性对待，或当客观处境改变时，会变得较为舒缓。② 神经症性焦虑与惊恐并非由实际威胁或危险所引起，其紧张不安和惊恐程度与现实处境不相称。它所反映的威胁与客观危险不成比例，会有压抑（分裂）和其他心理冲突形式，会产生许多形式的退缩行动与警觉，以及各种神经性防御机制。

（2）状态焦虑与特质焦虑。① 状态焦虑（stateanxiety）指因为特定情境引起的暂时不安状态。② 特质焦虑指一般性人格特点或特质，它表现为比较持续的担心和不安。

（3）广泛性焦虑与惊恐发作。① 广泛性焦虑是以经常或持续的、全面的、无明确对象或固定内容的紧张不安及过度焦虑感为特征。这种焦虑与周围任何特定的情境没有关系，一般由过度担忧引起。典型表现是对现实生活的某些问题过分担心或烦恼，如担心自己或亲戚患病或发生意外，异常担心经济状况，过分担心工作或社会能力。这种紧张不安、担心或烦恼与现实很不相称，使患者感到难以忍受，但又无法摆脱；常伴有自主神经功能亢进、运动性紧张和过分警惕。患者常具有特征性外貌，如面肌扭曲、眉头紧锁、姿势紧张、坐立不安，甚至有颤抖，皮肤苍白，手心、脚心以及腋窝汗水淋漓。患者容易哭泣，是广泛性焦虑状态的反映，并非提示抑郁。多数患者自发病后在大部分时间有症状。通常，只有当症状持续几个月后才可以诊断为广泛性焦虑障碍（6个月）。如果不加干预，大约80%患者症状可持续3年。如果症状较严重或者伴有激越、现实感丧失、转换症状以及自杀观念，预后更差。一些慢性广泛性焦虑障碍的患者可有短期抑郁发作，通常在某次发作中患者会就医。② 惊恐发作是焦虑症的一种表现形式，亦称为急性焦虑发作。患者突然发生强烈不适，可有胸闷、气透不过来的感觉、心悸、出汗、胃不适、颤抖、手足发麻、濒死感、要发疯感或失去控制感，每次发作约一刻钟左右。发作可无明显原因或无特殊情境。还有一些人在某些特殊情境如拥挤人群、商店、公共车辆中发作。它是以反复出现强烈的惊恐发作，伴随死亡感或惊慌感，以及严重的自主神经症状为特点。大多数患者在反复出现惊恐发作之后的间歇期，常担心再次发病，因而惴惴不安，也可出现一些自主神经活动亢进的症状。惊恐发作时，由于强烈的恐惧感，患者难以忍受，常立即要求给予紧急帮助。在发作间歇期，60%的患者由于担心发病时得不到帮助，因而主动回避一些活动，如不肯单独出门、不到人多热闹场所、不乘车旅行等，或是出门要有他人陪伴等。

焦虑性障碍往往与典型的病态"完美主义"人格相关。完美主义人格主要表现为过度自我批评、过多体验失败、自我强加的过高标准或者过高目标追求;恐惧失败;不顾后果地追求成功;饱受应该得到目标的折磨;很难有幸福家庭生活感受;喜欢把意志强加给别人。

2. 抑郁性障碍

抑郁性障碍主要有三大方面典型表现。其一,情绪低落,这是抑郁性障碍的中心症状,表现为感觉不愉快、悲伤、无望等。即使患者否认有抑郁,旁观者往往也能从患者表情和行为等方面发现患者的低落情绪。其二,抑郁性障碍还表现为思维迟钝,患者感觉自己的思维反应变慢,脑子迟钝了,觉得脑子像是生锈锈住了,开动不起来,学习或工作效率明显下降。其三,抑郁性障碍还表现为动作减少,主要是指动作尤其手势动作减少,行动缓慢,少数抑郁状态严重,可缄默不语、不食不动、卧床不起,称抑郁性木僵状态。

3. 强迫性障碍

做事反复思考,犹豫不决,自知不必想的事仍反复想,不该做的事仍反复做,因而感到紧张、痛苦。强迫性症状中常见的有:强迫观念,如强迫回忆、强迫怀疑等;强迫意向或强迫冲动等;强迫动作,如反复检查门锁等。

强迫症状几乎每个人都曾出现过,但只要不成为精神负担,不妨碍正常工作、生活,就不应算作强迫性障碍。

4. 恐怖性障碍

患有恐怖性障碍者,所害怕的对象在一般人看来并没有什么可怕的,但仍出现强制性回避意愿和紧张、焦虑、眩晕等心理反应,如恐高症、利器恐怖、动物恐怖、广场恐怖及社交恐怖等。其中社交恐怖较为常见,主要表现就是赤面恐怖,也就是在众人面前脸红,面部表情惊恐失措,不敢正视对方,害怕别人看透自己的心思而难堪,产生紧张不安、心慌、胸闷等症状。

5. 疑病性障碍

有这种障碍的患者主要表现为对自己的健康状况过分关注,深信自己患了某种疾病,经常诉述不适,顽固怀疑、担心自己有病,经实验室检查和医生多次解释后仍不能接受,反复就医,甚至影响社会功能。这种对自身健康过度担忧的心理倾向就是疑病性障碍表现。

产生心理障碍,几乎人人都可能遇到,较长时间内不良心境持续积累,可能造成兴趣减退、生活规律紊乱,甚至行为异常、性格偏离怪异等,这些都需要寻求心理咨询的帮助。心理咨询也适用某些神经症性心理问题,诸如强迫症、焦虑症、恐惧症、疑病症等,还适用于某些生理心理障碍(即身心疾病)、神经系统器质性疾病引起的心理障碍、各种智力发育异常等。

三、教师常见的心身疾病

除了单纯身体疾病,或者单纯心理问题或疾病,还有一种与心理社会因素密切相关,但以躯体症状表现为主的疾病,这就是心身疾病。这种疾病的发生发展,心理社会因素起重要作用,躯体有症状表现,有器质性病理改变,不属于躯体形式障碍。国内综合性医院初诊病人中,有近1/3的人患的是与心理因素密切相关的躯体疾病。患者往往接受的是躯体治疗,心理社会因素方面很少得到关注。教师常见心身疾病有下列表现。

(一) 冠心病

冠心病指冠状动脉粥样硬化性心脏病。冠心病已成为最常见的疾病及成人死亡的第一原因,是现代社会危害人类健康和生命最严重的疾病之一。冠心病是多种因素综合作用的结果,社会心理应激、精神紧张、噪声等因素,同大量吸烟、高血压、高胆固醇血症、肥胖和不合理膳食、环境污染等一样,都是冠心病的前因,也是重要的诱因。

20世纪60年代初,弗里德曼和罗森曼(Friedman & Rosenman)提出A型行为模式(type A behavior patten)或A型人格是冠心病的重要危险因子,把A型人格同过去公认的高胆固醇、吸烟和高血压并列为心脏病四大危险因子。A型人格主要特征为进取心强、过分的抱负与雄心壮志、急躁易怒、行动匆忙、过分竞争与好胜、充满敌意。与A型人格相反的为B型人格,表现为性情温和、安于现状、办事从容、竞争性低、无紧迫感、没有敌意、知足常乐。研究结果表明,A型特征者冠心病的发病率是B型的两倍,心脏病的复发率是B型的五倍还多。

(二) 原发性高血压

原发性高血压,又称高血压病。这主要是由于高级神经中枢功能失调而致病,心理、行为和社会因素在其中起主导作用。外界及内在不良刺激,引起剧烈、长期的应激状态,导致中枢神经系统兴奋与抑制过程失调,使全身细小动脉痉挛,外周血管阻力增加,导致血压升高。同时由于内分泌功能发生紊乱,引起水钠潴留、血容量增加,加剧血压升高。

研究认为,高血压病与病前性格有关,有报道2/3的患者具有一定性格特征。容易激动,具冲动性、求全责备,刻板主观者易患高血压病。各种引起精神紧张的情绪因素,愤怒、恐惧、焦虑均可使血压升高。社会因素对高血压病发展与预后也有关系,社会心理压力的解除,会使血压明显下降。

心理治疗在高血压病中起重要作用。支持性心理治疗与抗高血压药物相结合的综合疗法,能取得更为满意的效果。松弛疗法、生物反馈治疗也有成效。

(三) 消化性溃疡

消化性溃疡包括胃、十二指肠溃疡,是最常见疾病。临床资料证实,心理社会性紧张刺激与溃疡病发生有直接关系。强烈持续心身紧张状态以及由此产生的焦虑、愤怒、抑郁、沮丧、痛苦等情绪体验,可以引起神经兴奋,导致胃液分泌增加,胃酸和胃蛋白酶原水平升高。

如果这种升高持续存在,就损伤胃和十二指肠而发生溃疡。

消化性溃疡病的人格特征表现为顺从依赖、过分自我克制、情绪不稳、内心矛盾重重等。由于他们惯于自我克制,在应激时情绪得不到宣泄,迷走神经反射更为强烈,胃酸和胃蛋白酶原水平增高尤甚,容易发生消化性溃疡。

(四)紧张性头痛和偏头痛

紧张性头痛和偏头痛是与心理因素关系密切的两个常见神经系统症状。紧张性头痛主要是额颞部和枕部出现的肌肉紧缩性疼痛,是临床常见的头痛病。偏头痛是一种周期性发作的头痛,疼痛多偏于一侧,发作时,可累及头、面、颈等部位。头痛主要原因是心情长期不愉快和情绪紧张。与情绪刺激有关,焦虑、紧张、愤怒以及疲乏时常可通过神经血管机制引起头部血管和肌肉强烈收缩而诱发头痛。

此类人的个性特点表现为好强、固执、孤独、刻板、敏感、嫉妒、内心冲突等心理特征。

第三节 教师心理自我保健与求助

教师心理健康需要悉心呵护,平时注意保健,出现问题和疾病需要及时咨询和治疗。对此,并不是所有教师都有自觉的意识,也不是具有求助意识的教师都采取了求助行动。需要加强引导,增强教师对自身心理保健和求助的积极主动性、自觉性。

一、教师心理健康的自知与求助动机

教师一旦出现心理问题或疾病,首要的事情是当事者是否具备对自身问题的自知力,更重要的是当事人是否具有及时求助的意识和动机。自知力和求助动机是解决教师心理问题或疾病的前提,因为心理咨询师对于心理咨询一般本着"来者不拒,往者不追"的原则行事,心理咨询师不能把心理咨询强加于缺乏自知力和求助动机的人。已经出现心理问题或心理疾病者如果缺乏自制力和求助动机,则要么是对自己的问题认识不足,或者是畸形自尊心作怪;要么是心理疾病严重,导致其无法知道自己已经出现严重疾病,更无法自己寻求治疗,只能由他人强制干涉送入专门医院进行治疗。

(一)教师对心理健康的自知力

在实际生活中,常有这样的人:他们急切地走进心理咨询室,急切地倾诉,认为自己的问题很严重,急切地请求帮助。心理咨询师了解情况后也觉得来访者非常需要改变和成长,也相信其改变和成长之后会拥有美好明天。可是,许多这样的来访者,在一次咨询之后就销声匿迹,或者在咨询两三次之后不声不响中断了。

其实,来访者中断咨询的原因多种多样,时间、精力、经济、症状好转、重视程度、其他阻力等都可能导致来访者自动中断心理咨询。在各种终止咨询的原因中,咨询和成长动机不强、后劲乏力是其中最重要最普遍的原因。

心理咨询是"来者不拒,往者不追"的一项工作,虽然有些人接受它并勇敢地走进咨询室,但依然存在很多误区。重要的误区是做心理咨询跟去医院看身体疾病一样,带着很高的期望值,以为只要往那一坐或一躺,自己什么都不干,全交给医生了。检查、开药、手术、治疗等,自己只要配合和付费就行了。多数来访者没有预料到,心理咨询过程是来访者在咨询师引导下艰难探索自己、改变自己的成长过程。成长要付出代价、经历痛苦。许多中国人不喜欢深入思考和自我探索。来访者的问题可能确实很严重,其问题的影响更多会在未来呈现,但来访者没有这种预见性,他们对自己心理问题的未来心理咨询有偏见,不愿主动深入求助。这需要咨询动机和成长动机的激发和维持。有的人,比如抑郁症、焦虑症患者,其自身心理能量很弱,弱到难以面对改变的困难和成长的痛苦,容易望而却步,这时有人助推一下,或许就能促进其寻求咨询并坚持下去,获得较好的效果。

自知力又称内省力,是人对自身精神状态的认识能力,即能否判断自己有病和精神状态是否正常,能否正确分析和识辨并指出自己既往和现在的表现与体验哪些属于病态。一个自知力完整的人,通常能认识到自己出现了问题或罹患疾病,并要求治疗。比如神经官能症患者,多数具有完整的自知力,他们最强烈地主动求助,主动诉说自己的不适,积极要求给予诊治,并配合治疗,称为自知力完整。精神病患者随着病情进展,往往丧失对精神病态的认识和批判能力,否认自己有精神疾病,甚至拒绝治疗,对此,医学上称之为自知力完全丧失或无自知力。经过治疗,随着病情好转、显著好转或痊愈,患者的自知力也逐渐恢复。

由此可知,自知力是用来判断人是否有精神障碍,精神障碍的严重程度,以及疗效的重要指征之一。

(二)教师对心理健康的求助动机

1. 教师对心理健康正确的求助动机

教师对心理健康问题正确的求助动机是指在出现心理问题后积极找方法、求改变的动机,这类来访者,只要有良好的引导、感受性体验,容易产生良好的咨询效果。他们需要尊重、耐心、启发、鼓励、肯定等正向信息。助人者可以尝试使用来访者适用的技巧和方法,引发来访者自己内在自我改变的动力,可以使来访者改变固有错误的求助观念。

2. 教师对心理健康错误的求助动机

(1)证明自己不需要改变的动机。这些人出现心理问题,可能寻求心理咨询,但是其目的在于寻求心理咨询机构的认可,说他们目前这样很好,不需要做出什么改变。他们虽声称自己希望冲突和困扰越少越好,但他们的行为却说明他们缺乏真正的求助动机。

(2)为证实自己某一决定正确性的动机。有的教师寻求咨询之前,已经决定要离婚、要辞职或要做某件曾经让其矛盾犹豫的事,到咨询室的目的,不是为获得新认识,不想对自己的决定进行新审视,而是想看看自己的决定能否得到咨询师的肯定。

(3)为证明事情是他人过错的动机。有的教师出现心理问题,想把咨询室当成讲理或评判场所,他们来是要找出自己没有错的证据。有的夫妻来咨询,表面说是要"改善夫妻间的交流",但他们的真正目的,是联合心理咨询机构一起对自己的配偶施加压力。一旦发现对自己不利的证据,就会表现出极大不安,他们会说:"看,你怎么又和我爱人站在一起了呢?"有的甚至跟配偶说:"自从你见了那个心理咨询师,你就再也不是你了,能得你不行了。"

(4)操纵并控制他人的动机。有的教师参加咨询是想证明自己在心理上很脆弱,时时处处需要别人理解和帮助,要求别人对自己的错误行为不予追究。一旦心理咨询师拒绝其要求,让他们像健康人一样行事,他们就会像癔症性瘫痪病人一样,对医生让其下地走路的要求不予理睬。

(5)证明自己不需要帮助的动机。人有两种理由说明自己不需要帮助:其一是有人迫使他们去成为他们不愿或不可能成为的人;其二是如果有人告诉他们,其问题是"医治不了的",他们就不必尝试其他办法了。他们对心理咨询师的任何努力都不感兴趣,心理咨询师的努力常常被视为"浪费时间"。在这种情况下,咨询中常有意想不到的阻力。

(6)战胜心理咨询师的动机。有人将心理咨询师当成某一假想的敌人,或把心理咨询师当成可恨的父母、兄弟或上司,他们来咨询的目的不是为解决自己的问题,而是想方设法把对方打败,以证明自己的高明,满足自己的病态心理。

(7)满足他人需要的动机。有这种动机的人尽管为数很少,但确实有人是被迫前来咨询。一些有决定权的人把参加心理咨询当成最后通牒:要么接受心理咨询,要么做其他人事安排。这些人很少有人能从咨询中获益。不过,也有人在经历开始的阻力之后,会看到咨询的好处,积极与咨询师配合,获得一定进步。

(8)从倾诉中博取同情的动机。这种教师寻求心理咨询帮助,主要是想诉说自己的苦恼,想获得咨询师的认同、怜悯和支持。这种人内心没有想到,也不太认同自己需要改变这个事实。

(9)作秀与控制的动机。这种动机大多是潜意识动机,来访者并不自知,或不明确。来访者主要的心理是:我不能让他人说我没尽力;我不能让他人说我不想好。

(10)应付别人,顺便推脱责任的动机。"让我去我就去,好不了就不怨我了。"此类型的来访者内在思维逻辑是:我不能不来,不然别人会怎么看我?我特别想好,还有没有其他好的办法？这个我做不到！是他们让我来的，你看你都有什么方法可以让我好一些？这类来访者，其实已经产生了对咨询的阻抗。

具有错误求助动机的教师，大多数时候不能觉察自己有这样的动机，当他们意识到这种无益动机时，有可能会把错误的求助动机转化成正确的求助动机。具有错误求助动机类型的人，往往有定式思维和深层牢固错误信念，这需要求助者真正自我觉醒，才能具备正确的求助动机。

二、了解心理咨询的理论与原则

心理咨询是教师出现心理问题后进行调节和康复的主要途径。心理咨询是依据各种心理咨询理论和对应理论的相应咨询技术开展的专业性极强的工作，这种工作有专业要求和工作原则。教师了解一些有关心理咨询的理论和技术，有助于教师自身知识的扩展，一旦自己需要寻求心理咨询的帮助，可及时积极前去咨询，保持心理健康状况良好，有问题知道去哪里解决和如何解决。

（一）心理咨询的理论

1. 精神分析理论

精神分析理论，又称心理分析理论或心理动力学，系弗洛伊德在治疗精神疾病的实践探索中创立，强调无意识过程，也称"深层心理学"。精神分析理论主要有弗洛伊德的古典精神分析理论、阿德勒的个体心理学、荣格的分析心理学以及艾里克森、弗洛姆和霍妮等的新精神分析理论。

弗洛伊德理论用潜意识、人格结构学说、性欲学说、焦虑理论等看待和解释心理障碍与疾病的发生，用自由联想、梦的解析、移情分析、阻抗分析、催眠术、阐释、心理防卫机制分析作为具体技术，对来访者开展咨询与治疗。

弗洛伊德将人的整个心理活动分为意识、前意识、潜意识，最重视潜意识研究和分析。潜意识概念是精神分析理论的核心部分，是弗洛伊德的理论基础。弗洛伊德在他的理论中把潜意识提到前所未有的高度，意识仅占次要地位。他扩大了意识的范围，发现本能欲望被排挤到潜意识中的领域里去。他的这些设想在神经症症状中获得了证实。

弗洛伊德把人格分成本我（id）、自我（ego）和超我（superego）三部分，要想心理正常、生活平稳顺利有效，就要使三者的力量维持平衡。

弗洛伊德把人的一切行为看作以性力力比多为动力，把性生活压抑或畸形看作心理失常的重要原因。认为心理发展即性心理发展。根据动欲区在身体上的不同定位，他把性心理发展分为五个阶段：口唇期（0～1岁）；肛门期（1～3岁）；生殖器期（3～6岁）；潜伏期（6～

11岁);生殖期(11或13岁开始)。弗洛伊德认为人格发展是建立在性生理和性心理发展基础上,这五个阶段顺序不变。认为顺利解决前一阶段的主要矛盾和冲突是人格从低级阶段进入高级阶段的首要条件。如果解决不好则会发生严重心理障碍,导致发展停顿或延缓,这种现象称为停滞。由于早期阶段发展停滞,当个人面临危机或受挫时,很有可能退回到较早阶段,这称为"倒退"。

弗洛伊德把焦虑看作一切神经症的基础,冲突、防御、焦虑导致症状形成,解决办法是调节本我与自我的关系。焦虑是使人痛苦的体验,是内心的紧张状态。为缓解这种状态,自我可能采用理性的、正视现实的方法来应付焦虑,也可能会采用非理性、歪曲现实的方法来应付焦虑。后一种方法就是自我防御机制,即个体在不知不觉中对实际情况进行否定、歪曲或虚构,减轻或消除人格内部的冲突,降低或避免焦虑,保持人格完整和统一。它包括压抑、否认、投射、退行、转化、补偿、合理化、升华、幽默、反向等形式。心理防御机制有两种作用:一是积极作用,能暂时减轻或消除痛苦和不安,对情绪有缓解作用;另一种是消极作用,防御机制在性质上带有掩耳盗铃式的自我欺骗,多半为逃避现实,会使现实问题更加复杂,使人陷入更大挫折或冲突情境中。

基于精神分析理论的心理咨询技术有自由联想、梦的解析、移情分析、阻抗分析、阐释、催眠术。

艾里克森认为人的发展依照渐成原则进行。人的一生是一个生命周期,按照机体成熟程度可分为八个阶段。这些阶段以不变序列逐渐展开,由遗传因素决定。每个阶段能否顺利度过由社会环境决定。人格发展每个阶段都由一对冲突或两极对立组成,形成危机。危机不是指灾难性威胁,是指发展中的重要转折点。危机积极解决,会增强自我力量,使人格得到健全发展,有利于个人适应环境;前一阶段危机积极解决有利于后一阶段危机积极解决。危机消极解决会形成消极自我品格,削弱自我力量,阻碍个人对环境的适应。

艾里克森划分的人格发展八阶段是信任对怀疑(0~1岁);自主对羞耻(1~3岁);主动对内疚(3~6岁);勤奋对自卑(6~12岁);角色统一对角色混乱(12~20岁);亲密对孤独(20~25岁);繁衍对停滞(25~65岁);完美对失望(65岁~死亡)。

2. 行为主义理论

行为主义心理学是世界心理学史上最具影响的流派之一,分为行为主义和新行为主义。行为主义代表人物是华生,新行为主义主要代表人物有斯金纳、托尔曼和班杜拉。行为主义反对传统心理学对人的意识进行研究,主张心理学不应研究人脑中无形的、不可捉摸的东西即意识,应去研究外显、客观、能直接观测到的东西即人的行为。行为主义者重视研究动物外显和客观的行为,新行为主义更重视人的内隐认知和社会行为。行为主义在研究方法上强调客观性和科学性,采用严谨的实验研究方法。

巴甫洛夫提出了经典条件反射理论。经典条件反射实际上是一种信号学习,它反映有机体如何认识配对刺激之间的关系,学会在两个刺激之间进行联系,使一个刺激取代另一个刺激并与条件反应建立起连接。经典条件作用学习十分常见,如望梅止渴、谈虎色变、怕猫、怕牙医等。但是,经典条件作用无法解释有机体为得到某种结果而主动做出某种随意反应的学习现象。

桑代克做了著名的"饿猫逃出迷笼实验"。桑代克认为学习的实质在于形成刺激与反应之间的连接,二者之间的关系是直接因果关系,不需要任何中介。

华生继承了桑代克的方法论,建立了"刺激-反应"模式,即 S-R,他认为心理学研究的对象不是意识而是行为。心理学的研究方法必须抛弃"内省法",而代之以自然科学常用的实验法和观察法。华生主张把心理学变成一门"自然科学",十分强调环境作用和影响。

新行为主义以斯金纳为代表,斯金纳在巴甫洛夫经典条件反射的基础上提出了操作性条件反射。他自制了一个"斯金纳箱",经过大量实验研究,将有机体行为分为两类:应答性行为和操作性行为。斯金纳根据实验所得的观点,认为包括心理疾病在内的大多数行为都是习得的。心理咨询和治疗就是以改变对来访者起作用的强化物的方式来改变行为。斯金纳在心理治疗领域提出了塑造行为的行为矫正技术,不断利用奖惩来塑造人的行为,促使人们做出好的行为,改变不良行为。现在行为主义学派行为矫正技术仍然在心理治疗领域广为应用。

班杜拉社会学习理论建立在大量实验基础上。实验说明,成人榜样对儿童行为有明显影响,儿童可以通过观察成人榜样行为习得新行为。班杜拉对环境决定论和个人决定论提出批判,提出交互决定论,主张行为、环境、个人三者相互影响、交互决定,构成一种三角互动关系。班杜拉1977年提出自我效能的概念,指出自我效能的形成主要受五种因素影响,即行为的成败经验;替代性经验;言语劝说;情绪的唤起;情境条件。班杜拉等指出,自我效能感具有下述功能:决定人们对活动的选择及对该活动的坚持性;影响人们在困难面前的态度;影响新行为的获得和习得行为的表现;影响活动时的情绪。

班杜拉自我调节理论认为自我调节是个人的内在强化过程,是个体通过将自己对行为的计划和预期与行为的现实成果加以对比和评价,来调节自己行为的过程。人能依照自我确立的内部标准来调节自己的行为。

基于行为主义观点的心理治疗技术有:现实系统脱敏与想象系统脱敏;冲击疗法(满灌疗法),又称"情绪冲击疗法";附加负性感受的厌恶疗法;咨询师做榜样的模仿学习法;让来访者担当假设角色的角色扮演法;对来访者的自信心训练。

3. 认知学派理论

认知心理学认为在行为与刺激之间存在着意识、经验等因素。外界各种信息通过感官传递给大脑,与大脑中贮存的旧有经验、人格特征相结合,个体对这些信息进行判断、评价、推理和解释,得出结论,产生观念,决定行为和情绪反应。认知行为疗法根据认知过程影响情感和行为的理论假设提出基本治疗理念:行为和情感是由认知作为中介的,适应不良性行为和情感与适应不良性认知有关。

认知理论的基本观点认为人的情绪来自人对所遭遇事情的信念、评价、解释,而非来自事件本身。情绪和行为受制于认知,认知是人心理活动的决定因素,由于文化、知识水平及环境背景的差异,人们对问题往往有不同理解和认知。

认知行为疗法在于重新构建认知结构。代表是:阿尔波特·埃利斯的合理情绪疗法;阿伦·T. 贝克和雷米的认知疗法;唐纳德·梅肯鲍姆的认知-行为疗法。

4. 人本主义理论

人本主义心理学家认为,仅靠行为分析无法获得关于人内在本性的信息和此时此刻的内在体验,而意识经验能为心理学家提供重要信息。人本主义心理学家反对行为主义刺激-反应模式,强调通过对刺激和反应之间发生的各种意识现象的分析来研究独特的人,把具体的人类自我体验置于心理学研究对象内。

人本主义心理学家们认为,人具有天生之性,人性善,人性具有实现的需要和趋向,首次将人的价值问题提上心理学研究日程。最有代表性的是马斯洛和罗杰斯的自然主义价值观。他们认为,面对当今时代道德水平下降现状,找到一种不依赖于人的主观价值的"真正有效的道德系统"是解决这一问题的唯一办法。这个系统是在那些"机能完善的人"和健康人身上自然表现出来的。自我实现者的人性、能力和价值观组成一个具有普遍意义的道德体系,能解决当今各种复杂的价值问题。用这些价值观知识作为指导、控制和改善人类生活的一种模型,会促使社会向着健康方向发展。

马斯洛提出需要层次理论和"自我实现"这一重要概念。

罗杰斯提出并分析了人的自我概念,指出人有自我实现倾向,人是机能完善者。

罗洛·梅提出存在分析理论,其存在理论、人格理论产生重要影响。

人本主义疗法认为来访者不适应的行为,只要得到咨询师支持和鼓励,发挥出他们内在潜力,来访者完全有能力作出合理的选择和自我治疗。强调促进来访者自我成长,基本假设是如果来访者能发挥自身潜能,就有能力发现解决问题的方法而不需要他人帮助;来访者和咨询师是平等关系,不存在帮助与被帮助关系,强调咨询师尊重、真诚对待来访者;咨访关系是成长动力,通过治疗性咨访关系,促进来访者积极接纳自己,提供积极有效的经验,促进其成长和自我实现;人本治疗重视当前直接体验,对过去和将来很少考虑;假设大多数来访者和"正常人"没有什么不同,来访者的行为和他们对世界的知觉一致。咨询师力图从来访者角度看待世界,理解来访者的问题,不主张给来访者贴上种种诊断标签。人本主义突破了行为主义和精神分析的理论范式,提出了"积极人"的模式,把人的社会性放在了重要地位,突出人性、人的价值和尊严、人的主动性和独特性以及人的社会需要。

> **【拓展阅读】**
>
> ### 存在主义疗法
>
> 存在主义疗法(existential psychotherapy)基于存在主义心理学理论。宾士汪格(Binswanger)及布斯(Bass)是存在主义疗法先驱人物。真正创始人是美国的罗洛·梅。
>
> 罗洛·梅认为,人首先存在着,然后通过自己的选择去决定自己的本质。人有绝对自由,人的存在同人的选择以及为自己的选择负责分不开。
>
> 存在主义治疗的核心目标是帮助来访者体验其整体、真实的存在,感受和决定当前的存在,学会看待未来的存在。注重当下的觉知,围绕自由、孤独、无意义、死亡等主题展开谈话治疗。相信来访者有自身成长和解决问题的能力,能够自己选择未来方向和做决定。罗洛·梅认为,人们前来治疗是因为他们认为自己内心被奴役着,希望咨询师拯救他们。心理治疗的目的是协助来访者了解他们正在做什么,使他们摆脱受害者角色,让来访者认识和接受他们的自由,成为生活的主人。
>
> 存在主义疗法要求咨询师依不同来访者或同一来访者在不同治疗阶段,采用不同治疗方法。这种治疗未建立一套具体或实际的治疗技术。在存在主义治疗过程中技巧是次要的,重要的是咨询师与来访者之间关系的建立。
>
> ### 完形疗法
>
> 完形疗法又称格式塔疗法,弗瑞德雷克·S.皮尔斯(Frederick S. Perls,1893—1970)创立,与罗杰斯来访者中心疗法和罗洛·梅存在主义疗法并称人本主义三大疗法。它关注来访者的个人感受和体验,运用"完形的形成与破坏""体验-接触循环"等理论来解释问题产生与治疗。最著名的疗法是双椅对话技术。

(二) 中国人与心理咨询

1. 中国文化与中国人的心理特性

民族性格是民族共同心理素质,指各民族各自形成和发展中凝结起来的、表现在民族文化特点上的心理状态,是一个民族多数成员共有的反复出现的心理特质和性格特点的总和,是人格综合体。中国民族性格主要有整体直观、重德求善、自强不息、柔弱克己、贵和守中、朴实节俭、随遇而安等特征。

（1）儒家文化

儒家思想是中国传统文化的核心，中国人的行为方式和价值取向无不深深刻着儒家思想烙印，表现了中国特有的民族精神和国民性格。积极方面包括：乐观的心理——知足者常乐、知命乐天；理性的心理——温厚宽容；积极的心理——不甘放弃；稳定的心理——老成持重；忠义的心理——孝悌仁义。消极方面包括家族取向；关系取向；权威取向；他人取向。日常生活中国人的精力大部分时间用来"做人"而不是"做事"。

（2）道家思想

老子的思想内容主要包括清静无为、顺其自然——强调洞明世事、认识规律；利而不害、为而不争——强调和谐意识、与人为善；少私寡欲、知足知止——强调节制物欲、调整期望值；知和处下、以柔胜刚——强调虚静恬淡、调整心态；自知者明、自胜者强——强调自我意识、正确评价自己。

道家思想的影响使中国人形成特定心理及性格：顺其自然、无为不争的心理与性格；老道圆滑、善守中庸的心理与性格；恬淡、追求美好的心理与性格；清静无为、返朴归真的心理与性格。

（3）佛教

佛教有"善有善报，恶有恶报"因果报应定律；强调"修身养性"，重在对心灵的净化；佛教把行孝看成是守戒总纲与前提；佛教净土世界中一切人物、自然景观都是庄严、清净、完美的；佛教用佛法化解人们面对的世间、出世间的种种问题，充分发扬佛教义理和无我济世的菩萨精神，通过自心的净化达到环境的净化及大众的净化，从而实现人间净土；菩萨的"大慈大悲"思想，将慈悲对象扩展至一切众生身上，平等对待一切众生，体现慈悲精神；佛教强调"放下"，阐明一切存在的事物是空无的；认为任何一个存在之所以为存在，和我们的心灵意识密切相关，由于心灵意识的活动能够感受到物，才能使那个事物成为物，如果心灵活动回到自己，心灵意识和外在事物就会回到一种浑然一体状态，就是"空无""自在"状态，即"归本于空"状态，外界事物和心灵意识两者就会浑合而无分别。当个体意识活动回溯到自己本身，意识对于外在事物不起贪念、不再执着，而是让事物回到事物本身，让心灵回到自己本身，如此，心灵与事物呈现为不分状态、寂静状态，是一个如真空的存在，最终外界事物跟人的心灵意识回到一个涅槃寂静状态。这样，生命就不会被原先的执着所连带而起的欲求、贪婪及种种烦恼所控制了。

中国传统文化是多元复合型文化，儒家文化、道家思想和佛教三家共同构成了中国传统文化主流。它们有不同思维方式、价值观念和行为处世方式,又有许多共通之处,相辅相成。儒家文化提倡尊重理性,以不偏不倚的"中庸"思想为美德,推崇德化、感化,重视自治,强调"孝悌仁义"对人的教化作用,主张从人际关系中来确定个体的价值。道家思想主张"无为而无所不为",即效法自然,清静无为,以柔克刚,见素抱朴,强调以一种超脱态度面对人生一切,将个体从现实世界的束缚中超脱出来,崇尚人格独立和精神自由。佛教强调"归本于空"状态,即外界和心灵意识二者一起浑和而无分别,回到一个涅槃寂静状态。中国传统文化"以文化人"的功能对中国人形成乐观、理性、积极、稳定的健康心理有不可代替的作用。道家文化从自然主义角度,引导中国人如何生活、如何做人、如何追求自由;儒家文化从现实主义角度,引导人们如何工作,如何做一个讲道德、务实的人。

2. 中国来访者身后的文化背景

心理咨询在中国属于舶来品,对中国人采用建立在西方民族性格基础上的心理咨询方法,有可能激起来访者较多阻抗,影响心理咨询效果,严重的会导致咨询失败甚至给来访者带来负面影响。

（1）中国人的人际观念需要留意

中国人的典型心理特征是强调人际关系、注重人际关系。儒家文化重视人际伦理,中国是注重人际关系的社会,中国人注重社会性,重视群体意识和社会责任,人与人之间存在较强人际依赖和人际制约。在平衡群我关系上,中国人更讲究以和为贵,注重和谐,反对偏激,强调通过"和"来实现人我关系平衡,通过"忍"来节制,用"礼"来协调人们之间的关系。在观察和处理问题方面,中国人更多表现出自我牺牲、重义轻利。为避免遭受妒忌、打击和迫害,中国人采用随大流、少管闲事、不多说话等保护自己。"枪打出头鸟""多一事不如少一事""大事化小,小事化了""知足常乐,能忍自安"是中国人趋于和、崇尚忍的内向性格的写照。这些传统观念,对于化解中国人部分心理矛盾和冲突起到暂时作用。然而,遇事过于忍耐、过于知足常乐则使人备受压抑,变得被动消极,缺乏主动性和创造性。这种内部隐忍的性格,会压抑人自身的一些心理需要,导致人自身心理能力得不到释放,最终产生心理矛盾与冲突,导致心理问题、心理障碍发生。人际关系中的隐忍超过一定限度,还会导致某些极端事件发生。

中国人讲人情、重面子。中国人不倾向于表露自己,往往会顾及面子而隐藏一些问题。人情与面子心态,使更多人不愿意对自己的心理问题归因于自我,更愿归因于外部。虽然面子可以满足某种程度的自我肯定,但它可能成为一种负担,使问题更加严重。许多人宁愿自己背负沉重心理压力也不愿和别人倾诉,即使去找心理咨询师,也不愿意谈及问题的根本原因。因此,调动来访者的积极性、主动性,帮助他们去掉内心枷锁,释放心中压抑,这一点特别重要。来访者有什么不满意或疑问,不要压抑在内心,要勇于反馈给咨询师,与咨询师共同商讨解决心理问题的可行之法。

(2) 中国人的权威观念也须注意

中国传统文化重视人与人之间的政治关系、伦理关系和社会关系以及等级制度,使中国人更注重权威,注重社会级别,推崇师道尊严,培养公民顺从意识、等级观念,这使人们普遍具有从众性强、易受暗示、习惯服从权威等性格特点。对权威的服从,使中国人表现出强烈依赖心理,认为咨询就是要获得实际解决问题的办法。在心理咨询关系方面,中国人对权威的期望导致来访者常将心理咨询师定位为高一层次权威位置,对心理咨询师的期待和要求较高,期望得到直接指导或具体治疗措施。中国来访者会强烈要求咨询师给予明确具体指导,当咨询师没有对来访者提出的问题给予明确指导时,他们会对心理咨询产生失望情绪,或认为咨询师能力不足,以致影响咨访关系。西方式对来访者不作明确意见和建议的"非指导性"原则,未必适合中国人的思维习惯与行为模式。咨询师在咨询开始时向来访者说明咨询过程不能急于求成,心理咨询不是直接给予指导,而是帮助来访者自己找到解决问题的方法;咨询师在坚持"助人自助"咨询原则基础上,看到中国人性格,适当在一定范围内给予来访者以直接指导供其参考,才能收到最佳效果。

(3) 中国人的咨访关系需要留意

中国人心理咨询,首先要注意建立适度治疗关系。一方面,咨询师与来访者建立适当权威关系,来访者对咨询师有一定尊敬,可以使来访者与咨询师更容易设计好治疗方案;另一方面,让来访者感到咨询师平易近人,可亲可近,可以信任,能敞开心扉,放心暴露内心的隐私。

其次,一方面中国人社交常划分自己人与外人,"自己人好办事"说明中国人对自己人比较亲近,什么事都可以谈,能和自己人分享内心的事情。可是对外人就比较见外,常有一种自我保护心理,不会轻易谈及隐秘的事情,保持距离感。中国文化传统造成中国人的内隐性格,人们常将心理问题视为见不得人的事情,不愿与任何人谈起,耻于在心理咨询师面前彻底剖析自己。要让来访者了解心理咨询是正常的事情,人人都有自己解决不了的心理问题,促进其进一步暴露问题。

再次,中国人的价值观与人格独立问题。中国人经历过长期、无所不在的价值干预,最终积淀到中华民族集体无意识,改变了中华民族的深层心理结构。缺乏自我判断、自我价值建构的心理能力是中国来访者心理问题的深层基础。在心理咨询中,咨询师通过价值中立来培养来访者的自我认识、自我判断等方面的能力,尽量减少价值干预,避免给来访者一个简单答案,让来访者自己进行价值判断、价值选择,自己解决遇到的困扰,可以逐渐削弱深层心理问题,解决来访者心理疾病根源,真正达到"助人自助"目的。因此,对中国人进行心理咨询,咨询师要减少以自己权威身份对来访者的指导,更不要完全顺从来访者服从权威的心理,应有计划引导来访者去掉依赖心理,学会自己解决问题。

（4）要注意中国人个人与家庭的界限划分

所谓个人与家庭界限划分,是指家庭各成员有个人地位与角色,能执行个人意见,不受他人过分干涉或影响,能表现各自独立自主精神。中国文化向来强调家庭重要,个人的存在常埋没在家庭生活里,个人与家庭的心理界限划分不清楚。现代社会,训练独立自主的个人、划分个人与家庭的界限变成很重要的心理课题。在咨询过程中如何保持家庭和个人间的隐私是中国人心理咨询中一个非常重要的问题。中国人进行心理咨询最好个人与家庭咨询同时进行,进行亲子心理咨询、夫妻心理咨询等。与家人同时咨询,可以充分利用家人支持系统,更快恢复心理健康。

（5）中国人问题处理与解决模式

当教师面对一些困难或问题时,常使用一些比较常用的方式解决问题或困扰,如果能从正确角度进行咨询则会事半功倍。如"大事化小"反映了不扩大问题的态度,"斩草除根"反映彻底解决问题的态度。来访者要与咨询师探讨不同问题的解决方式,共同寻找恰当方式。中国五千年深厚文化塑造了中国人独有的国民性格和心理特点,中国人心理咨询中,完全照搬套用发源于西方的主流心理咨询方法是不合适的。目前中国并没有一整套适合中国人的心理咨询模式,具体注意事项要在咨询实践中逐步探索,对国外咨询方法要有选择地变通运用。在寻找问题根源时要从技术、文化、哲学背景不同层次考虑,在丰富咨询知识经验和技术基础上,结合实际运用,根据临床经验逐渐修改,建立适合中国人的心理咨询理论与技术。

（三）了解心理咨询的原则

1. 为来访者负责原则

咨访关系是为解除来访者的心理矛盾与痛苦而建立的特定关系,"为来访者负责"是心理咨询的基本出发点。心理咨询的意义在于使来访者的生活更加充实与幸福,而非教育来访者遵从某种既定的社会规范,满足和服从某个社会组织对来访者的要求。心理咨询师全身心关注来访者内心世界的感受和体验,尽管这些体验不可避免地涉及社会、道德、价值等因素对人行为的影响。

【拓展阅读】

心理咨询师与老师对学生问题行为处理有何不同？

一个小学六年级的孩子在课堂上不认真听讲,出现干扰课堂秩序的行为,交给心理咨询师处理,咨询师会花费一些时间和孩子一起讨论"为什么自己知道该怎做却又总是做不到",他们会详细询问孩子在课堂上的感受,譬如:"心里想些什么?为什么不能集中注意力听老师的讲课?当自己的捣乱行为干扰到其他同学时自己心里是否舒服?老师让你在全班同学面前站起来的时候自己有什么体验?怎样通过自己的努力让自己在别人眼里的形象更完美、心情更轻松、学习生活更快乐?"等等。所有这一切都指向这个孩子。对于这些信息,咨询师一般不会转述给孩子的父母和老师,咨询师不是社会规范的代言人。

假如一个老师找这位孩子谈话,目的就是为维护良好的课堂秩序,让孩子放弃捣乱行为以便向孩子的家长有所交代,或考虑到班级升学率而必须对不能集中注意力于学习的孩子进行个别谈话。其谈话的重点是让孩子知道"自己可以做什么,不可以做什么,应该怎么做"。

咨询人员任何服务于来访者以外的动机,都可能对咨询与治疗过程构成干扰,牺牲来访者的利益。这就偏离了"为来访者负责"的原则。

2. 助人自助原则

"助人自助"就是心理咨询师帮助来访者,让来访者学会自己处理和解决出现的心理问题或障碍。在这个过程中,来访者的心理素质得到成长,解决心理问题的能力得到提高。心理咨询本身是一个来访者学习并成长的过程。在此原则下,心理咨询师不能包揽来访者的问题,替来访者处理和解决问题,而应该通过启发、引导、暗示、鼓励,使来访者获得建设性成长和进步。

3. 保密性原则

在心理咨询中,咨询人员会按照职业标准和职业道德要求,保守来访者的内心秘密,妥善保管个人信息、来往信件、测试资料等材料。如因工作等特殊需要不得不引用咨询事例时,也须对材料进行适当处理,不公开来访者的真实姓名、单位或住址。不在任何场合谈论来访者的隐私,除非征得来访者的同意,不向来访者的单位领导、同事、同学、父母、配偶等谈及来访者的隐私。

4. 理解与鼓励性原则

咨询人员对来访者的语言、行动和情绪等充分理解,不以道德和个人价值眼光评判对错,帮助来访者分析原因并寻找出路。理解可用"价值中立"描述,就是保持客观性,不对来访者的言行、事件进行价值评判、是非评说,而是努力理解来访者,以理解的态度对待来访者。注意,是理解而不是赞成。鼓励性是指鼓励来访者深入自我探索,悟出自己在产生和解决心理问题中扮演的主体者角色,并积极身体力行,自己解决已经发生的心理、情绪和行为问题或障碍。

5. 积极心态培养原则

心理咨询师主要目的是帮助来访者分析问题,培养来访者积极的心态,树立自信心,让来访者的心理得到成长,自己找出解决问题的方法。按照这个原则,咨询师应通过心理咨询,让来访者看到希望和光明,增强恢复健康和正常的信心,而不是让来访者感到失望和迷惑。

6. 感情限定原则

咨访关系确立和咨询工作顺利开展,有赖于咨询师和来访者心理的沟通和接近。有时候心理咨询师采取"自我暴露"促进来访者更加自我开放,暴露自己的问题,但这是有限度的。来自来访者的邀请和过分要求,即便是好意,也应该予以拒绝。心理咨询师与来访者除了咨询关系外,不建立其他关系,否则,建立双重关系容易使来访者因过于了解咨询师内心世界和私生活,失去分寸,而阻碍来访者的自我表现,也容易使咨询师该说的不能说,失去客观公正地判断事物的能力。

7. 重大决定延期原则

心理咨询期间,由于来访者情绪不稳定,原则上应规劝其不要轻易作出诸如退休、调换工作、退学、转学、离婚等重大决定。在咨询结束后,来访者的情绪得以安定、心境得以整理之后作出的决定,往往不容易后悔。就此,应在咨询开始时予以告知。

8. 时间限定原则

心理咨询须遵守一定的时间限制。咨询时间一般规定为每次 60~90 分钟左右(初次受理时咨询可以适当延长),原则上不能随意延长咨询时间或两次咨询之间的时间间隔。

三、寻求心理健康与自我保健

教师寻求心理健康是高品质生活的追求,是顺利工作的保证。在没有出现需要心理咨询师帮助处理的心理问题之前,教师平时要注重心理自我保健,尽量不要使心理问题积累成心理障碍。一旦出现心理问题自己无法解决,也要积极寻求心理咨询师的专业帮助。

(一)提高修养,做品德高尚的教师

1. 提高修养

(1)首先,要做一个有自知之明的教师

知人难,知己更难,许多人认为对自己很了解,事实上他们并不十分了解自己,要么估计过高,自信过头;要么估计过低,导致自卑。这两种偏向都使人无法估计和抓住适合自我发展取得成功的机会。所以,教师要多方面、多途径了解自己,从周围环境中获得自我的真实

信息，避免主观理解带来的判断失误。

教师具备准确的自我认知、合理的自知之明，才能正确对待自我，心平气和地接纳自己，特别是接纳自己曾经认为不足和不完善的地方，如容颜、身材、才能、财产等。看到自己的优点，又接纳自己的缺点，人才能做到客观。许多人的心理问题或心理障碍，问题就出在自我观念上。有的人认为真实的"我"不完美，排斥自己，憎恶自己，想创造一个虚构理想的自我来取代之，从而使自己的心理受到伤害；有的人过分夸大自我形象，认为自己最完美，傲视一切、有恃无恐，结果在现实社会到处碰壁，造成更深的自我伤害。所以，教师要有适当的抱负和水平，使自己的能力与现实接近；教师进行社会比较的标准要多角度、多层次，勿以自己短处衡量别人的长处，也勿以自己长处比较别人短处。

（2）其次，要建立合适的自我职业观念

教师自我职业观念，指个人在教师职业中体现出的态度。教师的自我发展是在具体的职业岗位上体现出来的，教育教学岗位体现教师价值。合适的自我职业观念是教师心理健康重要的基础和前提。它要求教师做到以下几点。

① 教师要在深层观念中把教师职业作为自己的事业，树立教师事业信念。若仅仅把当教师作为谋生手段，仅仅作为职业，则难以喜欢教师职业，更难以乐此不倦、安贫乐道，遇到待遇问题和生活中的种种困难，就会怨声载道，内心不安；反之，若将教师职业作为事业，内心有强烈事业心，乐意为教育事业奉献自己的青春和生命，则遇到各种困难和不满足，都会努力克服，克服不了的也能安心接受，起初能适应和忍受各种不满足带来的困扰，久之会认可自己的身份并引以为豪。教师工作繁重清苦，具备高度事业心和责任感者，乐在其中，教书育人，诲人不倦，这种心情与心境是教师心理健康的基本条件。

② 教师在具体工作中要投身教育教学改革创新，迸发激情。改革创新是社会进步的重要动力，教育进步更需要教师不断地改革创新。心理健康的教师不仅自己研究课程，改进教学，不断进步，也愿意接受新方法、新手段、新技术。只有不断接受新事物，创造新手段，教师在教育教学中才能永葆激情，才会因不断进步和成功而感受到其乐无穷。

③ 教师在为人处世时要诚信待人，建立各种良好人际关系。教师诚信待人，建立良好人际关系，是人生和事业成功的重要条件，也是心理健康的重要标准。在各种人际关系中，师生关系是最为关键的人际关系，师生关系影响教师心理健康，也影响学生心理健康。心理健康的教师应尊重学生，与学生平等有效沟通，信任接纳学生，鼓励学生，做学生的良师益友。

2. 做品德高尚的教师

世界卫生组织认为健康概念包含"道德健康"，强调健康者或希望自己健康者，应具备良好道德修养和高尚情操。健康者不以损害他人利益来满足自己需要，能辨别真伪、善恶、美丑、荣辱等是非观念,能按照社会规范准则约束支配自己的思想和行为。

(二) 自我调节,维护心理健康

讲究心理卫生,加强心理保健,保证心理健康,主要靠教师个人维护和调节。为做到这些,教师应注意从下列方面入手。

1. 正确认识

正确认识心理问题和心理疾病,消除因无知导致的对心理健康问题和疾病的认识偏见和歧视行为,更要防止在心理问题、心理疾病发生后讳疾忌医,导致心理问题或疾病恶化。因为心理问题常常是进行性的,由轻到重,直至完全恶化。及早发现,及时寻求帮助,消除认识障碍,是保护心理健康最初级的工作。

2. 打好基础

心理问题或疾病,有许多常与身体健康基础水平、大脑和神经系统的健康状况密切相关。要保证心理健康,就需要打好身体健康这个基础,使身体、大脑和神经系统能有效支持教师繁重的脑力加体力劳动。所以教师平时要做到几点:注意营养需求,养成良好饮食起居习惯;坚持锻炼身体,保持良好体力;适当放松休息,保持旺盛精力。

3. 加强学习

在学习方面,新教师要学习扮演职业生涯中教师这个角色,直至扮演的角色有效而且合适。学会教师角色,面对教学中的各种情况时,教师要知道该做什么,该如何要求自己,如何要求学生。老教师要勇于不断改善既有的教师角色,改善现在使用的教学法、采用的教材、例行的程序,要不断尝试新方法,接受新思想。

同时,新老教师要依据教师的职业特点,不断通过各种方式,掌握心理学、心理健康等知识,自己通过调整解决一些常见心理问题。我国从教育部到各省市县教育部门,都有对教师心理学知识培训和提高的官方文件要求。比如班主任、骨干教师最好获得至少三级心理咨询师国家职业资格证书。在一些地方和学校甚至规定,所有教师都应该参加过心理咨询知识的培训。教师要积极参加这些学习培训,提高自己的诊断、分析、调节技能。这不但对自己有益,对教育管理学生也有好处。

4. 拓宽心胸

教师要养成乐观、豁达的性格,遇事泰然处之。争我所得,弃我应弃,该放下就放下,不要为一时的不平、一些名利得失而困扰自身。心胸狭隘、遇事想不开者更容易导致心理问题或疾病产生。

5. 控制情绪

控制情绪指个体对自身情绪情感状态积极主动地把控。教师在学生面前应控制自己的消极情绪,不把消极情绪和挫折感带进教室,更不要发泄在学生身上。要控制好情绪,教师需要做到:① 通过认知,分析造成不良情绪的原因,看自己的反应是否合理,是否适度或观察、推测其不良后果、危害;② 加强制怒,从情绪本身上控制可能发生的冲动行为,采用合理或间接手段适当疏导。情绪激动时不要言行过度,不要草率处理学生问题。

【拓展阅读】

教师控制好情绪 勿做后悔的事

一个学生不认真听课,在课堂上吃东西。老师批评他,他竟然顶嘴,老师顿时怒火中烧,本能地一巴掌打过去……事后,老师对自己的行为感到后悔,自我谴责:"我怎么这么冲动啊!"

这类教师不是为了达到某种教育目的而体罚学生,他们体罚学生,主观上没有目的,是纯粹情绪冲动的自然结果。

因为这种体罚不是教师有意的,是过激的情绪失去控制而为之,所以教师很容易失手对学生造成伤害。此类行为更容易发生在年轻教师身上。年轻教师血气方刚,容易冲动,容易感情用事。打了学生而后悔,过后又难以克制,反复发生过激行为。

6. 合理宣泄

人人都有不良情绪,教师也不例外。不良情绪积蓄过多,得不到适当宣泄,容易造成心身紧张状态。这种紧张持续时间过长或强度过高,可能造成心身疾病。因此,教师应该选合适的时候、合理的方式宣泄不良情绪。情绪宣泄可以从"身""心"两个方面着手:"身"方面,如进行体育锻炼,纵情高歌,逛逛街,买点自己喜欢的东西等,还可以出门旅游,从大自然中陶冶情操;"心"方面,如在适当环境下放声大哭或大笑,对亲近和信任的朋友或亲人倾诉衷肠等。

(三)注重外援,争取社会支持系统的支持

一个人的社会支持系统,是个人从自己社会关系网络中所能获得的、来自他人的物质和精神方面的帮助和支援。社会支持包括客观支持、主观支持和社会支持的利用度三个方面。客观的、可见的或实际的支持,包括物质上的直接援助和社会网络、团体关系的存在和参与,稳定的社会联系如婚姻、朋友、同事,不稳定的社会联系如非正式团体、暂时性社会交际等,这类支持独立于个体的感受,是客观存在的现实。主观的、体验到的情感上的支持,是个体在社会中受尊重、被支持、被理解的情感体验和满意程度,与个体的主观感受密切相关。社会支持还包括个体对支持的利用情况。人具有良好的社会支持和对社会支持的高效合理利用,有利于心身健康。

社会支持的基础是心理健康的人际关系或社会交往。人际关系良好、社会交往能力强是心理健康的显著标志。抑郁症等患者显著的特点是缺乏社会交往,很容易形成心理障碍,极端者还会自杀。当人感到有可以依赖的人在关心、照顾、尊重和爱护自己时,就会减轻挫折反应强度,增加对挫折的承受力和适应性。

教师是现实生活中的人,需要争取社会各方面的关心与帮助。特别在有心理问题与心理障碍时,有效的社会支持就显得特别重要。要认识到社会支持的积极作用,充分利用可能的各种支持,促进心身健康,为教育事业作出贡献。

教师在学校要争取领导、同事、学生支持,在社会要争取朋友、亲戚的支持,在家要打造自己美满和谐家庭,以和谐之家来养和谐之心。家庭是人非常重要的社会支持系统。家庭的放松和温馨,家人的理解和关爱,会减轻压力。许多在工作中没有体验到的满足感能在家庭中得到弥补。

(四)尊重科学,寻求心理咨询师的专业帮助

寻求专业帮助是指教师在有心理障碍或心理疾病时应寻求心理咨询或心理治疗。

心理治疗能提高教师的理解力,使教师和学生、同事一起工作得更好。杰西德(Jersild,1962)等曾对来自小学、中学和大学的111名接受过心理治疗的教师进行调查,研究心理治疗对教师工作和生活的影响。结果表明,95%的教师认为心理治疗使他们能更好地理解学生;89%的教师认为心理治疗使他们有更大心理承受力去接受那些有敌对、愠怒、反叛情绪的学生,并能更好地教育他们;73%的教师认为心理治疗提高了他们走近那些畏缩、难以接近的学生的能力。接受调查的教师还说,心理治疗使他们更喜欢自己的同事和伙伴,更喜欢本职工作。

杰西德研究中的许多被试都有这样一种看法:教育的首要目标应是帮助儿童和青少年发展自我认识能力。对自己情感和行为了解更深的教师,能意识到自己的敌对感、内疚感和焦虑,这样的教师能理解这些内心冲突在他的教学生活中的重要意义,能更好地理解学生所需要的帮助和指导,因为他们具有更好的共情能力。杰西德研究中,89%的教师指出心理治疗使他们在帮助学生处理个人问题时能更好地判断什么该做、什么不该做。

被心理问题困扰硬撑着低效率工作的教师则容易把他的消极情绪投射到学生身上,给学生心理造成不良影响,最终损害整个教育教学活动。

【拓展阅读】

教师心理问题的心理咨询专家处理

心理咨询师面对来访的教师,要开展心理咨询专业的工作。这个专业性工作一般分为心理诊断、心理咨询或心理治疗、效果评估几方面内容。

心理诊断

心理诊断,是以心理学方法和工具为主,对个体或心理状态、行为偏移或障碍进行描述、分类、鉴别与评估的过程。诊断是一个包括确定目的、收集资料、观察现象、查询原因、实施测量和综合评估在内的完整的过程。教师的心理诊断主要涉及教师适应状况、人格特征、行为方式及心理健康状况。教师心理诊断的目的是帮助教师个人了解自己的一些心理特征和状况,及时发现长处与不足,促进教师心理素质及心理健康水平的改善。

心理咨询

心理咨询是心理咨询师运用心理学的理论和技术,与来访者进行信息交流并建立咨访关系,帮助来访者消除心理障碍,正确认识自我及社会,充分发挥自身潜能,有效适应社会环境的过程。心理咨询是一种磋商行为,心理咨询师和来访者之间是彼此合作的关系,是一种特殊人际关系。心理咨询是一门专业,它有系统的理论、方法和技能。接受心理咨询的过程是一个学习和发展的过程。在这个过程中,心理咨询师帮助来访者逐渐学会抛弃与周围环境不适应的心态和行为,代之以与之相适应的心态和行为,促使来访者不断自我革新,达到自强、自立、自我健康成长的目的。

心理咨询不仅让存在心理问题或有心理障碍的人得到帮助,也能让那些为促进自身发展的健康人在心理咨询中受益。一方面,教师为了求得更高发展,拓展生活视野,挖掘自身更大潜能,向专家寻求指导;另一方面,教师因工作、生活及家庭等多方面情况可能引起心理冲突而向专家寻求帮助。

心理治疗

心理治疗是心理医生用医学和心理学的理论、方法和技术,使患者的情绪、人格或行为发生变化,消除或减轻患者痛苦,改变患者生理因素和心理因素以及由此引起的躯体症状,促进患者的精神康复。心理治疗的对象主要是有身心疾病,特别是有明显的心理或行为障碍的人。需要接受心理治疗的教师比例不高,但教师一旦形成心理疾病,就会对个人及工作产生消极影响。教师教书育人,肩负培养下一代的重任,理应身心健康,一旦患有各种心理疾病就应积极治疗,尽快恢复。

效果评估

心理咨询或治疗每一次或者最终结束,都要进行效果评估,以检查心理咨询或治疗的效用。效果评估可以从几个维度来进行:① 来访者对咨询效果的自我评估;② 来访者社会生活适应状况改变的客观事实;③ 来访者周围人士,特别是家人、朋友和同事对来访者改善状况的评价;④ 来访者咨询前后心理测量结果的比较;⑤ 咨询师观察到的来访者的改变情况。

本章小结

心理健康对教师的教育教学,对教师自己、对学生,都产生不可忽视也无法忽视的影响。教师的心理健康问题表现在发展性、适应性、障碍性等方面,也表现为诸多身心疾病。教师应该对这些问题有自知力,有求助动机,多了解心理学的理论和心理咨询原则,对照自身所具有中国人特有的文化特征,克服文化障碍,主动自觉地理性自我调理,或及时寻求专业帮助,对心理问题、心理障碍和疾病早发现、早咨询、早治疗,防微杜渐。教师应把讲究心理健康、追求心理健康当成高水平的生活享受。

思考与练习

1. 了解健康与心理健康的概念。
2. 教师心理健康有哪些意义?
3. 教师心理健康的标准是什么?
4. 教师常见的心理健康问题有哪些?
5. 教师出现心理健康问题该怎么办?

参考文献

[1] 章永生.教育心理学[M].石家庄:河北教育出版社,1999:55—58.

[2] 张怀春.心理咨询理论应用与实践研究[M].呼和浩特:内蒙古人民出版社,2010:167—187.

第二章　教师角色与教师心理健康

> **学习目标**
>
> 1. 了解角色、教师角色的含义。
> 2. 理解新时期教师角色定位。
> 3. 掌握教师角色要求的心理素质。
> 4. 知晓教师角色心理健康状况对学生影响的必然性和表现。

角色如同京剧舞台上演员的"脸谱",演绎着一种人物形象和行为。教师在学校中是从事教育教学活动的总角色,但在不同的教育教学情境中也扮演着不同的具体角色,是一个"角色丛"。"该做什么,不该做什么",有着国家、社会、公众赋予的角色规范和角色期望。如果教师的言行违背教师角色要求,会给自身心理发展带来障碍,对学生产生直接或间接的消极影响。所以,明确教师角色定位和应具备的心理素质、保持教师角色心理健康非常重要。

第一节　角色与教师角色

一、角色概念

"角色"一词,本源于戏剧,指戏剧舞台上所扮演的剧中人物及其行为模式,后来被广泛应用于社会学和心理学的研究中。1935年,米德(G. H. Mead)首先运用"角色"这个词来分析个人在不同情境中的行为方式。他认为,个人是各种角色的总和,每个角色代表对占有一定社会地位的人所期望的行为。如今,人们对角色有不同的概念界说,但在社会学和心理学语境中,角色往往是"社会角色"的简称,即指与人们的某种社会地位、身份相一致的一整套权利、义务的规范和行为模式,是人们对具有特定身份的人的行为期望,是构成社会群体或社会组织的基础,规定着一定社会角色的人所享有的权利、利益(角色权利),应尽的社会责任(角色义务),和在享受权利、履行义务的过程中必须遵循的行为规范和准则(角色规范)。

教师是履行教育教学职责的专业人员,承担着教书育人、培养社会建设者、提高民族素质的崇高使命。从广义上看,教师与教育者同义,指所有直接或间接、专门或业余进行或从事教育的人,包括家长、教育行政人员、学校里的管理工作人员以及在各种传媒上参与教育工作的人等；从狭义上看，教师专指学校里的专职教师，在学校中专门从事教育教学活动的角色。这个角色的特殊身份以及与其相适应的行为规范，要求教师在其角色行为上，表现出与其他职业不同的特点。教育社会学家比·德尔（B. dale）在前人的基础上认为，教师角色概念包括以下三种含义。其一，教师角色即教师行为。主要指教师在教师角色特有的工作环境中，即在学校里、班级教学中的行为。当然，也包括教师作为教师职业从业者，在学校之外被期望和规范发生的行为，如在家庭中、市场上或政治舞台上的行为等。其二，教师角色即教师的地位和身份。主要是指教师作为静态存在的教师职业从业群体和个体，在社会中所拥有的经济、政治、法律地位，以及相对应的权利和义务等。其三，教师角色即对教师的期望。其中有教师自己对自己的期望，也有学校领导、学生、家长或社会公众对教师的期望。这些期望有的属于一般规范性的、共性的，如对教师角色的要求、标准、责任等，也有的是反映了某些信念，带有偏爱或较强主观色彩的。有些期望可能是一致的、具有共识的，也有些可能是存有分歧的，容易使教师产生教师角色矛盾和冲突，影响其职业认同。

二、教师角色的多样性

教师在具体的学校生活中都扮演了哪些角色呢？国内外学者专家从不同维度有不同论述，但归纳起来，因教育活动具有复杂性和多样性，至少有以下四种典型角色。

（一）教书育人的角色

教书育人是教师的天职，决定了教师在学校中既要重视"授业、解惑"，指导帮助学生学习，更要重视"传道"，并身体力行、言行示范，做学生在思想品德领域效仿的榜样。当今是"知识大爆炸"时代，知识存量大，更新速度快，学生获取知识的渠道和途径也逐渐增多，这就要求教师不能仅仅囿于自身已有的知识积累，还要强化学习意识，不断丰富、及时更新自己的知识，一方面通过阅读、交流、反思，积淀宽博精深的学识，另一方面还要在学习提高的同时，教给学生合适的学习方法，培养学生良好的学习习惯，提升学生的"学习力"。同时，还要注意提高自身素质修养，注意语言行为文明，坚持表里如一、知行并重，多做积善行德之事，"勿以善小而不为，勿以恶小而为之"。美国心理学家阿尔伯特·班杜拉认为，人类的大多数行为是可以通过对他人或榜样的观察学习而习得。在学校中，教师在扮演榜样角色时，被看作是"社会的代表""伦理的化身"，肩负着传递社会文化价值与标准的任务，也就被学生看作是代表这些价值的人。并且，教师具有权威性，教师对其所教学科的态度，以及对学习的态度，也会成为社会和学生的榜样。另外，教师在师生关系中往往处于主动、支配地位，距离学生最近，最易成为学生学习模仿的对象。总之，教师角色对学生的影响不可估量。

(二) 管理服务的角色

教学活动不是一个静态的、自发的过程,而是一个有组织的、动态的自觉过程。在教育教学活动中,教师承担着组织管理和服务的角色。首先,教师要制订教学计划、进行教学设计,组织教学过程和教学评价实施,还要对课堂实施有效管理。对教学特别是课堂教学的管理,是教师的一项重要职责,缺少有效课堂管理,则很难正常开展教学活动和收到预期效果。实践证明,一个优秀教师一定同时也是一个杰出的教学管理者。当然,在日常教育过程中,教师还往往充当"家长代理人"角色,特别对低年级年幼儿童来说,入学前,主要跟父母打交道,入学后,常将教师当作家长化身,希望教师像家长那样对待他们。事实上,大多数教师已经承担起了这一服务角色,对学生充满了热情、关爱与期望,不仅在学习上,在生活上也给予学生无微不至的关怀。但教师的这一"家长代理人"角色的心理效应,跟学生从家长那里得到的效应并不完全相同。因为教师在教育过程中既要扮演父母温暖关怀的服务角色,又要充当严格要求的管理角色。所以,要引导学生逐步把家长的权威与教师的权威分开,使他们超越个人情感的圈子来认识教师权威,以加速学生社会化。

(三) 心理导向的角色

在教育教学活动过程中,学生不可避免地要与他人打交道,但他们是成长发展中的人,交往技能不足,也容易遇到心理困惑与问题,所以需要教师扮演人际关系的协调者角色和心理辅导与咨询者角色。在与学生教学交往过程中,教师要使用各种交往技巧和方法以激发学生学习动机。在处理师生关系时,教师要有意识地调节和控制自身的态度和行为,要热爱尊重学生,要态度和蔼、平易近人,努力成为学生的朋友和知己。同时,还要处理好与同事、与学生家长、与学校管理者的关系,增强交往积极主动性,加强与各方的信息交流与沟通,学会交往、善于交往、有效交往,努力成为人际交往与协调的"大赢家"。另外,教师面对的是一个个富有个性的生命个体,有少部分学生由于社会、家庭等方面的原因,心理异常或不健康,在学习、生活、升学、就业等方面遇到这样或那样的心理问题,教师有责任指导学生健康生活,为有心理问题或障碍者提供心理协助,开展个别心理辅导或团体心理训练等,提供及时的咨询帮助。

(四) 自我发展的角色

教师要提高教书育人的效能,就必须与时俱进,终身学习,不断挖掘自身潜能,促进自身专业成长与发展。在很多学生心目中,教师是无所不知的"圣人",实际上教师也会遇到学生难以预料的难题,有时是学科交叉知识的"盲区",有时是学科前沿知识获取的滞后。所以,教师要做终身学习的典范,要及时更新充实,并且知识学习不能局限在本学科范畴,应不断拓宽自己的知识视野,时刻使自己的知识如泉水一样源源不断。当然,除了理论知识学习之外,还要重视实践智慧的生成。要注重经验积累与反思,也要注重开展研究。理论知识是静态的,实践是动态的,所以理论运用于实践,总会有与实践不相符的地方,从而形成回馈,帮助丰富完善理论知识,进而继续指导实践。这其中离不开研究。所以,教师一边要做积极的理论学习者,一边还要做积极实践者、思考者和研究者,"为了学校、立于学校、基于学校",积极开展校本研究,在教育教学中开展研究,以研究促进教学。经过理论与实践的结合、"学思行"的融合,教学与研究互相促进,获得自身成长与发展。

三、新时期教师角色的转变

伴随知识经济时代到来和科技迅猛发展,各国教育改革如火如荼,世界教育基本理念发生深刻变化。20世纪末,为深入推进素质教育改革,中国在总结以往教育改革经验和汲取国外经验的基础上,实施了新一轮基础教育课程改革。至今,已历经十余载,其基本理念已根植于广袤的基础教育之田,改变了原有的课程体系和课程观念,强烈冲击了传统课程、教育教学活动,从而使传统的课程观、教学观、学生观、教师观、教材观、知识观等教育因素发生了深层次变化。教师在课程改革中最大变化是角色的变化,能否正确认识自己在新课程下的角色,将直接影响教师素质提高和教师职能的发挥,进而影响教育教学的质量和效果。所以,教师必须积极面对新课程挑战,积极参与课程改革,主动改变传统教育观念和教学方式,在新课程环境下重新理解和塑造自己的职业角色。

(一) 由"知识传授者"转变为"学生发展的促进者"

传统意义上的教学,强调知识的"填鸭式"灌输,忽视学生主体地位、主动性和需要,不符合学生心理特点,与新课程改革理念不相适应。在新课程中,传统意义上的教师教和学生学,将不断让位于师生互教互学、互动共进,彼此形成一个真正的"学习共同体"。教学不再是忠实执行教案的过程,而成为师生富有个性化的创造过程。教师的"知识传授者"角色发生了以下变化。

一是由重知识传授向重学生发展转变。教师不再是单一的知识输出者,要在传授知识的同时,更加重视"人"的发展,即要让学生在教学过程中,既学习掌握知识,又可得到情操陶冶、智力开发和能力的培养,同时也能形成良好个性和健全人格。

二是由重教师"教"向重学生"学"转变。传统课堂是以教定学,学生围绕教师转;新课程则提倡充分尊重学生学习需要,由学定教,目的是突出学生的主体性和中心地位。学生虽然由于年龄原因,智力和非智力因素发展没有成熟,但是具有极大潜能,所以要相信学生,给予学生较多时间和机会开展主体活动。人的潜能巨大,如果一个班几十个人都积极思考、探究,所释放的能量是巨大的(孙礼,2001)。另外,知识浩如烟海,更新淘汰速度也快,教师尽可能多地"授之以渔",而不是"授之以鱼",在教会学生终身有用知识的同时,帮助学生掌握开启学习和创造之门的钥匙——学习方法及其灵活运用。

三是由重结果向重过程转变。以往,因市场经济发展和教育功利主义使然,对学校和教师的评价重点集中在升学率、考试成绩等终端,使得教师重结论、轻过程,导致"高分低能"现象,导致教师和学生争相奔赴旅游目的地,而忽略了沿途美丽的风景,失掉了旅游的本义。如果教师在教学中把教学重点放在过程,放在揭示知识形成规律上,让学生通过感知—概括—应用的思维过程,去发现真理、掌握规律;同时,对学生开展适当思想政治教育,渗透心理健康教育,那么,在这个过程中学生既掌握了知识,发展了能力,也会获得心理指导。

四是由统一性教育者转变为真正意义上的因材施教者。传统意义的教学过分强调一刀切、齐步走和规格化、模式化,在座位"秧田式"排列的教室内集中授课,连坐姿都要求统一"格式"。因材施教、个性化教学的比重偏小、力度偏弱。事实上,黄沙如海,找不到绝对相同的两颗沙砾;绿叶如云,寻不见完全相同的一双叶片;人海茫茫,我们也找不到完全相同的两个学生(罗红斌,2001)。教师角色必须适应新的个性化教育转换,在教育教学中,必须研究学生差异,让差异成为教育资源,不断加大因材施教和推进个性化教学的力度。

从上述可知,新课程中教师的"知识传授者"角色,已向"学生发展的促进者"角色转变。教师在教学过程中给学生"松绑",自身由"居高临下"的中心转向"平等中的首席";在理智旁观的同时,积极参与学习活动;师生间的单向信息流动转变成师生、生生间的综合信息流动。教师在"不干涉、不放任"原则下,积极创造良好学习气氛,为学生创设平等、尊重、民主、自由、安全、和谐的心理环境,努力成为学生最可信赖的心理支持源。

【拓展阅读】

强按鸡头不吃米

一次,陶行知先生应邀到某大学演讲。他走进教室,就把一只大公鸡往讲台上一放,抓起一把米让它啄食。可是,公鸡惊惶不肯啄食。陶先生见它不吃,就强按鸡头"请"它吃,公鸡拼命后退,仍然不肯吃。陶先生干脆掰开公鸡的嘴使劲地往里塞米,公鸡拼命挣扎,死也不肯吃。之后,陶先生松开手,后退数步。公鸡稍稍平静,徘徊一阵后,慢慢靠近米粒,继而悠悠地啄起食来。

陶先生以生动的事例启迪我们,教育者凭着主观想象去强迫孩子做某件事,实在是行不通的。当今的素质教育要以尊重学生为前提,学生是学习的主人,教师应积极鼓励学生,让其主动自觉地自己学习,个性获得充分发展。

(二) 由"课程执行者"转变为"课程建构者"

长期以来,我国在课程领域奉行的是"研究—发展—推广普及"的研究模式。在这种模式中,课程专家是课程的研究者和开发者,教师则是课程的被动执行者和复制者。这种技术理性化的研究模式使课程研究者与教师的分离合法化。其弊端非常明显:由于教师在课程制订中处于被动地位,课程的实施效果受到了严重影响。当课程由"专制"走向民主、由封闭走向开放、由专家走向教师、由学科走向学生的时候,课程就不只是"文本课程",而更是"体验课程"。教师对课程的定义和理解,就不能仅仅停留在教室前头墙上贴出的"科目课程"。课程不再只是特定知识的载体,而是教师和学生沟通探求新知的过程。教师不再孤立于课程之外,而是和学生一起作为课程的有机构成部分存在,教师和学生即是课程,是课程的创造者和主体,都参与课程的开发和建构。教学就不只是忠实地执行课程计划、教学大纲等文件,更是课程的创生与开发。教学过程成为课程内容持续生成与转化、课程意义不断建构与提升的过程。课程由此变成一种动态生长性的"生态系统"和完整文化(钟启泉,2001)。这样,教师就变成了课程的建构者,得以开发利用好教育资源。相对以前,新课程减少了面向全国统一制式的教学计划和内容,只给出了基本教学内容和教育资源,增加了使用的灵活性和弹性,但也对教师提出了更高的素质要求。教师必须学会与学生一起充分开发利用各种教育资源,如校内的图书馆、实验室、实验基地等,校外的展览馆、科技馆、工厂、农村等广泛而丰富的社会和自然资源,以及各种现代信息资源等。当然,除了这些显性资源外,还应注意隐性和生成性的教育资源,如班级文化建设、学生情感体验、课堂心理氛围,师生课堂交往产生的思维碰撞、认知冲突、情感交融等情境问题等。

在课程管理方面,新课程已经从中央"一统天下"转为中央、地方与学校三级弹性管理。这为地方、学校结合实际开发适合的课程提供了更大空间,也赋予了教师全方位参与课程研究和开发的权利,教师由原来的课程执行者转换为课程创造者、建构者和评价者。显然,这种转变对教师的要求更高了,要求教师不仅能够具备结合实际情况适当调整课程进程和课程结构的能力,也要具备较好的设计教学活动的能力,承担起课程评价者的角色,能对已经设计并实施的课程科学性和合理性作出判断,并提供矫正和控制信息。

(三) 由"知识单一型教师"转变为"知识复合型教师"

我国的学校教学一直是分科教学方式,各科教师在知识领域各自为战,学科壁垒严重,教师知识结构单一、不合理。新课程推行后,对分科课程本身进行了改革,使分科课程得以改善。在课程目标上,强调知识与技能、过程与方法以及情感态度与价值观三个方面的整合,摒弃了以往分科课程片面强调知识与技能的倾向,从而使分科课程的目标也实现了由知识本位向学生发展本位的转变。在课程内容的选择和组织上,注重体现基础性、时代性、实用性和综合性。同时,大力推行综合课程,强调学科之间的内在联系性,强调不同学科的相互整合,这就需要教师不能仅仅预备处理某一学科领域中的问题,还要根据活动或任务的需要,选择许多学科领域中的知识并加以整合。如果教师缺乏相关学科领域的知识技能,就不可能将这些知识技能成功整合起来,这样就很可能导致综合课程形同虚设。另外,如果教师本人从未体验过综合课程,那么他们实施综合课程的难度将更大。这就要求教师教育课程必须进行相应调整,以使未来教师对分科课程和综合课程都具有充分的理论理解和实践体会,这是实施综合课程的必要条件。当务之急是综合课程的师资培训要到位,要帮助教师从理论到实践两方面认识和解决综合课程的诸多问题,提高教师对综合课程的理解和信任,使未来进入工作岗位的教师能够不困守单一学科领域,成为博专兼顾的知识复合型教师。

(四)由"教书匠"转变为"研究者和自主专业成长者"

传统教学中,教师扮演着"教书匠"角色,是知识输送者。为输送给学生"一碗水",教师必须有"一桶水",是静态的。新课程改革实施后,课程环境发生了很大变化,强调教师、学生、内容、环境四个因素的整合。课程变成了一种动态的、生长性的"生态环境",是四因素相互之间持续互动的动态过程。对教师来说,原先的"一桶水"远远不够,要坚持终身学习,成为动态的、不断变化更新的知识体。不仅要求教师掌握渊博的知识,还要求教师具备多种能力,在照亮别人的同时,自己更要光彩夺目。教师不仅要做教者,还要做研究者。苏联教育家苏霍姆林斯基说过:"如果你想让教师的劳动能够给教师带来乐趣,使天天上课不至于变成一种单调乏味的义务,那你就应当引导每一位教师走上从事研究的这条幸福的道路上来。"所以说,教师在教学过程中,要能以研究者心态置身于班级、学生中,以研究者目光审视和分析教育教学实践中的各种问题,善于经验总结和反思。在教好书、上好课的同时,做一个积极的思考者、反思者和研究者,不断研究学生、研究课堂、研究自身教育教学行为,只有这样才能积极应对新思想、新问题、新情况。教师不是独立地被别人研究的对象,更是自己研究的对象,不能不敏锐地观察、判断自己的教室,探索自己的教学,参与自己的革新行动,聆听自己内心花开的声音。这种不断研究自我、探索自我的过程,其实是教师自我不断提升专业智能,提升自我更新发展和可持续发展能力的过程,能够增强教师的职业尊严、乐趣和价值感,使其在教育教学活动和研究中,与学生一起成长进步,成为有思想、有能力、有智性、有悟性,不断自主专业发展的人。

第二节 教师角色要求的心理素质

教师职业是育人职业,关系着对年轻一代的教育大计,而作为从业者的教师,其心理素质是搞好育人工作的重要条件,是促进学生全面发展的可靠保证。因为教师的心理素质直接决定其教育行为,会对学生的成长,特别是心理成长产生重要影响。

那么,什么是心理素质?教师角色要求的心理素质又有哪些呢?

一、心理素质

心理素质是人的整体素质的重要组成部分,是先天因素与后天因素的"合金"。张大均认为心理素质是以生理条件为基础,将外在获得的东西内化成稳定的、基本的、衍生性的,并与人的社会适应行为和创造行为密切联系的心理品质,它由认知因素、个性因素和适应性因素三个方面构成。肖汉仕认为,心理素质是在遗传基础之上,在教育与环境影响下,经过主体实践训练所形成的性格品质与心理能力的综合体现。其中的心理能力包括认知能力、心理适应能力与内在动力,对内制约着主体的心理健康状况,对外与其他素质一起共同影响主体的行为表现。

一个人心理素质水平的高低可从以下几个方面进行衡量:一是性格品质的优劣;二是认知潜能的大小;三是心理适应能力的强弱;四是内在动力的大小及指向。在内体现为个体心理健康状况的好坏,在外显示个体行为表现的优劣。

二、教师角色应具有的心理素质

教师是教书育人者,不仅要具备厚实广博的知识,还应该具备角色所要求的心理素质。

(一)积极情感

以师爱为核心的积极情感是教师的重要心理素质,主要表现为教师对教育事业、对所教学科、对学生的热爱。教师对教育事业的热爱,是搞好教育工作的前提;教师对自己所教学科的热爱,是提高教学质量的重要条件;教师对学生真诚的爱,是教师做好教育工作重要的教育力量。热爱学生是教师的天职,师爱即"师魂"。教师的教总是植根于对学生的爱。教师只有爱学生,才能尽心竭力地教学生,才能科学地教学生。林崇德认为:"疼爱自己的孩子是本能,而热爱别人的孩子是神圣的。"师爱是不讲回报的、无私的、广泛的且没有血缘关系的爱,在原则上是一种严慈相济的爱,但这种爱"动之以情深于父母,晓之以理细于雨丝",是产生"亲师信道"教学效应的心理基础。所以,教师对学生的爱要真要纯,不能假;要公正,不能偏;要宽严适度,不能溺;要情理交融,不能感情用事。要教学生会爱,使学生享受爱、懂得爱、体验爱的同时能自爱爱人,并能升华为"奉献之爱"。

> **【拓展阅读】**
>
> ### 麦克劳德杀了校长家的宠物狗
>
> 在英国的亚皮凡博物馆中,有两幅藏画格外引人注目。其中一幅是人体骨骼图,另一幅是人体血液循环图。
>
> 这两幅画的作者是一个叫麦克劳德的小学生。麦克劳德从小充满好奇心,凡事总喜欢寻根究底,不找出答案誓不罢休。有一天他突发奇想,想看看狗的内脏到底是什么样的,于是便和几个小伙伴偷偷地套住一只狗,将其宰杀后,把内脏一个一个割离,仔细观察。他没想到这只狗是校长家的宠物犬。对这事,校长十分恼火,感到如果不严加惩罚,麦克劳德以后还不知道会干出什么出格的事。经过反复思考,校长做出处罚决定:罚麦克劳德画一幅人体骨骼图和一幅血液循环图。知道惹下大祸的麦克劳德决心改过自新,于是他按照校长要求,认真仔细画了两幅图,大度的校长看后很满意,不但对杀狗之事既往不咎,还大大夸奖了麦克劳德一番。
>
> 后来,麦克劳德成为一名解剖学家,还与班廷医生一道研究发现了以前人们认为无法治疗的糖尿病的胰岛素治疗方法,获得1923年诺贝尔生理学与医学奖。

(二)职业兴趣

兴趣是人积极探究某种事物或爱好某种活动的倾向。职业兴趣是兴趣在职业方面的表现,指人们对某种职业活动具有的比较稳定而持久的心理倾向,使人对某种职业给予优先注意,并向往之。教师拥有对从事教育事业的愿望和兴趣,是积极创造性完成教育、教学任务的重要心理品质之一,能够增加个人的工作满意度、职业稳定性和职业成就感。教师的职业兴趣主要体现在三个方面。

一是明确的中心兴趣,表现为对所教学科和教学方法探究的兴趣、对学生心理发展的兴趣。教师在教学过程中表现出来的职业兴趣,常常会引起学生相应的学习兴趣。

二是广阔持久的爱好。爱好广泛的教师不仅在授课时能旁征博引,吸引学生注意力,调动学生学习兴趣,同时,教师的健康广泛的爱好,尤其是那些陶冶情操的爱好也会影响学生个性发展。在求知方面,教师的兴趣不能仅限于所任教学科,还应广泛涉猎相关学科知识。自然科学教师应懂文史哲知识,文史哲教师也要懂自然科学知识,努力文理兼修,追求精深广博。这样教师才有利于引导学生学习不偏科,综合发展。

三是乐于参与学生感兴趣的活动。在积极从事自己感兴趣活动的同时,还应主动关心参与学生感兴趣的活动,通过"在场",与学生一起活动体验,有助于了解学生,调整工作思路,发现新的教育方法。

(三)意志素质

意志素质是人的心理素质的重要组成部分,它包括意志的果断性、自觉性、自制性、坚韧性等,具体体现为形成创造性设想、准确性判断、果断性决策、周密性计划、灵活性方案、有效性措施、坚定性行为等方面的能力。它反映在有意识调节行动、克服困难、实现预定目标的整个过程中。教师的意志素质,指教师为达到一定教育目标或目的而迸发出的心理动力和耐力。教育教学工作具有长周期性、复杂性和反复性,也会受到来自内部和外部的种种干扰,这就要求教师具有耐心、坚忍的意志素质。既要有忠诚教育事业无怨无悔的毅力,也要有面对难题加以解决的勇气、能力以及处理问题的果断性和坚定性。

(四)自制能力

教师应当学会沉着自制、善于支配情感,约束自己的言行,抑制无益的激情和激动,不断提高自制力水平。英国教育部在2012年出台政策规定,有志于从事教师职业者要通过一个新的"人格测试",其中就包含"与行为习惯不好的学生交往时所需的'情感自控力'"。学生是发展中的人,在成长的道路上难免会出现过错,有时甚至对教师会有过激的言辞和顶撞行为,如果教师的自控力弱,就可能情绪失衡,出现出言不逊、讽刺挖苦,甚至体罚或变相体罚行为。此外,教师在家庭、社会中也会遇到一些不良刺激,从而产生消极情绪,但要在工作之前学会调整转换,不能将消极情绪带到教育教学活动之中,更不能直接将坏情绪转移到学生身上。这是一种自制能力,是一种职业修养和心理品质,也是衡量教师教育教学技巧与艺术的尺度。一般来说,老教师和优秀教师的自制能力较强;青年教师,特别是入职不久的教师,因年龄特点和工作经验积累有限,往往需要有意识地培养提高自身自制力。

(五)健全人格

乌申斯基说:"只有人格才能影响人格的发展。"教师的人格是完成各种教育的基础,也是教师心理素质系统中最重要的组成部分。教师人格特征不但影响自身的教育教学活动效果,而且在很大程度上决定其能否有效促进学生人格健康发展。一般来说,教师角色要求教师必须具有以下主要人格特征。

一是良好的性格。性格是一个人在对现实的稳定的态度和习惯化了的行为方式中表现出来的人格特征,是人格系统中的核心部分。性格有好坏之分,能最直接地反映出一个人的道德风貌。对教师角色来说,良好的性格应当包括爱与责任、公正无私、谦虚诚实、热情开朗、独立善断、自律自制等。教育过程自始至终是人与人之间相互作用、相互影响的过程。教师是学生学习的榜样,要以自身良好的性格塑造学生良好的性格。教师要求学生遵守纪律,不迟到不早退,那么,自身就要身体力行、率先示范,"身教"重于"言教";教师要求学生诚实守信,勇于自我批评,那么,自己做错事,就要敢于面对学生,坦然检讨。

二是成熟的自我意识。"知人者智,知己者明。"相对学生而言,教师是成熟个体,应当能够客观、全面、辩证地自我认知,应当具有自信、乐观等积极自我体验,应当沉着冷静、理智包容。

三是富于创新精神。创新是时代的要求,也是教育发展对教师角色的基本要求。教师角色的创新不仅体现在教学内容设计和处理、教学方法和策略选择、教学活动组织等方面,还要传导至教学终端对象,即培养学生的创新精神和创新能力。这就要求教师要不断更新观念,重新认识和理解新课程背景下的学生观、教师观、教育观、教学观、质量观、人才观、创新观等,有意识打破阻碍创新的心理因素,如思维定势、行为习惯、功能固着、权威盲从、害怕失败等,重视终身学习、敢于尝试、主动探究、善于思考、实干乐干,同时还应注意培育展示创新特质,如容易集中精力、巧用时间、敢为人先、坚韧有毅力、善于合作等。

(六) 职业能力

能力,是个体完成一项目标或任务所体现出来的素质。职业能力则是人们从事其职业多种能力的综合。教师要有优良的职业能力素质,才能确保完成教育教学各项任务。教师的职业能力应包括以下几个方面。

1. 敏锐的观察力

教师在教育教学中既要观察学生个人,也要观察集体;既要观察学生的优点,也要观察学生的特点;既要观察学生生理上的发展,也要观察其心理上的变化;既要观察学生的过去,也要观察他们的现在。所以教师应当具有细致观察学生、理解学生内心世界的能力。

2. 较强的语言表达能力

教师的语言表达能力是指教师借助语言、文字等表达教育教学内容和自己思想情感的能力。它包括口头语言和书面语言两方面。在教学过程中,教师应使用简洁、规范的语言表述教学内容,运用富有吸引力的生动语言讲授知识,语言流畅,发音清晰,语词意义明确,语调抑扬顿挫,并能恰如其分运用比喻与隐喻,增强语言效果。

3. 高超的组织能力

教师的组织能力是指教师对教育、教学活动的组织能力。表现在制订班级教育与个体教育工作计划和教学工作计划,组织课程资源,组织教学活动,指导研究性学习与社会实践活动,组织课外教育活动等诸多方面,也表现在对学生集体的组织上,以及组织和调动学生家长和社会的力量,配合学校的教育工作上。

4. 教育机智

教师的教育机智是教师在教育教学过程中的一种特殊定向能力,是指教师对学生活动的敏感性,能根据学生新的特别是意外情况迅速而正确地作出判断,随机应变及时采取恰当有效的教育措施解决问题的能力。教育机智是教师良好综合素质和修养的外在表现,是教师娴熟运用综合教育手段的能力。它具有偶发性、针对性和情境性等特点。

此外,教师的职业能力还包括科学设计教学内容的能力、运用现代化教育手段的能力、进行科学管理的能力、进行客观自我评定的能力、自学能力和良好的教育科研能力等。

三、如何培养教师良好心理素质

教师可从以下几个方面培养自身良好心理素质。

(一)加强理论学习

学生喜欢学识渊博的教师。面对"对知识如饥似渴"的学生,教师在职前教育中形成的知识储备是远远不够的,必须在职后不断学习充实。教师要树立终身学习意识,不断积累宽博而扎实的知识结构,不仅对所教学科有较深理解和确切把握,而且应当熟悉相邻学科,特别应谙熟教育学、心理学、管理学等相关学科知识。同时,加强学习,跟知识对话,还可以完善自己的个性,提高自身的品性和素质。良好的个性对教师来说常常是一种教育力量。

(二)学会积极认知

美国临床心理学家阿尔伯特·艾利斯(Albert Ellis)认为,人有其固有本性,人在先天倾向中有消极的、非理性思维的取向,同时也具有同消极的、非理性思维取向进行斗争的潜能。换句话说,他认为人具有非理性的不利于生存发展的生活态度倾向,同时也具有趋向于成长和自我实现的内在倾向。他认为,正是这种非理性的生活态度,导致心理失调。并且坚信,人是可以通过与非理性信念进行辩论,实现消极思维、非理性信念向积极思维、理性信念转化的。这就告诉人们,不是外在刺激物(如事实、行为等)本身导致个体的情绪反应和行为效果,而是个体对外在刺激物的解释、评价、观点、看法等,影响情绪反应和行为效果。所以,为了培养和维护良好的心理素质,教师应该学会用积极的、一分为二的、发展的眼光看待周围的人和事。

(三)培养兴趣爱好

业余爱好是紧张生活的"润滑剂"。教师在紧张而又繁忙的学习、工作和生活之余,劳逸结合,找一个安静理想之地,从事一些自己感兴趣的事作为业余消遣活动,这对于调养心情、消除疲劳、丰富生活是很有益处的。如练练书法、玩玩乐器、画画、打球、下棋、摄影等,都是增进健康的理想项目,可根据自己的兴趣选择和培养。一旦喜欢并选择,就要坚持下去,使它成为自己真正的兴趣爱好,以调节紧张情绪、适度放松身心,促进身心和谐。

(四)有效管理情绪

当出现急躁、愤怒、忧郁等消极情绪时,教师应学会有效情绪管理的方法。当然,坏情绪不可能被完全消灭,但可以被有效疏导、有效管理和适度控制。因为消极情绪容易带来消极行为及后果,所以应对、排解消极情绪非常必要。对于教师来说,首先要注意体察自己的情绪,时刻提醒自己注意:"我现在的情绪是什么?""现在的情绪对教育教学行为有益吗?我该怎么做?"负面情绪每个人都会有,但压抑负面情绪通常会带来不好的后果。如果能够体察自己的情绪,并准确予以判断,则是有效管理、调控情绪的基础。其次要适当表达自己的情绪。教师有了负面情绪时,不能压抑,要把自己的这种情绪表达出来,但不是通过"破坏性"的方式,而是选择适当的方式,委婉地传递出去。强调自己的感受,而不是去强调对方让你烦恼、忧愁或生气。适当地表达出来,能让对方接收到你的不愉快的信息,同时也不易被你的负面情绪所感染。再次要找到好的疏解情绪的方法。可以运用注意转移、积极暗示、适度宣泄、情绪升华、交往调节、自我安慰等方法,学会进行主动自我调节,比如散散步、看看电影电视、听听音乐、打打球、下下象棋、与朋友聊聊天、换换环境等。

(五)合理饮食作息

《黄帝内经》说:"上古之人,其知道者,法于阴阳,和于数术,饮食有节,起居有常,不妄劳作,故能形与神俱,而尽终其天年,度百岁乃去。"这里特别强调了"饮食有节,起居有常",要求人们养成良好生活习惯。良好生活作息会使人终生受益,其对健康的价值不可低估。可是在现实生活中,有很多教师对此没有重视,饮食不节、劳逸过度,不注意饮食营养结构,作息没有规律,经常熬夜、吸烟、酗酒、迷恋不健康情趣等,扰乱了机体"生物钟",对身心造成伤害,严重的甚至发生重病或猝死。

(六)提高耐挫能力

挫折是人们在追求既定目标的过程中,遭遇种种干扰和障碍,致使无法实现目标而产生的一种消极情绪状态。耐挫能力是指当个体遇到挫折时,能积极自主地摆脱困境并使其心理和行为免于失常的能力。面对同样挫折,每个人的表现存在差异,即"耐受挫折的能力不同"。无疑,教师在工作和生活中,特别在入职适应期、职业倦怠期和职业高原期,也会遇到困难、挫折,但是教师必须能够正视挫折的存在,理性看待挫折的两面性,挖掘挫折蕴藏的"逆境磨炼"的正面意义,培养乐观的生活态度和精神,保持适中的自我期望水平,自我调适宣泄不良情绪,必要时求助于心理辅导与咨询专业人士。

(七)培养乐观生活态度

乐观就像心灵的一片沃土,为人类所有的美德提供丰富养分,它使人的心灵更加纯净,意志更加富有弹性,它像最好的朋友一样陪伴着人生,像尽职尽责的护士一样呵护着人的耐心,像母亲一样哺育着人的智慧。它是道德和精神最好的滋补剂。马歇尔·霍尔医生曾对自己的病人说过:"乐观的态度是你最好的药。"所罗门也曾说:"乐观的心态就是最强劲的兴奋剂。"教师每天面对的是个性各异的学生,而学生是心智尚不成熟的人,所以难免会做出一些令人烦恼的事。教师则要持积极乐观的心态,多看、多思事物阳光积极的一面。为了培养乐观的生活态度,建议教师:一要勇于承认自己的弱点,愿意接受别人的建议;二要敢于面对失败和挫折,并从中汲取教训;三要在生活中诚实守信、富有正义感和责任心;四要在面对意想不到的打击时能屈能伸、泰然处之;五要乐于助人、与人为善、和谐共处;六要在受到不平等待遇时能宽恕和包容他人;七要在做任何事时,都必须坚守个人的信念;八要学会善意幽默和微笑面对一切;九要量力而行、知足常乐;十要牢记实践,心境开朗,永存快乐。

(八)营建良好人际关系

良好的人际关系能使人保持心境轻松平稳,态度乐观。不良的人际关系,可干扰人的情绪,使人产生焦虑、不安和抑郁。所以,人际关系是否和谐是个体心理健康的重要标准之一。叶澜认为,教学的本质意义是交往和对话。教学活动就是师生交往过程,是师生对话活动。如果教师不具备良好的人际沟通技巧和能力,就会影响教学交往的状态和质量。教师的人际关系至少应当包含师生关系、同事关系、家庭关系和朋友关系等。这些人际网络的好坏,会对教师心理产生重要影响。所以教师应当重视营造良好人际关系,在良好人际互动中促进良好心理素质形成。

第三节 教师角色心理健康状况对学生的影响

教师劳动具有较强的示范性,教师职业是助人的职业。教师自身是一种珍贵的教育资源,其道德品质行为、言行举止表现是学生学习观摩的对象,所以教师角色心理健康水平甚至比教师的学科知识和教学方法更为重要,影响着学生心理成长、人格形成和身心发展。

一、教师角色心理健康对学生影响的必然性

(一)教师职业劳动具有"示范性"特点

教师是"教书育人"之人,是职业劳动的施动者,是学生学习的典范。德国教育家第斯多惠说:"教师本人是学校里最重要的师表,是最直观的最有教益的模范,是学生最活生生的榜样。"教师不仅通过知识技能的传授去武装学生的头脑,而且通过自身的思想和言行等去直接影响学生,教师的人格与个性对学生身心发展也具有重要示范作用。总之,教师的世界观、品行、生活、对每一现象的态度都这样或那样影响着全体学生,教师的一言一行、一举一动都可能在学生头脑中留下不可磨灭的印象。所以,教师角色心理健康状况也会对学生心理成长产生难以估量的影响。学生会在无意中受到教师积极心理品质,如积极认知、稳定情绪、坚韧毅力、果敢精神、阳光心态、创新意识等的影响,也会受到教师消极心理特质,如认知偏见、消极情绪、不良性格等的影响,这些影响会被学生自觉或不自觉地内化为自己的观念,

外化为自己的行动。所以教师应该保持良好心性和品行。

(二) 学生具有"可塑性和模仿性"特点

青少年尤其是中小学生,年龄在6至18岁之间,其生理和心理处于成长发展中,具有很大的可塑性。特别是小学生,其言语、认知和社会性发展等方面都较中学生、大学生、成人学习者有更优的可塑性。亚里士多德在其著作《论灵魂》中认为,灵魂如同蜡块一样,从外物接受印纹。英国哲学家、教育家洛克(J. John Locke)继承发展了这个思想,认为人出生时心灵犹如白纸或白板,对任何事物均无印象;人的一切观念和知识都是外界事物在白板上留下的痕迹。教师教育学生就像"在白板上绘画"一样,教师"绘画"时的心理状态和行为,会直接影响学生的心理状态和行为。有的教师常出现语言甚至行为暴力,对学生身心伤害极大,容易引发师生间冲突,导致因失控而失手的现象。比身体伤害更严重的是,有时会使学生是非观念模糊,心理虐待感加强。如果某教师形成了对学生心理虐待习惯,总是喜欢挖苦、讽刺、打击学生,或是设法侮辱比自己强或自己看不上的人,就是心理不健康的表现。

模仿,是没有外在压力条件下,个体受他人影响而仿照他人,使自己行为与他人相同的现象。一般来说,榜样是模仿的条件,但模仿是自愿产生的,有时可能是无意识的。模仿性是少年学生的天性,也是他们学习的基础和主要手段。中小学生的知识智力、心理品质和思想道德均处于成长发展中,独立性和自我教育能力较弱,所以对教师有一种特殊的信任和依恋的情感,向师性明显,老师说的就是"权威指令",一定尽可能照做。因此,教师"说的"往往是学生最可信赖的,教师"做的"往往会成为学生模仿的参照。可见,教师的点滴言行举止、教师角色的心理健康水平会潜移默化影响着学生成长。

(三) 教师与学生"有效接触"的时空特点

相比家长或其他角色群体而言,教师与学生的有效接触时间较长,每天少则7~8小时,多则10多个小时。父母虽然每天与孩子在一起的时间也有10多个小时,但其中睡眠时间过半,此外,再除去父母与孩子独自活动的时间,面对面接触的时间就更少。教师与学生的有效接触时间较多,并且多在班级中,空间也较为集中,为两者相互作用和影响提供了充足的时空保证。德国心理学家勒温(Kurt Lewin)认为,任何群体内部都存在着一种"心理场",群体成员的心理活动都处在其他成员的心理场之中。成员之间的心理相互影响,是一种"群体心理互动"过程。在这一过程中,往往有一种力量(即强势心理场)起着主动、支配的作用。无疑,在班级教学交往中,教师具有这种强势心理场地位,教师的言行容易影响学生,学生观察、学习并效仿,进而在自觉或不自觉中习得教师的某些个性和行为习惯。

二、教师角色心理健康对学生影响的表现

教师角色心理健康状况对学生的影响是客观存在的。如果教师的心理不健康,则会外

展为其言行,而学生作为其言行的受动者,则会受到深刻而深远的影响。这种影响一方面是长期交往共处而潜移默化发生的,另一方面还会直接而显性地对学生产生影响。

(一)影响学生的学习态度和生活态度

"亲其师,信其道。"教师的言行会对学生的身心健康发展产生重要影响。具有阳光乐观、积极向上心态的教师,会带给学生积极阳光的心态;言行和心态具有不良倾向的教师,则会带给学生更多的消极影响,导致学生对学习和生活产生消极态度和体验。有个学生没有完成作业,上课时间被老师责令到走廊上抄十遍课文,当天抄不完第二天翻番,再抄不完,第三天再翻番……这样下去要不永远抄不完,要么抄完了也耽误了新课,导致新的作业完不成。学生就开始痛恨老师、痛恨学校,心灵被扭曲了。有位中学生在日记中这样写道:"我是一个破瓶子,从小就被家长和老师摔碎了,碎得再也不能拼接了。一个破瓶子还能有什么用呢?"容易导致人生观和价值观念模糊,学习和生活方向感迷失。

(二)影响课堂教学质量和学生学习效果

课堂教学是教师工作的主阵地。如果教师能够精力充沛、情绪稳定地投入课堂,得心应手、游刃有余地驾驭教学,创建一种宽松、民主、自由、和谐的课堂心理气氛,则学生浸润其中,乐学不疲,有助于提升课堂教学质量,帮助学生在学习上取得事半功倍之效。相反,如果教师处在职业倦怠期,自身工作动力不足,没有生机活力、课堂表情麻木、消极应付对待教学,常牢骚满腹、怨天尤人,常指责怪罪、讽刺挖苦学生,则会导致课堂气氛紧张、生冷沉闷,影响课堂教学质量,减弱学生的学习兴趣和信心,降低学习效果。

(三)影响师生关系和学生心理健康

师生关系是学生在学校环境中与教师之间建立的认知、情感和行为等方面的联系。正常的师生关系是学生身心健康发展的保证。研究发现,良好的师生关系,如亲密型师生关系,有利于小学生的学校适应,可以满足学生参与学习活动安全感的需要,同时也有助于学生发展良好的个性品质和较高的社会适应能力等;而不良的师生关系,如冲突型或依赖型师生关系,会使儿童对学校产生不良的情绪体验,在学校环境中表现出攻击性行为或退缩等心理行为问题。如果教师角色心理不健康,如情绪失调、人格缺陷、问题行为等,轻则影响学生的情绪安全感,侵犯学生的人格尊严,使学生变得胆怯、恐慌、压抑;重则使学生产生逆反、敌对心理,丧失道德感,产生心理障碍,导致人格萎缩、师生关系冲突,甚至恶化为暴力伤师事件。各种教师伤害案件背后,除了教育方式不当、当事学生个性特点等因素之外,受害教师自身的心理素养和性格行为特征,如习惯性的"语言暴力"、体罚、变相体罚和"心虐"现象,也是隐藏的导火索。显然,这不利于良好师生关系形成,影响学生心理健康。

【拓展阅读】

三毛受伤记

作家三毛自幼性情孤僻,感情脆弱,读初中二年级时数学成绩很差。数学老师平时对三毛十分冷淡,一天三毛做不出习题,老师便把她叫到面前,当着全班同学的面讲:"我们班有一个同学最喜欢鸭蛋,今天我请她吃了两个。"说着就用蘸墨汁的毛笔在三毛眼睛周围画了两个圈,然后让三毛转过身去让全班同学看。三毛根本就不知道如何保护自己,便顺从地转过身,全体同学顿时哄堂大笑。老师等大家笑够后让三毛到教室角落一直站到下课。下课后,老师又罚她从有众多学生的走廊和操场绕一周再回到教室。许多学生看了三毛这副模样都尖叫起来。三毛在学校受到莫大精神刺激和侮辱,回家后并未告诉父母,自己也没有掉泪。三天后三毛早上去学校,在走廊看到自己的教室时立刻昏倒了。后来,她一想到去学校,便会立刻昏倒失去知觉。从此,三毛再也不肯去学校,越来越怕接触外面的世界,害怕所有的人,她把自己封闭起来达7年之久。

三、教师角色心理健康需维护和调适

教师是学生健康成长的引路人,教师角色的心理品质和心理健康状况,不仅关系到教师个人的职业生活和从教状态,也关系到教育教学质量和学生的身心健康发展,关系到我国教育事业的梦想实现。所以,教师应该树立正确的角色认知,积极践行教师的角色规范,有针对性地开展角色训练,不断强化角色学习,汲取心理健康相关知识,学会心理健康调适的基本方法技能,维护好自身良好的心理健康状态,切实增强教师角色扮演的各项能力。

本章小结

社会角色,简称角色,是指与人们的某种社会地位、身份相一致的一整套权利、义务的规范和行为模式。教师角色包括:教师行为,教师的地位和身份,对教师的期望。教师职业的特殊性,教育活动的复杂性和多样性,决定了学校中的教师担负教书育人、管理服务、心理导向和自我发展等角色。新课程改革后,教师被赋予了新的角色内涵,逐步由"知识传授者"转变为"学生发展的促进者",由"课程执行者"转变为"课程建构者",由"知识单一型教师"转变为"知识复合型教师",由"教书匠"转变为"研究者和自主专业成长者"。教师作为教书育人者,在重新定位自身角色过程中,除了具备渊博的知识体系外,还应具备良好的心理素质,如

积极的情感、明确的职业兴趣、良好的意志品质、较强的自制能力、健全的人格、综合的职业能力等,为履行教育教学职责,促进学生全面发展提供可靠保证。当然,教师必须重视这些良好心理素质塑造和培养,在平日里注意加强理论学习、学会积极认知、培养兴趣爱好、有效管理情绪、合理饮食作息、提高耐挫能力、培养乐观生活态度、营建良好人际关系。良好的心理素质有助于教师角色心理健康,而教师角色心理健康状况会影响学生的学习态度和生活态度、影响课堂教学质量和学生学习效果、影响师生关系和学生的心理健康,所以必须重视教师角色心理健康的维护和调适。

思考与练习

1. 什么是角色与教师角色?
2. 新课程背景下教师的角色定位是什么?
3. 教师角色要求的心理品质有哪些?
4. 怎样理解教师角色心理健康对学生影响的必然性?
5. 教师角色心理健康影响学生的具体表现是什么?

参考文献

[1] 李瑾瑜,等.课程改革与教师角色转换[M].北京:中国人事出版社,2003.

[2] 闵卫国,等.教育心理学[M].昆明:云南人民出版社,2003.

[3] 叶上雄.中学教育学[M].北京:高等教育出版社,2003.

第三章　教师压力与心理健康

学习目标

1. 初步理解压力的概念。
2. 简单了解压力对生理、心理的影响。
3. 分析和掌握教师压力的主要来源。
4. 掌握教师压力应对的策略，并学会应对压力。

【案例分析】

张老师的压力"真不少"

张老师年逾三十，是一所初中两个班的语文老师，同时是其中一个班的班主任。她还是一个小学四年级学生的妈妈。

每天天还没亮，张老师就得起床，准备早餐，然后叫醒女儿，先让孩子吃早饭，自己一边做着家务，一边吃上几口饭菜。去自己任教的学校前，必须骑电动车把女儿送到小学，再急匆匆地赶到学校。

学校里又有一大堆麻烦事等着处理：除了讲课、开会、改作业、处理学生的矛盾，有时还不得不面对家长的责难，忙完学校的事回到家还得熬夜备课……自己工作年限短，职称评优竞争激烈，加之教师微薄的工资收入，孩子还得上兴趣班，又让她的生活捉襟见肘。

跟所有的妈妈一样，她要为孩子的晚饭操心，还要专门拿出时间花在孩子的学习上。虽然刚刚步入而立之年，但常常觉得力不从心。有时，她甚至会想到"五十岁不到，我准累死""这样的日子，何时是盼头"……

案例中张老师的生活和工作正面临着多重压力，身心憔悴，常常感到无力应付工作和生活，产生了职业倦怠。这不得不引起人们对教师压力的高度关注。

每个人每天都要应对环境中的种种压力，关键是我们怎样合理认识和对待它？有一定压力并非坏事。但是，如果没有了压力，生活是否就一定会好一些呢？没有了压力，生活和工作还有动力吗？没有了压力，人们会积极克服困难吗？当刺激事件打破了个体的平衡和负荷能力,或者超过了个体能力所及,就会体现为压力。现代社会快节奏、高竞争,尤其在不断深化教育改革的形势下,更易诱发和加重教师压力。压力已成为广大教师共同面临而亟待解决的心理问题之一。本章主要就什么是压力、教师压力的主要来源、教师压力的应对策略等进行探讨,以期使教师进行有效压力应对。

第一节 压力概述

一、压力的含义

压力最先是物理学上的名词,指对物体外部施加的一种压力或推力。1936年,加拿大生理心理学家汉斯·舍利(Hans Selye)把压力应用在医学和心理学上,他指出压力是指个体在接受外在刺激时,所产生的一种非特异性反应。在健康心理学中,压力是其中的关键领域。不同研究者对它的定义各不相同。有研究者认为,压力是对精神和肉体承受力的一种要求;也有人认为,压力是人在感知外界事物过程中所产生的心理应激反应;还有人认为,压力是个体对某一没有足够能力应对的重要情境的情绪与生理紧张反应等。

一般认为,压力是由刺激引起的,伴随躯体机能以及心理活动改变的一种身心紧张状态,是压力来源、心理与生理相互作用的综合物。这个定义有以下三层含义。

第一,压力是指一种刺激或情境,这种刺激或情境具有伤害或威胁个体的潜在性。如马上就要考试了,有的教师担心学生考不好,这时考试就是一种压力刺激或情境,称为压力来源。

第二,压力是指个体对刺激或情境的反应,包括心理和生理反应。心理反应包括认知、情绪和行为诸方面的反应,如教师面临教学比赛感到紧张不安;生理反应包括机体生理唤醒,如面对威胁时心跳加快等。

第三,压力是指由于个体与环境之间的"失衡"而产生的一种身心紧张状态,强调压力是一个过程,包括了个体与所处环境的关系。

心理学所研究的压力,一般指心理压力,是指某些刺激事件对个体在心理上所构成的负荷。这种负荷可导致一系列身心反应,即应激反应,是个体在面对具有威胁性情境时,一时无法消除威胁、脱离困境而产生的一种被压迫的主观感受。必须把压力和压力来源加以区分,压力来源指的是引发压力的刺激或情境,或可称为压力事件;而压力指的是对于压力事件所做出的反应。

一个事件是不是构成压力,这取决于人们对事件进行的认知评价。如果把事件看成具有威胁性,而个体应对能力不足时,这时就会产生压力。因此,压力的产生包括评价过程。心理学家拉扎鲁斯(R. S. Lazarus)把这一过程称为认知评价。认知评价是对压力事件的认知解释和评价过程,在压力产生中扮演着核心角色。压力认知评价可以分为两个阶段:初级评价和次级评价。初级评价是评定压力事件的严重性;次级评价是评定处理压力的可能性。对压力事件的认知评价,个体之间有明显差异,导致同一事件引发的压力反应迥异。

二、压力下的生理应激反应

压力下引发的生理应激反应,可以分为两种情况:一种是遭遇突发情况时个体在短暂压力下所产生的生理反应,可称为急性应激;另一种是长期压力下个体所产生的持续应激唤起状态,这种状态可能会让个体无法应对,并耗尽个体的所有精力。我们把长期压力下的生理反应,称为慢性应激。

(一)短暂压力下的生理应激反应

无论是动物还是人类,在遇到突如其来的威胁性情境时,身体上都会自动发生一种类似"总动员"的反应现象。这种本能性生理反应,可使个体立即进入应激状态以维护生命安全,就是应激反应。应激反应由个体行为表现于外时可能有两种形式:一是向对象攻击,二是逃离现场。这最早由美国生理心理学家坎农(W. B. Cannon)实验证实这种自动反应。

20世纪20年代,坎农曾经研究人类与动物对危险事件的反应,第一次科学地探讨了身体对压力的反应。他发现当人们处于危险状况时,神经与腺体就会参与活动,使个体产生能量来对抗或逃避,坎农称这种双重压力反应为"战斗或逃跑"反应。这种压力反应的中枢位于下丘脑,下丘脑与许多情绪反应有关,下丘脑也称为压力中心,原因在于它有两个功能:对自主神经系统的控制和对垂体腺的控制。

当机体处于急性应激状态时,应激刺激被感知输入,在被中枢神经接受后,经中枢加工后将信息传递给下丘脑,并使之兴奋,从而激活交感神经——肾上腺髓质,导致后者大量释放儿茶酚胺,引起肾上腺素和去甲肾上腺素大量分泌,高水平肾上腺素和去甲肾上腺素导致机体心理、生理功能改变,使机体变得警觉、敏感,从而为机体投入搏斗或者逃离危险情境做好准备。如果在生理上一直对威胁保持警惕,则最终会破坏身体的自然防御系统。因此,在生活中经常遭遇应激,或频繁将环境里的事物看作是威胁,会给人带来严重健康风险。

这种在短暂压力下的"战斗或逃跑"反应,对于应对突如其来的紧急情况有所助益,对人类生存极为有效。但有研究指出,这些应激中的生理反应对男性和女性会产生不同结果,女性一般不会体验到"战斗或逃跑"反应。

(二)长期压力下的生理反应

长期处于压力之下,人体内部的应激反应延长,让人体虚弱、得病甚至死亡。

汉斯·舍利是当代第一位研究长期严重压力对身体影响的研究者。他曾从事多项压力实验研究:将白鼠置于不同压力情境下,观察白鼠在压力持久存在与变化下身体表现出来的反应。实验所采用的威胁性刺激是细菌感染、外伤、冷气、热气、中毒、强制性束缚等,有时只用一种刺激为压力因素,有时两种并用;其中采用最多的方法是将白鼠置于冰箱内,让它在极冷的压力下生活数月之久,以此观察压力时间长短与身体反应的关系。他发现,长期性高度压力会使身体产生一种非特定性适应性生理反应,舍利将其称为"一般性适应综合征"。"一般性适应综合征"包括三个阶段:警觉反应阶段、抵御反应和衰竭阶段。

在警觉反应阶段,个体无论什么时候遇到任何一个紧张刺激都会引起身体内部生理生化、体内环境平衡、内脏机能的变化,即个体自身会动员起来进行适应性防御。如果个体持续在此压力环境下生活,就进入第二阶段——抵御反应阶段,这时个体肾上腺素分泌增加后,会出现心律、呼吸加快,血压增加,血糖含量增加等变化,以便充分动员体内潜能应付环境变化刺激威胁。当伤害性压力来源持续过久,可能个体就无法抗拒下去,就进入第三个阶段——衰竭阶段,紧张刺激所致威胁继续存在或身体仍然像存在着威胁那样进行反应,抵御就会持续下去,必需的适应能力可能耗尽,最后出现崩溃。这时个体会被其自身的防御力量所损害,导致疾病甚至死亡。

舍利动物实验结果认为,我们每个人对压力来源的适应能量是有一定量的,如果耗竭,就无法抗拒压力,最终导致疾病死亡。因此,减少或降低压力,可以使人更健康。

三、压力的心理反应

压力会导致人在情绪、认知和行为方面有所反应,这些反应表现在下列几个方面。

(一)压力的情绪反应

几乎所有的压力都会伴有一系列情绪反应,有的可能是多种情绪反应。大部分压力都是令人不舒服的负向情绪,这些负向情绪除了令个体感到不快外,本身也会增大个体压力。

压力情绪反应有焦虑、愤怒、恐惧和抑郁等。焦虑是心理应激下常见反应,适度焦虑可以提高人的警觉水平,促使人投入行动,对人适应环境有益。过度焦虑则有害。恐惧是一种企图摆脱已经明确的特定危险的逃避情绪。愤怒是一个人在追求某一目标的道路上遇到障碍、受到挫折的情绪体验。抑郁是一种消极低沉的情绪体验,如悲观、失望、绝望和失助等。

(二)压力的认知反应

压力影响人的认知功能。当个体认识到一个刺激有威胁时,智力方面的功能就会受到影响。一般来说,压力越大,个体用于关注压力来源及个人焦虑的注意力就越大,解决问题的注意力就会降低,威胁更不容易解除,因为人的注意资源有限。压力还会影响记忆,干扰问题解决、判断和决策能力。这是因为压力使得知觉范围变小,大脑活动受到抑制,思维变得迟钝,更难有创造力产生。

(三)压力的行为反应

面对压力,人们总是会采取一些行动来减轻或消除其影响,这就是行为反应。如有人面对压力时,过度进食、不停地吃零食等。但是面对不同程度压力,个体常会有不同行为反应。当个体认为有把握处理压力问题,会采取行动努力寻求对压力的解决方式,使个体更警觉,集中精力,表现更好,因此这种压力促使积极行为适应。当个体感到无法处理、解决压力问题时,则会采用自我防御措施,保护自己免受伤害,但有时会产生攻击行为。对于一般人而言,攻击行为因遭遇挫折而起,攻击对象既可以指向他人,也可指向自己,甚至造成自杀的极端行为。

【走进课堂】

压力反应的警讯

你有压力吗?你能及早觉察你的身心两方面所承受的压力吗?以下列出生理、情绪、心理及行为指征,请你根据这些指征检视自己是否承受着过多的压力。

1. 生理指征

(1) 头痛的频率与强度的增加,若非生理因素引起,则很可能是压力反应。

(2) 肌肉紧绷,通常发生在头部、颈部、肩膀与背部。

(3) 皮肤显得过于干燥,出现斑点或过敏反应。

(4) 消化系统出问题,例如胃溃疡。

(5) 心跳急促、胸痛等。

2. 情绪指征

(1) 容易生气,没有耐心。

(2) 忧郁、意志消沉。

(3) 当外在要求超过自己的能力时,容易产生失控感,对自己失去信心。

(4) 有太多要求加之于己,因而感到心力枯竭、缺乏热情。

(5) 有疏离感。

3. 心理指征

(1) 因为有太多事情萦绕心头而无法专注。

(2) 即使是日常的琐事,也常犹豫不决。

(3) 记忆力变差。

(4) 压力会影响判断力,若你常做出错误决定,需考虑压力的影响。

(5) 对自己与自己的处境作负面思考。

4. 行为指征

(1) 经常睡不好,失眠或需要睡很久。

(2) 为了缓解压力,而比平常喝更多酒、抽更多烟。

(3) 性需求下降,可能又因此变化而引发忧虑,影响亲密关系。

(4) 从人际关系中退缩。

(5) 很难放松,坐不住。

四、压力与心身疾病

心身疾病是指心理、社会因素在疾病发生、发展和变化过程中起主导作用,具有明显生理结构和功能障碍的一类躯体性疾病。而刺激产生的压力引发紧张状态持续,常常会导致心身疾病。关于心身疾病发病率,由于界定范围不同,所以报道数据差异甚大,国外调查人群中为10%~60%;国内的门诊与住院调查,约为三分之一左右。

心身疾病分布于全身各个系统,主要受自主神经支配的系统与器官,种类繁多。一般表现在以下方面:①心血管系统,高血压、冠心病、心律失常、心动过速或过缓等;② 呼吸系统,支气管哮喘、过度换气综合征、血管舒缩性鼻炎等;③ 消化系统,消化性溃疡、溃疡性结肠炎、神经性厌食、神经性呕吐等;④ 内分泌系统,肥胖症、糖尿病、甲状腺功能亢进等;⑤ 肌肉骨筋系统,痉挛斜颈、类风湿关节炎、口吃等;⑥ 神经系统,紧张性头痛和偏头痛等;⑦ 泌尿生殖系统,性功能障碍、月经失调等;⑧ 皮肤系统,神经性皮炎、过敏性皮炎、斑秃、荨麻疹等;⑨ 其他,癌症、免疫性疾病等。

第二节 教师压力的主要来源

有研究指出,中小学教师所感受到的总体压力水平偏高,有51.3%被试处于中度以上压力感受组,高中教师所感受到的工作压力高于初中和小学教师;教师的工作压力感越大,其心理健康水平越低。① 可见,压力是影响教师心理健康的重要方面。那么,教师压力的来源有哪些? 关于教师压力来源的研究众多,大体上认为可以分为内部因素和外部因素两个方面。内部因素是指教师个体自身带来的压力,如有专门对教师职业压力与个体内在素质之间关系的研究,结果发现教师个体的角色准备、职业态度、健康状况、职业自信心和自尊心是重要的压力来源。② 外部因素是指教师个体自身以外的因素,主要有职业因素、组织因素、社会因素等。

一、教师压力的个体来源

相同情境或刺激,对于不同教师个体而言影响很有可能大为不同,产生的压力也就不一样。因此,教师个体间的差异性成为教师压力的内部来源。具体有以下几个方面。

(一) 个体的生活状态

教师个体之间的生活状态和处理日常生活事务的能力,存在着较大差异。日常生活存在的问题,成为教师不可避免的压力来源。日常生活问题,按照重要性不同,可分为日常烦恼和重大生活事件。

日常烦恼来源于日常生活中的琐碎小事,如做饭、打扫卫生、洗衣服等,是教师经常遇到而又无法完全避免的,日积月累,就成为了压力。人们常说"最后一根稻草,压垮骆驼",就是这个道理。累积的压力,会对个体身心造成不良影响。一项对100名中年男子一年中所产生的日常烦恼事件与生理症状的关系研究,发现,日常烦恼与身体健康有着密切关系。心理学家拉扎鲁斯认为,这种看似渺小的压力事件其危害大于大事件对人身体健康的影响。

重大生活事件是指人们在日常生活中遇到的各种各样的社会生活的突然变动,所谓"天有不测风云,人有旦夕祸福",由于生活突然变动,即使是受人欢迎的变化,也会对个体形成压力。许多研究已证实了重大生活事件与某些疾病的发生、发展的相关关系,生活事件对心身健康的影响正日益受到人们的重视。

【拓展阅读】

社会再适应量表

美国精神病学家托马斯·霍尔姆斯(Thomas Holmes)和理查德·瑞赫(Richard Rahe)于1967年编制了著名的"社会再适应评定量表"(Social Readjustment Rating

---

① 韦耀阳,刘猛.中小学教师工作压力与心理健康的相关研究[J].精神医学研究,2008,21(4):268—270.
② Elaine Adams. Vocational Teacher Stress and Internal Characteristics[EB/OL]. http://scholar.lib.vt.edu/ejo-ernal/JVTE/v16nl/adams.html.

Scale,SRRS),以确定压力事件是否可以致病。该量表列举了43个重要的生活事件(见表3-1),其中包括令人愉快的及不愉快的,每个事件赋予不同压力指数。被试根据某一段时间内自己遭遇的事件进行测验,累加所选出的事件压力指数,就可以得出其所承受压力的程度。得分在150~199分属于轻度生活危机,得分在200~299分属于中度生活危机,300分以上则为重度生活危机。

表3-1 社会再适应评定量表

序号	生活事件	压力指数	序号	生活事件	压力指数
1	配偶死亡	100	23	子女离家	29
2	离婚	73	24	吃官司	29
3	婚姻失败或分居	65	25	个人杰出的成就	28
4	监禁	63	26	配偶开始或停止工作	26
5	家族成员死亡	63	27	学业的开始或结束	26
6	受到伤害或疾病	53	28	生活水平的改变	25
7	结婚	50	29	个人习惯上的修正	24
8	被解雇	47	30	和上司相处不好	23
9	与配偶重修旧好	45	31	工作时数或工作条件的改变	20
10	退休	45	32	搬家	20
11	家庭成员健康状况改变	44	33	转学	19
12	怀孕	40	34	娱乐的转变	19
13	性生活障碍	39	35	教堂活动的改变	19
14	家庭中新成员的增加	39	36	社交活动的改变	18
15	职务重新调整	39	37	借款少于1万美元	17
16	收入状况的改变	38	38	睡眠习惯的改变	16
17	亲密朋友死亡	37	39	家庭联欢时人数的改变	15
18	改行	36	40	饮食习惯的改变	15
19	与配偶争吵次数改变	35	41	度假	13
20	负债超过1万美元	31	42	过圣诞节	12
21	负债未还,抵押被没收	30	43	轻微犯法	11
22	工作中职责变化	29			

研究者将量表分发给394名被试,要求他们给量表上所列出的每一项生活事件打分。将所有被试给每个条目所打分数加以平均,然后再除以10,从而得到各项生活事件的分值。该研究的方法极为简单和直接,这一研究的重要性和价值在于测量所获得的结果以及该测量工具的应用,这一测量工具被称为"社会再适应评定量表"。

> 为了检验评定的一致性,研究者把被试分成很多小组以便求出不同小组评定结果间的相关系数。研究者从多个维度对被试的评定结果进行比较,这些维度包括:性别(男、女),婚姻状况(已婚、未婚),教育程度(受过高等教育、未受过高等教育),种族(白种人、黑种人),社会经济地位(较高、较低),年龄(青年、老年),宗教信仰(有、无),等。结果显示,各组之间的相关系数都很高,这表明被试评定结果的一致性很高。这就意味着霍尔姆斯和瑞赫可以非常自信地下结论说:SRRS 适用于所有人,并且它的准确性相当高。[①]

(二) 人格特征

对待压力的反应是轻还是重,与一个人的人格特征有很大关系。有些人通过 A 型行为模式给自己制造压力。A 型人格的人通常有时间紧迫感,行为急促,缺乏耐心,争强好胜,暴躁,走路办事匆忙,说话快,有敌意等,容易构成自我压力和紧张感,易患紧张性头痛,这些都是与压力有关的反应。A 型人格者往往是完美主义者,尽职尽责,对周围的人要求高,人际关系不协调,也承受着巨大压力;而 B 型者则恰好相反。因此,A 型人格者相对于 B 型人格者更易感受到压力。

有人使用艾森克人格问卷(Eysenck Personality Questionnaire,EPQ)研究教师压力水平与人格之间的关系,发现人格特征是引起教师压力的一个重要因素,教师压力与 EPQ 三个维度都有明显相关。在内外倾性维度上,分数高的人属性格外向者,其特点是好交际,渴望刺激和冒险,情感易于冲动,具有这种性格特征的教师能相对有效地应对职业压力环境。与此相对的是性格内向者,他们好静,富于内省,除了亲密朋友外对一般人缄默冷淡,不喜欢刺激,而且有点悲观,非常珍视伦理标准,因此性格内向者比较容易受生活事件的影响,从而承受更大的职业压力。[②]

(三) 心理冲突

人们在进行某一行动时有时会同时具有两个或两个以上的目标,如果目标不能同时实现,就形成了动机冲突。冲突令人沮丧、焦虑并产生压力。

冲突有双趋冲突、双避冲突、趋避冲突和多重趋避冲突四种类型,使人产生不同水平的压力。当"鱼和熊掌不可兼得"时,人的内心便形成了双趋冲突。在这种情况下,如若又夹带有情感色彩,体验到的压力就越发严重,痛苦也就越大。当一个人面临两种不利的目标,只

[①] [美] H. M. 哈克. 改变心理学的40项研究[M]. 白学军, 等译. 北京: 中国轻工业出版社, 2004, 241.
[②] David Fontana, Rada Abouserie. Stress Level: Gender and Personality Factors in Teachers[J]. British Journal of Educational Psychology, 1993, 3.

能回避其中一个目标,便体验到双避冲突的压力。双避冲突比双趋冲突压力大,因为双避冲突中每一种结果都不是人们想要的。当双避冲突引发的压力非常大而又无法解决时,人们一般会退缩或逃避。当一个目标同时具有趋向和回避的动机时,便会产生趋避冲突,如去一所偏僻农村学校从事教学,得到了一份工作,但不得不与家人分离。最复杂的冲突形式是多重趋避冲突,如"备课很费工夫,但可以让你不用担心明天的讲课;非常想看正在上演的电影,但是又担心明天讲课怎么办?"

(四)自我效能

自我效能是指人们对自己实现特定领域的行为目标所需能力的信念。自我效能预期会影响教师承受压力的能力。自我效能决定了人们如何感受、如何思考、如何自我激励以及如何行动。积极、适当的自我效能预期使教师认为自己有能力胜任所承担的工作,由此将持有积极进取的工作态度;而当教师自我效能比较低,认为自己无法胜任工作的,那么他对工作将会有消极回避的想法,工作积极性将大打折扣。刘洪云等研究指出,自我效能高的教师,工作压力所带来的负面影响较小。[①]

自我效能高的教师在面对工作压力时,倾向于采用较积极的应对策略,倾向于用较乐观的态度应对所面临的压力;而自我效能低者,在压力面前常常表现为担心或焦虑。因此,自我效能高的教师其工作压力所带来的负面影响较小。[②]

二、教师压力的职业来源

教师压力还来自于教师个人对自己所从事职业的看法、对自己职业角色的处理情况以及教师的职业愿景和工作负荷。

(一)职业价值观

教师工作是一种专门性的职业。《中华人民共和国教师法》规定:"教师是履行教育教学职责的专业人员,承担教书育人,培养社会主义事业建设者和接班人、提高民族素质的使命。教师应当忠诚于人民的教育事业。"教师职业的使命感和责任感,是教师献身教育事业、无私奉献、不断进取的巨大动力,是教师职业价值观的根本所在。这种职业特有的价值观成为教师工作压力的最主要来源。一般地,教师职业价值观越崇高,工作压力就越大,工作投入也越大,越容易出现职业倦怠。

教师职业已经成为一种"高危"职业,教师在其职业生涯发展的一定阶段会表现出明显

[①] 刘洪云,等. 教师集体效能感和自我效能对于工作压力影响作用的调节——多水平分析研究[J]. 心理科学,2004,27(5):1073—1076.
[②] Leiter, M. P. Coping Patterns as Predictors of Burnout:The Function of Control and Escapist Coping Patterns[J]. Joural of Organizational Behavior,1991,12:123—144.

的职业倦怠现象。教师职业倦怠往往在工作投入与回报进行比较时出现,是一种消极反应,是教师在长期压力体验下产生的情感、态度和行为的衰竭状态。一项以中小学教师为对象的研究显示,职业价值观与职业倦怠显著相关。[1] 当前,教师的职业价值观受到经济利益驱动的强大影响,尽管近年来教师待遇有所改善,但与其他职业相比仍然偏低,教师普遍认为自己的付出与回报不成正比。这种不平衡给教师带来失落感,从而使教师对教育工作失去兴趣和动机。曾有调研报告称,58%的教师受访者每天工作时间超过 8 小时,其中每天工作 10 小时的为 27.6%,11 小时以上的为 17.8%。

(二)角色超载和角色模糊

教师在学校教育中要扮演多种角色,既反映了社会、学校、学生对教师给予的不同期望,也反映了教师工作的复杂性和繁重性。教师扮演着知识的传播者、班集体的领导者、课堂纪律的维持者、学生的朋友和知己、父母的代理人、研究者等多种角色。学校往往还让教师承担着安全员、消防员等任务。当教师在工作中同时扮演多个富有挑战性的角色,在有限的时间内完成多种工作时,就会发生"角色超载",易造成角色超载和角色模糊,这是造成教师职业压力的主要来源。除了正常教学,有的教师还承担班主任、年级组长、教导主任、学科教研室主任等工作,更增加了教师的工作压力。

有研究证实,班主任教师的压力感最高,其次是年级组长教师,科任教师的工作压力感最低。因为在学校,与科任教师相比,班主任教师除了完成正常教学任务外,还要负责管理班级的各项活动及学生日常事务,因此,班主任教师的繁杂琐碎事较多,工作量较大,压力也就最大。年级组长要协助班主任工作以及负责组织年级会等事宜,因此压力也较大。[2]

(三)职业发展愿景

职业发展愿景是个体关于工作的一种偏爱,是对未来与职业目标相关的理想环境的期待,它影响自我观念形成、对机会的把握能力以及对职业的兴趣和希望等。[3] 教师职业发展愿景即教师对未来职业发展有明确的发展方向和目标,有较高的成就动机,可以获得升迁,有成就感,能实现自我发展。教师职业发展愿景可以使教师在职业生涯发展中愉快地、有尊严地工作,获得良好心理支持。

现实工作中,由于种种条件限制,教师职业发展的需要得不到满足,上升空间有限,得不到公正评价,教师对未来发展感觉前途渺茫,存在很大心理压力。其中,在教师职业生涯发展中,职称问题已成为最关键的发展障碍,特别是,由于名额和比例限制,职称不能晋升,而

---

[1] 向祖强,等.中小学教师职业价值观与职业倦怠关系探析[J].教育研究与实验,2010,5:42—45.
[2] 石林.职业压力与应对[M].北京:社会科学文献出版社,2005:152.
[3] Rojewski, J. W. et al. Career Aspirations: Constructs, Meaning, and Application. In S. D. Brown & R. W. Lent(Eds), Career Development and Counselling: Putting Theory and Research to Work[M]. New York: Wiley, 2005.

且职称评审中存在着按资排辈、拉关系、"走后门"等不良现象,使职称问题严重影响了大部分教师的职业发展,还带来了一系列连锁反应,给教师带来不小的生存危机感和压力感。

有研究发现,在职业发展方面,35岁以下的教师压力感最高,其次是36岁至45岁的中年教师,45岁以上的教师压力感最低。35岁以下的年轻教师资历浅,缺乏竞争力,因此在职业发展方面,感受到的压力更大些;36~45岁的中年教师大多数是学校的骨干教师,为了更好地完成教学与科研工作,也需要不断提高完善自己,因此压力也较大;而45岁以上的教师,基本上是高职称,在业务上已是成熟的教师,在竞争中处于优势,因此压力会小些。有些即将退休的教师,不再考虑职业发展问题,因此压力也较小。[①]

(四)工作负荷

工作负荷过重通常被教师认为是一个主要压力源。面对教学,教师必须全身心投入工作中,完成备课上课、批改作业、测验考试等工作,还有大量班级管理、团队活动辅导、课外活动等,以及不间断地开展业务进修、教学展示、教育科研等,繁重而又烦琐。同时,教师所教授学生的年龄段、科目相对固定,教材和大纲也相对稳定,讲课内容不断重复,工作变得乏味和枯燥。另外,教师普遍工作时间长,休息得不到保证,基本上每天工作时间都在8个小时以上甚至更长,超过了国家规定的8小时工作时间。

中小学教师的工作对象是活生生的中小学生,他们身心发展尚未成熟,每一天都面对不同学生以及学生的不同反应,使教师的工作成为一项富有挑战性和创造性的工作,需要教师不断地应对各种各样的课堂问题。1997年莫顿等人对1000位教师的研究发现,管理课堂是引起他们焦虑的一大因素,而且在所有压力源中,课堂管理所引起的焦虑是唯一不会随着教育实践的增加而减少的。

三、教师压力的组织来源

教师压力也可能来自教师从事工作的组织,即学校。学校的科层制以及学校自身具有的组织气氛,都可能造成教师的压力。

(一)学校科层制

我国学校组织管理主要采取科层制模式,其主要表现为层级化、官僚化、数量化、制度化和专门化五个特征。第一,层级化。在学校组织中,学校员工按照权力高低,依次为校长、副校长、主任、教研组长或年级组长、教师。教师处于层级的最末端。第二,官僚化。在学校管理中,强调权威,"官本位"浓厚,教师缺乏自主权,只能被动服从上级。第三,数量化。学校

[①] 石林. 职业压力与应对[M]. 北京:社会科学文献出版社,2005:153.

管理完全采用定量标准,几乎所有的学校都规定每学期每位教师应上多少节课、批改多少次作业等。第四,制度化。如教师课堂教学常规、教师教学用语规范等方面,有严格的规章制度去控制教师的一言一行。第五,专门化。过于专门化的工作,分工细,使教师产生厌烦情绪。总之,学校科层制,成为教师压力的重要来源,不利于教师工作积极性主动性的充分发挥和人性的彰显。

(二)组织气氛

勒温认为,人的行为是个人与环境相互作用的函数,即 $B=f(P,E)$。理解人的行为就需要考虑行为发生的整个情境。环境的好坏,对于激发和形成个人在环境中的行为方式有着很大影响。学校组织气氛是学校组织成员中形成的相互影响、比较持久的心理环境,是组织成员行为表现的心理背景。组织成员体验、感受到的组织气氛,会影响其情绪和行为。例如,健康、积极、和谐、民主的组织气氛,会使人心情舒畅、奋发向上;消极、沉闷、冲突、紧张的组织气氛,会使人心情烦躁、行为迟缓、工作效率低下。因此,无形的学校组织气氛,是造成教师压力不可忽视的来源之一。在对247名高中教师进行的研究中发现,教师知觉的学校组织气氛是教师工作环境的一部分,教师身处其中时时刻刻感受着学校组织气氛传递的信息,如管理气氛包含的对教师公平实行各项政策信息,教学气氛包含的教师教学经验分享信息,人际气氛包含的教师间观念看法的交流信息等,这些都能够影响教师的压力感受。[①]

领导方式是组织气氛的一个重要方面。1999年,海锐斯(Harris)在使用威尔逊压力框架在美国3所小学中评估教师压力与领导方式之间的关系时发现,如果一个学校的教师对校长在工作和人际关系上的评价很高,那么这个学校教师的压力就明显地低于同类学校。

四、教师压力的社会来源

从社会层面来看,教师压力可能来源于社会期望、社会支持不足以及连续不断的教育变革。

(一)社会期望

教育是民族振兴、社会进步的基石,是提高国民素质、促进人全面发展的根本途径,这是全社会的共同责任,任何人都责无旁贷。"百年大计,教育为本",教师承受着较高的社会期望,承担着为国家培养人才,传承并不断创新文化的重任。教师作为一名社会成员,既是普通、平凡的社会一员,又是"教书育人"者。然而人们往往对教师作为普通人的角色视而不见,却对教育者的职业角色给予过多关注,同时也赋予了太多理想化的期望。人们把教师看

---

① 申艳娥. 高中教师职业压力与学校组织气氛的关系研究[J]. 福建教育学院学报,2011,4:82—85.

作"圣人",是知识的传播者和创造者、道德的楷模、伦理的化身等,使得人们将总是不自觉地与"奉献""无私""自我牺牲"等联系在一起。教师也在无意或有意之中把这种"高""大""上"的形象、理想、期望与工作紧密捆绑在一起,无形中增加了教师的心理压力。海尔恩提到压力产生的原因时,明确指出人们对教师的期望:教师应培养学生树立正确的价值观,让学生有高水平的智能技巧和独立能力,激发学生渴望学习新知识的内在动机;教师要有独立教学的能力,能对学生的思想学习负责,能够参与学校社区的活动。这些看似简单的要求实际上给教师带来了很大压力。家长"望子成龙"的迫切心态,对教师有着近乎苛刻的要求,也加重了教师的心理压力。社会、学校、学生家长的期望最主要体现在成绩和升学率上,"成绩""升学率"成了戴在教师身上的"紧箍咒"。

2009年,上海市《城市中小学教师工作压力的现状与对策》调查报告显示,该市八成教师感觉工作压力重,超过三分之一的教师对工作有厌倦情绪;74.5%的教师赞同"现在各方面对教师的要求越来越多,我都不知道怎么做教师了";91.6%的教师认同"社会对教师的要求高于常人,使教师感到压力"。社会对教育层出不穷甚至自相矛盾的要求,让教师感到无所适从、力不从心。如85.9%的教师赞同"当前社会对升学率过度重视,使教师感到迷惘";92.4%的教师表示"学生、家长、学校和社会对教育的要求不尽一致,教师难以使他们全都得到满足";90.1%的教师认同"学生差异较大,教师很难使每个学生都达到充分发展"。①

在社会过多过高期望下,本质上还是一个普通人的教师感到难以承受其重,往往会产生心理压力和职业倦怠。我们应充分认识和关注到:"作为人,教师有追求自己幸福生活和生命价值的多种需要;作为人,教师需要有表现自己独特个性的空间和环境;作为人,教师有合理表现不良情绪、允许工作失误的权利。"②

要使教师在相对自由轻松的社会氛围下愉悦地工作和生活,则更应该站在教师角度设身处地为教师着想,给予教师更多包容和理解。

(二)社会支持不足

心理学对社会支持的研究始于20世纪60年代,是在人们探求生活压力对身心健康影响的背景下开始研究的。社会支持是指保护人们免受压力事件不良影响的有益人际交往关系。人在社会生活中,积极与他人互动,形成密切社会联系,有强大、良好的社会支持网络,这样社会支持就变成了一种资源,是个人处理紧张事件问题的潜在资源。社会支持成为衡量个体对其社会关系密切程度及质量的一种指标,是人们适应各种环境的重要影响因素。我国心理学家黄希庭认为,社会支持包括:情绪支持,如共鸣、情爱、信赖;手段支持,如援助;

---

① 王柏玲. 八成教师感觉工作压力重[N]. 文汇报,2009-09-22(7).
② 荆怀福. 中小学教师的心理压力特点[J]. 中国临床康复,2006,10(30):166—167.

情报支持,提供应对情报;评价支持,提供关于自我评价的情报。社会支持能够缓解个体心理压力、消除个体心理障碍,在促进个体心理健康方面起着重要作用。一个人通过社会联系所获得的支持网络越强大,就越能减轻心理应激、缓解紧张状态、提高社会适应能力,就越能应对来自环境的各种挑战。

一项针对中小学教师社会支持与心理压力的相关研究结果发现,中小学教师社会支持与其心理压力显著相关,社会支持总分及社会支持中的客观支持、主观体验到的支持、对支持的利用度三个维度与中小学教师的心理压力呈显著性负相关。这说明社会支持程度越高,中小学教师的心理压力越轻。婉·狄克(van Dick)也曾对来自德国各级学校的424名教师进行测试,发现社会支持与教师健康状况和教师工作压力直接相关,即拥有较多社会支持的教师不仅健康状况良好,而且压力水平较低。

(三)持续不断的教育变革

随着知识经济的发展,信息技术不断革新,将创造和创新提高到前所未有的高度,促使世界上许多国家对教育进行变革,使教育面临巨大挑战。教育变革已成为教师压力的来源之一。

在我国,素质教育是教育变革的主题。国家一方面推进和实施素质教育,提倡学生全面而有个性地发展,另一方面应试教育仍然盛行。应试教育与素质教育的冲突与对抗,让教师不知所措,甚至会出现"轰轰烈烈搞素质教育,脚踏实地搞应试教育"的尴尬窘境。素质教育实施起来的不确定性和模糊性,也使教师负担加重,以致力不从心。

2001年,我国开始新一轮基础教育课程改革。它要求教师必须转变教育思想、更新教育观念;要求教师由知识传授者转变为学习参与者、促进者、指导者;由"教书匠"转变为研究型、创新型教师;强调以学生为中心,改变以往传统的以教师为主的教授方式,要求教师根据学生特点来设计课程和传授知识;由面向全体学生转变为面向全体与面向个体相结合。新课程的实施,较少考虑教师接受能力和适应性,对于教师来说,必须花费大量时间和精力去培训、进修、摸索、尝试,这意味着教学习惯、专业生活方式的改变,意味着既有的"教学优势"的失落和利益关系的调整,而所有的这些改变和调整对于教师来说都不是轻而易举的事情,是一个充满矛盾和压力的过程。[①] 有学者认为:"由于每一个人都有自己的舒适地带,有自己熟悉的活动范围和经验,在其中就会觉得安全、舒适和稳妥,一旦逾越,则可能会遇上困难、麻烦、危险和挑战。因此,在一定意义上讲,大多数教师抵制变革是由于他们对未知的恐惧或对超越自我舒适地带的忧虑而造成的结果,他们本能地担心人际或组织的变革会给自己

---

① 周月朗. 新课程实施中的教师压力及其管理策略[J]. 教师教育研究,2006,18(4):25—29.

带来潜在的威胁和影响。"[1]

当前我国教师又面临着一个新的压力来源,即教育人事制度方面改革的压力。随着教育改革的深入,教师的"铁饭碗"已不复存在,而全面推行教师聘任制,引入竞争机制,竞聘上岗、待聘、下岗、教师交流、教师资格定期注册等人事制度改革,使教师们聊以自慰的职业稳定性也在陆续丧失。

总之,造成教师产生压力的来源多种多样,它们很少单一地作用于人,而是以多种来源的形式叠加在一起并以"合力"作用于教师,这一点应该引起人们的重视。

第三节　教师压力的应对策略

一、正确认识压力的意义

教师生活工作中处处存在压力,压力可以变为动力,也可能成为阻力。教师要正确应对压力,首先要正确认识压力的含义和意义。

(一)压力的存在具有普遍性

压力无处不在,生活中的一切事物都有可能对人造成压力。因此,压力的存在具有普遍性。可以说,压力是生活的一部分。甚至有人说没有压力本身就是一种压力。个体即使在毫无压力的情况下生活,也不会感到幸福和满足,人们只有在面对问题和解决问题的过程中,才会感到满足和充实,生活才有真正的意义。

教师职业的特殊性,决定了教师是一个高压力职业。教师在工作和生活中遇到各种各样的压力,这是自然的、正常的,也是不可避免的。正确认识这一点,不但有助于教师自身心理健康,而且有助于人们矫正对教师压力问题的错误观念。现实中,人们往往把教师压力当作是教师无能的一种表现,把因工作压力超载所导致的种种不良反应称为"逃避困难""懒惰""意志力薄弱""顽固不化",甚至将其简单纳入教师职业道德评价范畴,从而大大损伤了教师自尊心,加重了教师心理负担,引发了教师更为激烈的心理对抗。[2]

(二)压力的作用具有双重性

任何事情都是可以进行多元思考的,压力也不例外。压力对人的作用具有双重性,即积极作用和消极作用。我们常说,有压力才有动力,人无压力轻飘飘。没有压力就很难努力学习工作,压力是人们积极学习工作的动力源泉,使人应对挑战,不断地调整自己,激发自己的

---

[1] 卢乃桂,操太圣. 论教师的内在改变与外在支持[J]. 教育研究,2002,12:55—59.
[2] 周月朗. 新课程实施中的教师压力及其管理策略[J]. 教师教育研究,2006,18(4):25—29.

潜能,更好地适应环境和塑造环境,实现目标,对人的行为起推动作用。人的心理健康水平也是在与压力的抗争中才得以提升的。法国作家巴尔扎克说:"苦难对于天才是一块垫脚石,对于能干的人是一笔财富,对于弱者是万丈深渊。"因此,必须学会用正确的观点看待压力问题。

一般来说,个体承受的压力是有限度的,而这个限度往往与个体的挫折承受力有很大关系。过度压力容易造成焦虑、烦躁、紧张,从而导致学习工作效率低下,严重时可使人产生心理疾病。特别是,持久而慢性的心理压力使人长期处于紧张状态,身心耗竭,从而导致身心疾病。有研究证明,冠心病、高血压、溃疡病及神经症等都与长期而慢性的压力有关。

二、改变不合理信念

个体能否应对压力,在很大程度上受人们对压力事件的信念、看法和解释的影响。美国心理学家艾利斯认为,人的情绪和行为障碍不是由诱发性事件(A)直接引起,而是由经受这一事件的个体对其不合理的认知和评价所引起的信念(B),最后导致在特定情境下的情绪和行为后果(C),这就是合理情绪疗法,简称 ABC 理论。该理论指出,人们对诱发性事件所持的信念、看法、解释才是引起人的情绪及行为反应的直接原因。这意味着,对事情的不合理信念是压力的来源。

改变对压力事件的错误信念,进行认知重建,是应对压力的一种有效方式。当教师在面对压力事件时,需要改变的常见的不合理信念主要有绝对化要求的想法、过分概括化的总结和糟糕至极的念头。

绝对化要求是指人们以自己的意愿为出发点,对某一事物怀有认为其必定会发生或不会发生的信念,它通常与"必须""应该"这类字眼连在一起,如"我必须获得成功""生活应该是很容易的"等。

过分概括化的总结是一种以偏概全的不合理思维方式。它是个体对自己或别人不合理的评价,其典型特征是以某一件或某几件事来评价自身或他人的整体价值。

糟糕至极的念头是对事物的可能后果非常可怕、非常糟糕甚至是灾难性预期的一种非理性观念。这将导致个体陷入极端不良的情绪体验,如耻辱、自责自罪、焦虑、悲观、抑郁的恶性循环之中。

三、建立强大的社会支持系统

人在遇到压力时,会变得紧张、焦虑、敏感、脆弱,这时尤其需要他人的安抚、关爱、帮助,渡过难关和危机。因此,寻求社会支持,是教师应对压力的最有效方法。人作为社会性动物,生活在社会关系中,不能把自己孤立和封闭起来,应该建立由家人、朋友、同事、邻居、网络、心理辅导机构等共同组成的强大社会支持系统,积极与他人互动,融入集体和社会。社会支持是一种资源或潜在资源,告知某人他是被关爱、被理解、被同情的,他生活在一个彼此联系而相互帮助的社会网络中,该人就获得了精神方面的社会支持。

社会支持的形式和内容多种多样。一般而言,社会支持包括客观支持、主观体验到的支持和对支持的利用度三个方面。客观支持也称实际社会支持,包括物质上的直接援助和社会网络、团体关系的直接存在与参与;主观体验到的支持也称领悟社会支持,即个体所体验到的情感上的支持,也就是个体在社会中受尊重、被支持、被理解因而产生的情感体验和满意程度,与个体主观感受密切相关;对支持的利用度是个体对社会支持的利用情况,在复杂多变的工作中,获得他人支持与帮助是人智慧生存的一种绝佳方式,而不应被看作是弱者无能的表现,这需要教师转变不合理观念。

已有研究证实,具备良好社会支持的个体会有比较高的主观幸福感,比较高的生活满意度、积极情感以及较低的消极情感。因为社会支持可以提供物质或信息上的帮助,增加人们的喜悦感、归属感,提高自尊感、自信心,当人们面临应激生活事件时,还可以阻止或缓解应激反应,安定神经内分泌系统,增加健康行为模式,从而增加正性情感并抑制负性情感,防止降低主观幸福感。因此,良好的社会支持可以增加人们的主观幸福感。[①]

怎样建立教师社会支持系统呢？第一,教师应积极主动地与家人、朋友、同事交流沟通。当有问题时,有人愿意倾听,并帮助分析问题、出主意甚至与自己一起面对,就会减轻压力。心理学研究表明,一个人与他人一起处在压力中,可以降低消极情绪体验。

第二,学校建立有效组织支持。学校不仅要关注教师工作状况,还要关心教师职业生涯规划与发展、身心健康、个人生活状况等,及时发现教师存在的需求和困难,最大限度为教师提供物质和精神双重支持,解除或缓冲压力对教师的不良影响,营造合作和谐的组织氛围,使所有教师学会心理调适、增强应对能力并全身心投入到工作中。

第三,建立为教师心理健康服务的支持体系和机制。当教师遭遇重大压力挫折而难以承受时,心理咨询机构可以主动提供心理健康服务,积极进行压力危机干预。同时,教师应具备心理保健风险意识,学会积极主动向专业心理咨询机构寻求咨询求助,不能简单采取听之任之的处理方式。心理健康服务机构是教师社会支持系统中的重要一环。

四、矫正工作中的无效行为

研究表明,日常生活中教师常用以缓解压力的策略有:尽量恰当地处理问题、避免对抗、

[①] 池丽萍,辛自强. 幸福感:认知与情感成分的不同影响因素[J]. 心理发展与教育,2002,3:27—32.

工作后尽量放松、采取行动来解决问题、控制感情、给特别的工作以更多时间、与他人讨论问题交流感情、营造健康的家庭生活、提前打算和优先解决问题及认识自己的不足等。有人曾对伦敦780名中小学教师调查,发现有效处理行为的使用会影响教师对压力的感觉。可见,矫正教师工作中的无效行为是教师缓解和应对压力的有效方式,它们都具有非常强的可操作性和明确的步骤,便于教师掌握。教师可以从以下几个方面做起。

(一) 克服拖延

不论从事什么工作,拖延都不是好习惯。教师工作和生活都必须有执行力,都应该在规定时间内完成既定任务,重视工作过程的计划性和阶段性。工作拖拖沓沓,好像减轻或逃避了压力,实则会严重影响工作质量和绩效,也会给自己带来更大压力。拖延一旦变成习惯,将成为强大的破坏力量,最终使人事事无成,正所谓"明日复明日,明日何其多。我生待明日,万事成蹉跎"。

(二) 增强计划性

压力容易给教师造成工作混乱、零散、无序、低效。增强计划性是控制压力的有效方式。工作有详细而具体的准备、计划、步骤、时间分配、方法,可以使人工作起来井然有序、有条不紊、运转高效,保证目标实现。教师必须进行工作目标分解,降低工作中的不确定性。

(三) 放慢节奏

人们对压力的仓促反应会给自己增加压力,因此我们需要有意放慢反应节奏,可以对自己说:"关键是我与目标之间的距离有多远,一时的进展速度是次要的,重要的是达到目标,欲速则不达。"[①]

(四) 学会时间管理

时间老人是公平的。学会统筹规划使用时间,理解并学会应用基本的时间管理原则,有助于教师更好应付工作要求带来的压力感。很多人由于不善于管理和利用自己的时间,以致任务落空。有效时间管理原则有:① 列出每天要完成的事情,并按轻重缓急排序;② 了解自己的生物钟状况,在自己最清醒、最有效率的时间段内完成工作中最重要的部分;③ 灵活利用零碎时间;④ 学会短暂休息,以便更有效地完成工作;⑤ 每项工作应制订时间分配,并有完成的期限。

五、放松训练

放松训练是指训练自己身体和精神由紧张状态向松弛状态转变的过程。通过一定的练

[①] (美)丹尼斯·库恩. 心理学导论:思想与行为的认识之路(第9版)[M]. 郑钢,等译. 北京:中国轻工业出版社,2004:536.

习程序,人可以学习有意识地控制或调节自身心理生理活动,以降低机体唤醒水平,增强适应能力,调整因过度紧张而造成的生理、心理功能失调,起到预防及治疗的作用。放松训练是一种自我调整方法,是通过机体主动放松来增强自我控制的有效手段。具体方法有以下几种。

(一) 想象放松

选一个安静的房间,平躺在床上或坐在沙发上。

闭上双眼,想象放松各部分紧张的肌肉。

想象一个你熟悉的、令人高兴的、具有快乐联想的景致,比如校园或是公园。

仔细看着它,寻找细致之处。如果是花园,找到花坛、树林的位置,看着它们的颜色和形状,尽量准确地观察它。

此时,敞开想象的翅膀,幻想你来到一个海滩(或草原),你躺在海边,周围风平浪静,波光粼粼,一望无际,你心旷神怡,内心充满宁静、祥和。

随着景象越来越清晰,幻想自己越来越轻柔,飘飘悠悠地离开躺着的地方,融进环境之中。阳光暖暖地照着你,微风轻拂着你。你已成为景象的一部分,没有事要做,没有压力,只有安静和轻松。

在这种状态下停留一会儿,然后想象自己慢慢地又躺回海边,景象渐渐离你而去。再躺一会儿,周围是蓝天白云、碧涛沙滩。然后做好准备,睁开眼睛,回到现实。此时,头脑平静,全身轻松,非常舒服。

(二) 渐进放松

选择一间安静的房间,躺在床上或坐在沙发上。

宽松衣服,调整姿态,尽量舒服些。

使右脚和右脚踝肌肉紧张,扭动脚趾,感觉如何?收紧肌肉,再放松,反复做几次,记住紧张和放松时不同的感觉。

左脚和左脚踝重复同样的练习。

收紧小腿肌肉,先右后左,重复紧张和放松。

收紧大腿肌肉,先右后左,体会大腿紧张是怎样影响膝盖和膝关节的。

再移到臀部和腰部,注意紧张和松弛两种状态的不同感觉。

向上练习腹部、胸部、背部、肩膀的肌肉。

练习前臂与手,抬起放下,握拳放松,先右后左,反复练习。

最后到脖颈、面部、前额和头皮。

放松顺序也可以自上而下,每天花几分钟时间练习,坚持下去,必有收获。

(三) 肌肉松弛法

握紧右拳以紧缩肌肉,持续半分钟,慢慢松弛拳头,打开手,直到手部相当放松。

弯曲肘部,将手臂上举于肩膀上,使得手臂与肩膀紧缩,持续一分钟,然后手臂下垂,恢复原状。

以相同方法,收缩与放松左手肌肉,直到两手相当放松。

收缩脸部与颈部的肌肉,紧缩眉头,紧闭双眼,咬紧牙关,低下头使下巴置于胸前。

深深地吸气,停几秒钟,再慢慢地吐气,让胸部肌肉放松,继续慢慢地深呼吸……

继续运用紧缩与放松的原则,让腹部、臀部、脚部肌肉都彻底放松。

让背部的肌肉也在深呼吸中放松,此时你就可以感觉有一股放松的暖流遍布全身。

(四) 呼吸松弛训练法

采用稳定的、缓慢的深吸气和深呼气方法,达到松弛目的。一般要求连续呼吸20次以上,每分钟呼吸频率在10~15次(因人而异,要事先通过定期自我训练,在实践中自我体会,确定最佳呼吸频率,并要求训练成熟后再实际应用)。吸气时双手慢慢握拳,微屈手腕,最大吸气后稍屏息一段时间,再缓慢呼气,两手放松,处于全身肌肉松弛状态。如此重复呼吸。训练时注意力高度集中,排除一切杂念,思想专一,全身肌肉放松。平时每天练习1~2次,每次10~15分钟。有计划地训练,自我体会身心松弛效果。每一训练周期为15~20次。可休息几天,重复训练,以达到要求为止。

本章小结

压力是生活的一个部分,它的存在具有普遍性,压力对于人具有积极作用和消极作用。当人们面临压力时会产生一系列身心反应,这些反应在一定程度上有助于个体主动适应环境变化的需要,它能唤起机体生理水平。但长期压力就可能导致生理心理功能紊乱,导致心身疾病,严重影响健康。教师这个职业是高压力职业,教师个体生活状态、职业特性、学校组织和社会因素共同组成了教师压力来源。教师压力来源很少单一地作用于人,而是以多种来源形式叠加在一起并以"合力"作用于教师。这需要教师积极应对压力,可以通过改变对压力事件的不合理信念、构建社会支持网络、矫正无效行为以及通过自我调节训练等方法来减轻压力感。

思考与练习

1. 什么是压力?
2. 压力对人的身心健康有哪些影响?

3. 教师压力的主要来源有哪些？

4. 作为一名教师，你的压力是否过度？教师怎样应对压力？

参考文献

[1] 邢强，刘毅．教师心理健康教育[M]．广州：广东人民出版社，2013．

[2] 姚立新．教师压力管理[M]．杭州：浙江大学出版社，2005．

[3] 石林．职业压力与应对[M]．北京：社会科学文献出版社，2005．

[4] 张厚粲．大学心理学[M]．北京：北京师范大学出版社，2001．

[5] 斯宾塞·A．拉瑟斯．心理学[M]．宋振韶，译．北京：中国人民大学出版社，2012．

[6] 郑延芳，尹平．国内外教师压力研究现状与趋势[J]．卫生职业教育，2009，27(23)：11—13．

[7] 赵立芹．教师压力成因分析[J]．外国教育研究，2004，31(2)：38—40．

第四章　教师认知与心理健康

学习目标

1. 理解教师世界观与心理健康。
2. 掌握教师教育观念与心理健康。
3. 调整教师不合理信念。

【案例分析】

2000年3月17日,陕西省府谷县田家寨学校发生了一起"煤气中毒"事故,同宿舍的两名女教师双双"中毒",一名送到当地医院时已证实死亡;另一名一直昏迷不醒,县城医院的医生实施全力抢救……"中毒"事件中的死者叫田朝霞,22岁,是这所九年制学校的代课教师兼某班班主任;"昏迷不醒"的叫郝美奋,25岁,也是该校某班代课教师。两人都是去年才从师范学校毕业分配到这所学校当老师的,同住在一间宿舍里,平时关系很好,同事们都说,她俩好得连上厕所都形影不离。2000年3月19日,事发后第三天,一条惊人的消息在府谷县城传开:因"煤气中毒"一直"昏迷不醒"的女教师郝美奋,被府谷县公安局刑事拘留,因为,有证据证明,郝美奋这位看上去非常弱小的女教师,正是致使同室好友死亡的最大犯罪嫌疑人!

记者调查后得知,由自卑导致的嫉妒和心理变态,是引发这起凶杀案的真正原因。郝美奋性格内向,不善交际,很少参加集体活动,也很少和他人来往,常常少言寡语。在热情奔放的田朝霞看来,郝美奋缺少生活情趣。她曾经开玩笑地对郝美奋说:"你这样活着,还不如上五台山当尼姑去!"天性率直的田朝霞丝毫没有意识到,她无意中说出的这句话像锋利的刀子,直接捅到了郝美奋的痛处。郝美奋没把田的这句话当玩笑看待,她认为,这是田对自己最大的侮辱和蔑视。田朝霞不仅人长得比郝美奋漂亮,工作表现也要比郝美奋出色。尤其是在教学业务方面,田朝霞常常是表扬的对象;而郝美奋却恰恰相反,常常是差的典型。时间不长,郝美奋就被这种强烈的对比搞得近乎崩溃。从未从工作中体会过成功的郝美奋,几乎畏惧上讲台。据说,有一次上级教育部门的人来校听课,郝美奋为了不让人旁听自己的课,竟然害怕得"得了病"。郝美奋讲话声音很低,讲课时学生听不见,为此,不止一次受过批评。记者在采访时了解到,案发前,由郝、田共同代课的那个班曾经开了一次班会(两人都在场),会上,学生们大大赞扬了一番田朝霞老师,却毫不客气地当面对郝美奋老师提了许多意见……这一次,郝美奋彻底崩溃了!

从这个案例可以看出,郝美奋作为一名教师,未能全面认识自己,只看到自己的缺点,忽视自己的优点;未能正确与别人比较,往往拿自己的短处与周围人的长处比较而自愧不如;未能正确对待教学中的失败,过分强调自己的无能和过失,从而产生了不合理信念,最终铸成大错。

在教育教学过程中,教师只有用科学的世界观、人生观、价值观统贯一生,生命才有意义,才能形成健全的个性。教师应通过各种途径,树立崇高理想,确立科学人生观、价值观及世界观;对社会、人生及世界上的各种事物持正确态度和认识,采取适当行为反应;对心理冲突和挫折有耐受能力,保持良好个性;加强自身个性修养,优化自己的教育理念。

第一节　教师世界观与心理健康

教师的角色和作用是什么?古今中外有着不同的阐释。韩愈在《师说》中说:"师者,所以传道授业解惑也。"陶行知说:"在教师手里操着幼年人的命运,便操着民族和人类的命运。"苏联教育家加里宁也说过:"教师的世界观,他的品行、生活,他对每一现象的态度,都这样或那样地影响着学生。可以大胆地说,如果教师很有威信,那么这个教师的影响会在某些学生身上永远留下痕迹。"在这些不同的阐释中,无一例外都要求教师不仅要将他博学的知识教授给学生,更要用正确的人生观、世界观、价值观来引导学生真正成长成才。

习近平在2014年9月10日第30个教师节,与北京师范大学师生交流座谈会上提到"好老师"应具备的素养时强调,好老师除了要有扎实的教育知识外,还应该是智慧型的老师,具备学习、处世、生活、育人的智慧,能够在各个方面给学生以帮助和指导。要想成为这样一位好老师,自身先要树立起良好的人生观、世界观、价值观。

世界观是指人们对生活在其中的世界以及人与世界的关系的总体看法和根本观点。下面我们将从人生观、思维方式和工作态度三个方面来着重探讨教师的世界观对教师心理健康的重要影响。

一、教师人生观与心理健康

人生观是世界观的重要组成部分,是指人们在实践中形成的对人生目的和意义的根本看法,它决定着人们对待生活的态度。人生观不同会对人们的心境和心理健康产生直接的影响。如果对待人生保持着认真、乐观、进取、宽容和感恩的心态,不以物喜,不以己悲,笑面生活中的挫折和不如意,以豁达心胸泰然处之,保持心境平和,则有利于人的心理健康。反之,如若对待生活愁眉苦脸、闷闷不乐、忧郁压抑,久而久之,愤懑、不满等消极情绪积攒于心中,将会影响人的心理健康,严重者有可能导致心理和精神上的疾病。

为防止消极人生观的侵蚀,形成积极向上的人生观,保持身心健康发展,教师可以参考以下建议。

(一) 以教书育人为己任,让生活充实而有意义

教师的工作从表面上看似乎是机械、单调和不断重复的劳动,同样的知识来回地讲,反复地讲,讲到自己都感觉到索然无味,在这种无限循环之中不断自我否定,感觉工作枯燥、乏味。但静下心来仔细体悟和感受,平淡并不意味着平庸,也不意味着暗淡,反复并不是单纯地机械重复,而是螺旋式的上升。除了日常工作之外,教师也要培养自己诗、书、画等各方面的兴趣,给自己的生活增添点色彩。教师看似平凡的岗位却担负着培育祖国人才的重要使命,我们把自己的知识、智慧和爱传递给学生,把自己的生命奉献给教育事业,自己的人生也得以升华,这种生活是崇高、快乐和有意义的。

(二) 追求淡泊的精神境界,少一点名利之心

当今社会物欲横流,外界的诱惑太多,名利、金钱、荣誉、地位、权力等诸多诱惑让人欲壑难填,求而不得则难免心生烦恼和痛苦。教师的心思若一味被所谓的豪宅、名车、职称、头衔等困扰,无法专心投入教学和研究之中,又岂能得到学生和同行的认可。如果教师能把物质利益看得淡一些,少一些急功近利,多去追求精神上的充实和自由,生活也许会怡然自得,充满情趣。伟大的教育家孔子非常赞赏其得意弟子颜回,颜回虽然物质上贫困潦倒,但在精神上感到愉悦而自足:"一箪食,一瓢饮,居陋巷,人不堪其忧,回也不改其乐。"物质上的满足是暂时的,精神上的追求则是永无止境的,如果只贪图追求物质上的享受,就会挤占精神享受的空间,快乐与幸福也会渐行渐远。

(三) 树立正确苦乐观,学会快乐生活

当今社会关于幸福感的调查已屡见不鲜,幸福与不幸福、快乐与痛苦并没有绝对的界限。其实幸福归根结底属于主观范畴,是个人内心的感觉和自我体验,当然也受客观条件的制约。周国平说:"快感和痛感是肉体感觉,快乐和痛苦是心理现象,而幸福和苦难则仅仅属

于灵魂。"两个人行走在沙漠中,面对同样的半杯水,乐观的人欢呼:"太好了,还有半杯水。"而悲观的人会伤感:"糟糕,只剩下了半杯水。"教师应当以乐观心态面对生活,以乐观心态感染学生。

二、教师思维方式与心理健康

人的认识程度和认识水平是影响心理发展的关键要素,良好的思维方式是促进心理健康发展的重要基础。思维一旦走偏或进入思维误区就会产生认知偏差,从而导致挫折和困扰,徒增烦恼。俗话说,人比人,气死人。每位教师都有属于自己的独特的教学风格,或生动活泼,或富于激情,或严谨细致或冷静严肃,有的教师擅长逻辑推理,有的教师擅长口头表达,有的教师擅长学术研究,尺有所短,寸有所长,学会悦纳自我的同时也要学会欣赏他人。在作比较的时候,采取多种比较方式相结合,比如横向比较与纵向比较相结合、绝对比较与相对比较相结合、单一因素比较与多种因素比较相结合等,多方面、多角度、宽视野地认识事物,全面、客观、辩证地分析事物,做到不偏不倚,达到中庸的境界。

三、教师工作态度与心理健康

教师的世界观和人生观对教师工作态度产生巨大影响,不同世界观和人生观决定着不同的工作态度。如果教师把教育事业仅仅作为养家糊口的饭碗而已,工作消极、被动,没有理想与追求,没有激情与热情,整天浑浑噩噩,想必工作起来也索然无味、单调枯燥,导致心情低落与失落,影响心理健康发展。

教师如果树立了正确的工作态度,会以积极主动的姿态投入工作,不畏艰难、敢于创新、脚踏实地,以平和心境一步一个脚印逐步向理想迈进。此刻教师不仅自我肯定,也会获得学生认可。学生会发自内心地热爱和尊敬教师,教师的成就感、荣誉感和自豪感也会油然而生,幸福指数倍增,这有利于教师身心健康发展。教师应该树立科学的世界观和高尚的人生观,发扬吃苦耐劳、认真负责、求真务实、爱岗敬业的工作作风,追求鞠躬尽瘁、死而后已的无私奉献精神,保持崇高的理想和追求,保持一颗平和的心态,促进身心健康发展。

【拓展阅读】

中央文件精神

2013年12月,中共中央办公厅印发的《关于培育和践行社会主义核心价值观的意见》明确指出:"培育和践行社会主义核心价值观要从小抓起、从学校抓起。坚持育人为本、德育为先,围绕立德树人的根本任务,把社会主义核心价值观纳入国民教育总体规划,贯穿于基础教育、高等教育、职业技术教育、成人教育各领域,落实到教育教学和管理服务各环节,覆盖到所有学校和受教育者,形成课堂教学、社会实践、校园文化多位一体的育人平台,不断完善中华优秀传统文化教育,形成爱学习、爱劳动、爱祖国活动的有效形式和长效机制,努力培养德智体美全面发展的社会主义建设者和接班人。"

社会主义核心价值观对学校教育具有重要指导意义。在学校教育过程中,必须坚持社会主义核心价值观的引领,为教育教学活动的科学化、规范化提出新的要求,指出明确发展方向,更好地武装教育教学人员和广大青少年学生,使其树立正确的价值观。

《关于培育和践行社会主义核心价值观的意见》中明确指出:"要建设师德高尚、业务精湛的高素质教师队伍,实施师德师风建设工程,坚持师德为上,完善教师职业道德规范。"学校教学人员就是专业教师,是教学活动的主体之一,是教育活动中的重要因素,也是传播社会主义核心价值观的主体。老师和学生的关系是各种教育关系中最基本的关系,老师通过面对面的传授知识来直接或者间接影响学生。因此,需要将社会主义核心价值观融入教师日常工作中,提高他们的思想政治素质,树立良好的教师形象,成为学生的典范和榜样,真正做到"学为人师,行为世范"。

第二节 教师教育观念与心理健康

随着社会不断发展,教育深化改革,教师教育观念也在不断发生着变化。教师作为教学改革实践者,必须不断转变、更新自己的教育观念,保持心理健康,才能适应社会发展,更好地指导教育教学活动,促进学生发展。

一、教师教育观念的内涵

教师教育观念是指教师在教学理论学习以及教学实践过程中所形成的对教学现象、教学能力以及学生个性的认识。教育观念从内容结构上可分为：核心性与价值性教育观念，主要包括教育目的观、教育价值观、教育功能观等；操作性教育观念，如教育方法观、质量观、内容观等，这些观念主要通过教育实践而产生。

（一）教师教育观念的特点

教师教育观念通常有以下几个特点：首先，教师教育观念具有评价性与稳定性，在教育教学过程中教师教育观念不易因他人的劝说而改变；其次，教师教育观念是主体性与个性化的认识，在教学实践中，教师应不断加深对教育的认识，从而树立起自己的教育观，并结合自身特点，优化自己的教育观念；另外，教师教育观念具有包容性，在教师教育观念系统中，其内容包含了教育实践的各个方面，是高度开放的。

（二）教师教育观念的形成

教师教育观念是一种个体化主观认知，它的形成受到社会环境、个人经验的影响。自我建构观念认为，教师教育观是教师自我建构的过程，它产生于个人的直接经验，每个人都有不同的"个人建构过程"。因此，尽管在同样一个教学环境中，不同教师之间也会表现出各自不同的观念。除了自我建构过程，还有外在环境影响。文化建构观点认为，教师教育观念是在其接受文化观念过程中形成的。教师个体通过直接或间接的学习过程，从周围文化和社会环境中汲取观点，最终形成自身教育观念。另外，教师观念对教师个体来说，具有信念持久性特点，甚至当信念不再是对教育现实的正确表征时，个体也很少寻求策略去改变或者放弃那些不正确的观念。

二、教师教育观念的作用

教师教育观念是教师基于对学生发展和教育现象的认识而形成的基本观点和看法。教师教育观念是一个系统结构，它包括教师对学生、学科、教学以及教师自身作用等的看法。因而，在教育教学过程中，教师教育观念的作用十分重要。

（一）教师教育观念影响教师认知

教师教学活动从某种程度上说是一种认知活动，当教师从事某一教学活动时，他们会将收集到的信息与自身教育观念联系起来思考、解释信息的含义。已有研究证明，教师教育观念对教师的许多认知过程，包括知觉、记忆、理解等有重要影响，它影响教师的认知过程，主要表现在两方面：教师教育观念影响教师对任务的界定和认知策略的选择；教师教育观念影响教师的记忆过程,能够促进记忆的恢复和重构。

教师教育观念对教师在课堂中的信息感知和加工起到了指导性作用,在教师界定行为、组织知识和信息过程中扮演着关键性角色。

(二)教师教育观念影响教师教育行为

教师教育观念直接影响着教师的教育态度,并进一步影响着教师的行为。提升教师素质、指导教师教育教学行为,是提升教师教学质量的重要途径。教师积极健康的教育观念,会引导教师采取积极的课堂行为,从而促进学生健康发展与知识的学习。

(三)教师教育观念是深入教学改革的必要条件

教师教育观念对教育工作中的计划、决策和行为都具有重要影响,因而它对教师的教育教学效果和学生发展具有不可忽视的作用。客观而理性地审视教师教育观念的作用,对于我们的教育教学实践和教育改革具有重要意义。只有正确先进的教学观念,才能够确保教师在教学实践当中认识到自身所存在的问题,并进行改革与完善,进而不断深化教学改革。

【案例分析】

放下惩罚的利刃

网上曾有过这样的报道:2000年10月17日上午,数学教师潘光礼听班上学生说本班学生何卫经常在上学途中逗留、玩耍,便把何卫找来,要求何卫用4分钟时间从学校跑回家再跑回学校。由于年仅10岁的何卫没能按时返校,潘竟在上课时令该班学生将何卫按在课桌上,用抹布捂住嘴,再由潘先做示范,用教棍殴打其屁股,然后让其他学生依次效仿。

教师作为人类灵魂的工程师,当学生发生过错行为之后,应学会自己控制情绪,从而主动调整心态,使自己心里平静镇定,不可出现体罚、侮辱行为。

现代社会师生关系是"尊师爱生，民主平等"，教师热爱学生，学生尊重教师。所以，我们要改变传统教育观念，树立"以人为本"的教育理念，大力提高自身职业道德，不要把学生当作被动接受知识的"容器"，要把学生当作有思想、有自觉能动性的人，要热爱学生，尊重、关心学生。

现在许多教师在关注学生的心理健康教育时，往往不敢面对自己的心理问题，甚至不愿意承认自己的缺点和不足，自然也无法调节好自我的身心。为此，当自己不能解决自己的问题时，不妨大大方方地做回"学生"，培养良好个性和独立、热情开朗的性格，学会自我维护心理健康。

三、素质教育中的教师教育观念与心理健康

在素质教育中，教师的教育观念决定了教师采取的行为。恰当合适的观念才有恰当合适的行为。要培养心理健康的学生，教师必须审视自己的教育观念。

（一）重新定位教育观念，审视师生关系

素质教育主要强调学生主体性，教师需要把学生当成一个有感情、有思想、有意识的独立主体来看待，把学生当成学习和自我发展的主人。教师对学生不再只有教导、指挥，而更多的是在教学呈现过程中给学生以指导和帮助，使学生逐渐学会自评、自律，成为学习中的主体。

教师教育观念会直接指导和影响教师的教育、教学行为，其教育观念的转变与更新是实现素质教育的重要前提与基础，是实施素质教育的内在动力。教师应建立起学生素质全面发展的教育观念，充分认识到学生在当前以及未来社会中全面和谐发展的重要性。

另外，除了教学领域，教师需要对学生有更多理解与情感关怀，重视学生发展，尊重学生人格，加强师生之间平等对话与沟通，促进学生积极健康发展，使课堂呈现一种教师为主导、学生为主体，相互理解、相互尊重的新型关系，营造积极健康的学习氛围，使学生在快乐中汲取知识。

（二）构建新型教学观念，促进学生身心健康

素质教育环境下，在教育教学过程中，教师要允许学生表现个性化差异，并引导学生个性化发展。对于学生的质疑精神与标新立异的想法，要引导与宽容，并尽力激发学生的好奇心与学习兴趣，着力培养学生独立性、批判性思维能力与方式，使教学过程真正能够达到情感、能力与知识的统一。

在原有的"填鸭式""命令式"课堂中，学生个性得不到充分发展，从而降低了学生学习积极主动性，磨灭了学生学习热情。教师需要主动从已养成习惯的传统教育方式中走出来，摆

脱"正确答案"惯性思维,充分重视和保护学生的想象力和创造力,发展学生的健康个性,认识到教师是为学生激活知识而不是单纯将知识传递给学生。

(三)构建新型人才培养观念,培育积极健康人才

随着经济社会不断发展,教师人才培养观也要适应时代发展。在素质教育过程中,教师应该摆脱应试教育中的精英主义与功利主义思想,明确教育目的不单纯是为了让学生上名校。要逐步改变单一的知识灌输方式,坚持德育为先、能力为重,让学生主动学习,真正确立学生在学校及课堂的主体地位,让学生主动、活泼地学习,让学生体验到学习的成功与愉快,培养学生自主学习、终身学习的能力,树立"行行出状元,生生能成才"的观念。

另外,随着知识经济迅速发展,教师也要建立具有创新意识、创新精神和创新能力的人才培养目标,具备开拓创新意识与能力,将开拓创新意识传递给学生,注重学生创新实践能力培养。

> **【走进课堂】**
>
> **蚂蚁唱歌**
>
> 几个学生正趴在树下兴致勃勃地观察着什么,一个教师看到他们满身是灰的样子,生气地走过去问:"你们在干什么?""听蚂蚁唱歌呢。"学生头也不抬,随口而答。"胡说,蚂蚁怎么会唱歌?"老师的声音提高了八度。严厉的斥责让学生猛地从"槐安国"里清醒过来。于是一个个小脑袋耷拉下来,等候老师发落。只有一个倔强的小家伙还不服气,小声嘟囔说:"您又没蹲下来,怎么知道蚂蚁不会唱歌?"

教师教育观念是素质教育的必要前提,也是深入教学改革的必要条件。教师作为教学改革的实践者,必须不断改变与更新教育观念,以适应社会发展。

第三节 教师不合理信念的调整

教师信念是指教师在教学情境与教学历程中,对教学工作、教师角色、课程、学生、学习等相关因素所持有且信以为真的观点,其范围涵盖教师教学实践经验与生活经验,构成一个互相关联的系统,从而指引着教师的思考与行为。

随着社会不断发展,教师教学压力也与日俱增,伴随而来的则是一些不合理信念(irrational beliefs)的出现,如果教师不能及时调整这些不合理信念,则会带来教育失败,不利于教师教学与学生学习。因此,在教育教学过程中,教师应当学会调整不合理信念,营造积极

健康课堂环境。

一、不合理信念的特征

不合理信念是指个体内心中不现实的、不合逻辑的信念,即那些绝对化的、过分概括化的、极端化的思想认识。心理学家韦斯特总结了以上不合理信念的三个特征:绝对化要求、过分概括化、糟糕至极。

(一)绝对化要求

绝对化要求是指人们以自己的意愿为出发点,对某一事物怀有认为其必定会发生或不会发生的信念,它通常与"必须""应该"这类字眼连在一起。比如,"我必须获得成功""别人必须很好地对待我""生活应该是很容易的",等等。怀有这样信念的人极易陷入情绪困扰中,因为客观事物的发生、发展都有其规律,不以人的意志为转移。

(二)过分概括化

这是一种以偏概全、以一概十的不合理思维方式。艾利斯说,过分概括化是不合逻辑的,就好像以一本书的封面来判定其内容的好坏一样。过分概括化的一个方面是人们对自身的不合理评价。如当出现失败和恶劣结果时,往往会认为自己"一无是处""一钱不值"、是"废物"等。以自己做的某一件事或某几件事的结果来评价自己整个人、评价自己作为人的价值,其结果常常会导致自责自罪、自卑自弃心理及焦虑和抑郁情绪产生。过分概括化的另一个方面是对他人不合理评价,即别人稍有差错就认为他很坏、一无是处等,这会导致一味责备他人,以致产生敌意和愤怒情绪。

(三)糟糕至极

这是一种认为如果一件不好的事情发生了,将是非常可怕、非常糟糕,甚至是一场灾难的想法。这将导致个体陷入极端不良的情绪体验如耻辱、自责自罪、焦虑、悲观、抑郁的恶性循环之中而难以自拔。糟糕就是不好、坏事了的意思。当一个人讲什么事情都糟透了的时候,他往往意味着碰到了最坏的事情,是一种灭顶之灾。艾利斯指出,这是一种不合理信念,因为任何一件事情,都有可能发生比之前更好的情形,没有任何一件事情可以定义为是百分之百糟透了的。当一个人沿着这条思路想下去,认为自己遇到了百分之百的糟糕的事或比百分之百还糟的事情时,他就是把自己引向了极端的、负面的不良情绪状态之中。

二、教师的不合理信念

莎士比亚说过:"世事无好坏,思想使之然。"这句话和我国古话"天下本无事,庸人自扰之"意思类似。既然人的情绪和行为的产生受人的理性或非理性信念的影响,教师树立了理性信念就容易掌控情绪、减轻压力,进而能静心教书、潜心育人。

(一) 教师对学生的不合理信念

在教育教学过程中,学生展现给教师的不可能都是教师喜欢的行为。当教师看到自己不喜欢的行为时,希望学生能改变,这是教师的职责所在。但如果教师觉得学生"必须"马上停止,否则就是"坏学生",这种关于学生的不合理信念往往对学生的健康发展造成不利影响。因为这种信念显现出教师不关注学生的自身体验,一味将自己的思想强加给学生,希望学生成为自己眼中的好学生,不注重学生个性发展。

(二) 教师对工作的不合理信念

在硬件方面,每个教师都希望工作条件优越、工作环境舒适、工资待遇提高,这是人之常情。但是,认为学校"必须"如你所愿,完全符合自己所期待的需求,否则就消极怠工,则会离快乐越来越远。

在软件方面,校园环境的美化、绿化,同事关系的和谐与融洽,管理制度的温情与人性化,无疑能促使教师更加高效地工作。如果觉得不满意就说三道四、情绪低落,这也是认为学校"必须"如此的观念作祟。

(三) 教师对生活的不合理信念

1. 好胜心强

不要放大别人的缺点,也不可缩小别人的优点。别人会的,要承认自己不一定精通;别人生下来就拥有的,可能自己一辈子也追求不到。如果觉得别人怎样,自己凭什么就不能,则陷入了盲目攀比误区,其结果是感叹"为什么受伤的总是我",无法享受生活的快乐。

2. 总是求回报

虽然俗语说"付出总有回报",但付出了也不要总想着回报。付出是自己的事情,自己可以控制;而回报却不是自己能左右的,甚至是可遇不可求的。比如在人际交往中,一个人对别人好,别人不一定对他好,这很正常,也很普遍。如果认为别人也"应该"对自己好,对自己不好就后悔付出、患得患失,其实心理问题已悄然产生。

(四) 教师对自我的不合理信念

对自己的定位不合理。一方面,认为自己样样都行,狂妄自大。觉得自己行、充满自信是优良的个性,但过犹不及。如果认为自己什么都比别人好,高高在上,目空一切,就会遭人嫌、讨人厌,到处碰壁,因而造成更深的自我伤害;另一方面,认为自己一无是处,自惭形秽。学生出现了问题,教学质量不高,就要检讨与反省自己,但如果自我批评过度,觉得自己无药可救了,则会使自己的心理受到更大伤害。

(五) 教师对挫折的不合理信念

失败和挫折伴随着个体的成长,遇到挫折就抱怨命运不公,自认倒霉,然后干脆什么也不做,这种消极思维方式和心态,只能使自己遭遇更多、更大的挫折。同时也要认识到,永不言败,确实叫人可敬可佩,"我一定能成功"也使人肃然起敬,但是,很多事情不单是人力可为,还需要一定的条件和机遇,勉强为之,纵然成功,也可能遍体鳞伤、得不偿失。

三、运用合理情绪疗法调整教师不合理信念

(一) 合理情绪疗法

合理情绪疗法(Rational-Emotive Therapy,RET)也称"理性情绪疗法",是帮助来访者解决因不合理信念产生情绪困扰的一种心理治疗方法。是20世纪50年代由阿尔伯特·艾利斯(Albert Ellis)在美国创立的。合理情绪疗法是认知心理治疗中的一种疗法,因它也采用行为疗法的一些方法,故也被认为是一种认知—行为疗法。

艾利斯的合理情绪疗法理论认为,引起人们情绪困扰的并不是外界发生的事件,而是人们对事件的态度、看法、评价等认知内容,因此要改变情绪困扰不是致力于改变外界事件,而应该改变认知,通过改变认知,进而改变情绪。他认为外界事件为A,人们的认知为B,情绪和行为反应为C,因此其核心理论又称ABC理论。

在ABC理论模式中,A是指诱发性事件;B是指个体在遇到诱发事件之后相应产生的信念,即他对这一事件的看法、解释和评价;C是指特定情境下,个体的情绪及行为结果。通常人们认为,人的情绪的行为反应是直接由诱发性事件A引起的,即A引起了C。

ABC理论指出,诱发性事件A只是引起情绪及行为反应的间接原因,而人们对诱发性事件所持的信念、看法、理解B才是引起人的情绪及行为反应更直接的原因。人们的情绪及行为反应与人们对事物的想法、看法有关。合理信念会引起人们对事物适当、适度的情绪反应;而不合理信念则相反,会导致不适当情绪和行为反应。人们如果坚持某些不合理信念,长期处于不良情绪状态之中,最终将导致情绪障碍产生。因为情绪是由人的思维、人的信念引起的,所以艾利斯认为每个人都要对自己的情绪负责。他认为当人们陷入情绪障碍之中时,是他们自己使自己感到不快,是他们自己选择了这样的情绪取向。合理情绪疗法并非一般性地反对人们具有负性情绪。比如一件事情失败了,感到懊恼、有受挫感是适当的情绪反应,而抑郁不堪、一蹶不振则是不适当情绪反应。

例如,两个同事一起上街,碰到他们的总经理,但对方没有与他们打招呼,径直过去了。这两个同事中的一个认为:"他可能正在想别的事情,没有注意到我们。即使是看到我们而没理睬,也可能有什么特殊的原因。"另一个可能有不同想法:"是不是上次顶撞了老总一句,

他就故意不理我了？下一步可能就要故意找我的岔子了。"两种不同想法会导致两种不同情绪和行为反应。前者可能觉得无所谓；后者可能忧心忡忡，甚至无法平静下来干好自己的工作。从这个简单的例子可以看出，人的情绪及行为反应与人们对事物的想法、看法有直接关系。在这些想法和看法背后，有着人们对一类事物的共同看法，这就是信念。在合理情绪疗法中有合理信念，也有不合理信念。合理信念会引起人们对人和事物适当、适度情绪和行为反应；而不合理信念则相反，往往会导致不适当情绪和行为反应。若有人坚持某些不合理信念，长期处于不良情绪状态之中，最终将导致情绪和行为障碍的产生。

（二）调整教师不合理信念

1. 对工作充满信心，用合理情绪疗法提升幸福感

在教师教学过程中，伴随着日复一日、忙碌而又繁杂的日常工作，教师的热情与抱负渐渐消失。教学作为一种特殊劳动，劳动过程复杂、成果显现迟滞是其显著特点，正是这些特点导致了教师恐惧、焦虑、挫败等消极情绪产生。另外，一些不合理的管理评定制度、不理想的薪酬回报、社会各界的不理解等因素使教师职业认同感日趋下降，他们认为自己所从事的是一份既无精神回报又无物质回报的工作，毫无意义可言。经历着职业倦怠的教师由于意识或体验不到工作的意义，进而对教学工作缺乏热情与兴趣，对工作投入降低，不少教师抱着"当一天和尚撞一天钟"的心态应付日常教学工作，更有甚者，还会有离职现象发生。

美国心理学家赛利格曼提出了幸福和快乐公式：总幸福指数＝先天的遗传素质（50％）＋后天的环境（10％）＋你能主动控制的心理力量（40％）。从这个公式可以看出，基因能控制50％的幸福情绪，这一项我们无法改变；在后天环境中，有人提议用增加教师编制、缩短教师劳动时间、增加福利待遇、提高社会地位等来增加教师幸福感，其实后天生活环境因素只起10％的作用。况且，在一定时间内，教师的生存状态暂时无法改变。因此，在确定的环境当中，教师能体验到更多幸福的关键在于教师能主动控制的心理力量，即教师日常主观所思、所为，亦即自觉有意识的思考和活动。

从心理学角度讲，教师经受多重压力和缺乏正确的自我心理调节手段，是影响教师幸福感的直接原因。在无法改变外在客观因素对教师造成心理压力的情况下，唤醒教师自我保健的强烈意识，帮助教师理解掌握并正确使用合理情绪疗法，提高教师感受幸福的能力，是很重要也很必要的方法策略。

2. 及时修正或放弃非合理认知

在教学过程中，当教师认识到自己对于外部事件的不合理认知后，应该对这部分认知进行修正或放弃，从而形成积极正确的认知，消除消极情绪体验。教师对于自己不合理认知的修正可以通过自我辩论或驳斥的方式完成。

当教师与自己的不合理信念进行辩驳时,如果涉及对周围人或事物的不合理信念时,教师可用"黄金规则"来驳斥自己对周围人或事物的绝对化要求。所谓"黄金规则",是指"像你希望别人对你那样去对待别人",体现在教师身上,即我希望家长理解我,我就得理解家长;我希望学生尊重我,我就得尊重学生。但如果教师不合理运用这一定律,就会有一些绝对化和不合理的要求,如"我对同事好,同事就必须对我好",当这种绝对化要求得不到满足时,他们就会陷入一种消极的情绪困扰中。所以,当教师理解了"黄金规则"后,就能在自己的认知内容中发现不合理的部分,并加以修正。

教师通过与自我辩驳的方式完成对不合理认知的修正是获得合理认知的一条有效途径。例如,一位教师在面对社会对自己的高要求时,感到极大的压力,对社会的高要求特别不理解,而且感到压抑和一定程度的愤怒。根据合理情绪疗法,这位教师所面临的诱发事件是社会对教师的高要求;情绪困扰为压力感、压抑和愤怒;教师对诱发事件的不合理认知是社会不应该对教师有那么高的要求。教师的自我辩驳是:社会只是对教师这个职业有那么高的要求吗?要求高是因为教师这个队伍不够优秀吗?教师因为来自社会的高要求而不被尊重了吗?社会对教师有高要求的同时没有给教师任何优待吗?教师经过自我辩驳,获得的新信念是:随着经济快速发展,社会不仅仅对教师这个职业有高要求,社会对我有高要求说明我所从事的职业对于这个社会是有意义的,社会对我是肯定的,而且对我有高要求的同时也给予了我应有的荣誉和地位,所以,我应该把社会对我的要求当成前进的动力,争取不断进步。获得积极信念后,教师感到精神放松,不再压抑和愤怒,而且有了前进动力和激情,职业倦怠得到有效缓解。教师除了通过与自己辩驳的方式完成对不合理信念的修正外,还可以借助朋友或家人的力量,通过他们的开导和劝解达到获得合理信念的目的。

3. 树立积极乐观的人生观、价值观,提高生活质量

积极进步的人生观可以引导教师以一种豁达无私的态度对待工作和生活。所以,教师应该时刻注意提升自身素养,树立积极、向上的人生观,在工作中对各种压力和利益得失采取豁达的态度,感受更多的快乐和职业幸福。把教学作为帮助学生成长和促进自我提升的一个平台,认识到教学工作对社会、学生和自我的重大意义,把工作当成生活的一部分,真正做到热爱工作、享受工作。

研究表明,心理健康指数高的教师对生活和工作更容易持积极态度和情感,对各种外部事件更倾向于形成合理认知。教师要以轻松愉快身心状态投入教学工作中,以降低不合理信念发生的可能性。

【拓展阅读】

日常生活中的一些不合理信念与辩驳

1. 一个人应被周围的人喜欢和称赞,尤其是生活中重要的他人

D(辩驳)——这是不可能实现的。人的一生中,不可能得到所有人的认同,即便是家人、亲密朋友等对自己很重要的人,也不可能永远对自己持绝对喜爱和赞许的态度。更何况人不全是为了他人的喜欢和称赞而活,人活着也是为了自己。

E(合理信念)——一个人只要不被周围所有的人否定和排斥,就可以肯定自己是受欢迎的。

2. 一个人必须能力十足,各方面都有成就,这样才有价值

D(辩驳)——这是不切实际的目标。"金无足赤,人无完人。"世界上根本就不存在一个十全十美、永远成功的人。一个人可能在某些事情上较他人有优势,但在另外一些事情上,却可能不如他人。虽然以前有许多成功的境遇,但人无法保证自己在每一件事情上都能成功。

E(合理信念)——人的精力是有限的,能在某些方面有所成就,人生就是有价值的。

3. 那些邪恶可憎的人及坏人,都应该受到责骂与惩罚

D(辩驳)——"人非圣贤,孰能无过?"这个世界没有绝对的好人,也没有绝对的坏人,不该因他人一时之误就认定他是坏人,以致对他产生极端的排斥和憎恶。就像艾里斯所说:"每个人都应该接受自己和他人是有可能犯错误的人类的一员。"

E(合理信念)——人人都有可能犯错误,对那些犯错误的人要宽容对待。

4. 当事情不如意的时候,是很可怕,也是很悲惨的

D(辩驳)——"人生不如意事十之八九。"生活和事业上的挫折可以说是家常便饭,关键在于如何对待它。

E(合理信念)——受挫是很正常的事情,没有什么可怕的。不喜欢某事可以试着去改变它;如果无能为力,那就试着接受它。

5. 不幸福、不快乐是外在因素造成的,个人无法控制

D(辩驳)——外在因素对个人幸福是有一定影响,但并非如自己想象得那样严重。情绪是人的主观体验,正是人对外在事件的知觉、感受和评价引起了人的情绪体验。

E(合理信念)——不是外在因素而是对外在事件的评价决定人的主观幸福感,通过改变悲观的评价态度,人是可以控制和调节自己的快乐和幸福的。

6. 我们必须非常关心危险可怕的事情,而且必须时时刻刻忧虑,并注意它可能再次发生

D(辩驳)——对危险和可怕的事物有一定的心理准备是正确的,但过分的忧虑则是非理性的。因为坚持这种信念只会夸大危险发生的可能性,使人不能对其进行客观评价、正确面对并有效处理。杞人忧天只会使生活变得沉重而缺乏生气,导致整日忧心忡忡,焦虑不已。与其担忧不如置之不顾,将精力花在当前需要解决的事情上。

E(合理信念)——对危险可怕的事情要有一定心理准备,但是不可过分忧虑。

7. 面对困难和责任很不容易,倒不如逃避较省事

D(辩驳)——逃避能够暂时摆脱不愉快情绪,但问题终究是悬而未决,反而延误了解决问题的时机,逃避只会使问题更加恶化或连锁性地引发其他问题和困难,从而使问题难上加难,最终会导致更为严重的情绪困扰。

E(合理信念)——逃避只是暂时摆脱了情绪困扰,但不能真正解决问题。只要认真对待,困难和责任并非想象中的那么难。

8. 一个人应该要依靠别人,且需要找一个比自己强的人来依靠

D(辩驳)——虽然人在生活中的某些方面需要彼此相互依靠,但凡事依靠他人,会让被依靠的人产生极大甚至是难以承受的心理压力,反而使良好的人际关系破裂。而过分夸大依靠的必要性很可能让人放弃培养独立自主的能力,失去自主性,而导致更大的依赖,产生不安全感。

E(合理信念)——每个人都是一个独立的个体,别人至多只能在某些方面帮助自己,但不能代替自己生活。安全感的获得还是得依靠自己独立自主。

9. 过去的经验决定了现在,而且是永远无法改变的

D(辩驳)——过去的经历已成历史,这的确无法改变,但不能说过去的事就会决定一个人的现在和将来。因为事实虽不可改变,但对事件的看法和感悟可以改变,因此人们仍然可以控制、可以改变自己的现在乃至以后的生活。

E(合理信念)——过去已成历史,但并不决定现在和将来,人通过自身的努力是有能力改变现状的。

10. 我们应该关心他人的问题,也要为他人的问题感到悲伤难过

D(辩驳)——关心他人、富于同情,这是有爱心的表现。但如果过分投入他人的事情,就很可能会忽视自己的问题,引发自己的情绪失去平衡,这样不但没有能力帮助他人解决问题,而且也会使自己更糟。

E(合理信念)——对于他人的问题,我们可以表示关心和同情,有能力时不妨伸出援手,但如果帮不上忙也不必过多牵涉或是自责。

11. 人生中的每个问题,都有一个正确而完美的答案,一旦得不到答案就会很痛苦

D(辩驳)——人生是一个复杂多变的过程,人生的问题总是层出不穷,有些问题有明确的答案,有些不一定有答案,有些即使有,也不一定有正确而完美的答案,对任何问题都寻求完美的解决办法是不可能的事。如果坚持要寻求某种完美的答案,只会使自己感到迷惑、失望和沮丧。

E(合理信念)——并不是所有的问题都会有正确而完美的答案,对于那些没有确定答案的问题不必穷究到底,更不必因为得不到完美答案而痛苦伤心。但求够好,不求最好。

本章小结

随着社会的不断进步与发展,教师的世界观、人生观、价值观也在不断发生着变化,教师的价值取向和人生态度也受到影响,面对日益繁忙的教育教学工作,忽视对政治理论的学习,理想信念失落,自我师德修养积极性不高,从而会产生一些不合理信念,这不仅影响着教学过程的顺利进行,也影响着教师与学生的心理健康。教师只有不断更新自己的教育观念,适应时代的变化与发展,树立积极正确的人生观与价值观,才能不断完善自己的认知,拥有正确的职业认知和自我认知,积极引导学生学习,促进学生全面发展。

思考与练习

1. 教师如何保持积极向上的世界观?
2. 教师教育观念的作用有哪些?
3. 素质教育背景下,教师如何树立全新的教育观念?
4. 不合理信念的特征有哪些?
5. 教师存在的不合理信念有哪些?

6. 合理情绪疗法在教师不合理信念调整中的作用是什么?

参考文献

[1] 贾晓波,李慧生,封毓中,韩建华,霍克林.心理健康教育与教师心理素质[M].北京:中国和平出版社,2007.

[2] 鲍广友.教师的世界观与心理健康[J].教育探索,2003,1.

[3] 罗国杰.树立正确的世界观、人生观和价值观[J].中国特色社会主义研究,1996,3.

[4] 张煜.学校教师工作评估实用手册[M].北京:中央民族大学出版社,1997.

[5] 杨静,杨佳佳,侯继峰.社会主义核心价值观融入学校教育的路径探讨[J].纵横杂谈,2015,10.

[6] 赵莉平.教师教育观念探讨[J].西部素质教育,2015,1.

[7] 郭坚.素质教育中教师教育观念及其培养策略[J].继续教育研究,2015,12.

[8] 高潇怡,庞丽娟.论教师教育观念的作用[J].教育科学,2003,4.

[9] 梁红燕,辛涛.适应素质教育的教师教育观念及其培养[J].教师教育研究,2015,6.

[10] 王远香,李允.合理情绪疗法:缓解教师职业倦怠的有效途径[J].天津师范大学学报,2015,1.

[11] 高丽芳,常旭.合理情绪疗法与中小学教师的职业幸福感[J].辽宁教育,2014,5.

第五章 教师情绪情感与心理健康

学习目标

1. 理解情绪情感内涵以及情绪与教师身心健康的关系。
2. 掌握消极情绪的调节策略。
3. 掌握教师积极情绪的培养方法。

【案例分析】

"不要说话了。"我忍住气提醒几个正肆无忌惮聊天的学生。这已经是这堂课我第二次提醒他们了。课还是要继续讲下去,我一边请学生们回答问题,一边时不时地分出精力用目光去提醒那几个学生。他们也不时地瞟一眼我,对上目光后便扎下头去,作听课状。待我稍不注意,便不失时机地说上那么一两句。一位女学生站起来回答问题,声音稍微有些小。谈话声又起,学生们不得不伸长耳朵才能捕捉到她的回答。此时,我忍无可忍,怒火中烧,"啪"把课本拍到桌子上,真可谓是"拍案而起"。"怎么回事?还让不让同学们听课了?你们是不是班级的一员?你们心里还有没有班集体的荣誉?""说了好几次了,一点自觉性都没有!"教室里鸦雀无声,只有我狂怒的声音在回响。学生们屏住呼吸,看着我,有的小心地侧转身去看那三位同学,他们三个把脑袋死死地扎到桌面上。

我一边训斥,一边走向他们。"你们站起来,抬起头,是男子汉上课就不要说话。保证过多少次了,是男子汉说话就要算数!说!今后怎么办?""我们以后不说了!"他们垂着眼皮,急急地表态。此时下课铃响了,我长出一口气,仿佛要将胸中的怒气呼出。

我把他们带到教室外面的走廊里,在僻静之处,我又长长地呼出一口气,让自己心情平静一些。调整了身体,调整了心情,然后,调整语调、表情。我同他们做了一个简单的仪式:握住他们每一个人的手,和他们的眼睛对视,带着他们说"我以后保证上课不说话,不打扰别人了"。放下怒气,我殷切、真诚地望着他们,然而,他们无法正视我的眼睛。他们在躲避我的注视,同时,也在躲避自己心灵的拷问。但是,

> 他们浑然不知,其实,这样的一场怒火和这样的一个仪式后,我的心情更加无奈和沉重。因为,我知道,这些对于他们来说,都是无济于事。他们嘻嘻哈哈地继续生活去了。(摘自:刘丽华.教师心理问题的自我调适[J].教育探索.2005,6.)

从案例中我们可以看出,当学生在课堂上出现问题行为时,教师的情绪发生了变化,并由于情绪改变,诱发了一系列班级管理的行为,但是,这些班级管理行为的效果,却是很微弱的。

在教学过程中,教师不仅需要通过自身的情绪表达来展示教学内容所蕴涵的情感内容,还需要以自身的积极情绪状态感染和激励学生。不仅如此,教师在班级管理过程中,还需要调整由于班级问题行为所诱发的多种负性情绪体验,并有效地管理班级。然而,正如案例中所展示的,在一系列挫败感的班级管理行为中,教师自身的负性情绪体验也更加强烈。如果这种情况得不到有效解决,教学行为的质量和效果都会受到影响。教师特定的职业活动决定教师不仅需要有成熟而稳定的情绪,同时,还需要具备根据教学情境的变化,灵活地调节情绪情感的能力。

第一节 教师情绪情感概述

一、情绪和情感的性质与功能

情绪和情感有什么性质?其功能是什么?这些是有关情绪和情感最基本的问题。解决这些问题,才能真正理解并自己的情绪情感,当学生出现各种情绪和情感问题时,教师才能真正理解学生,恰当对待其表达出来的情绪和情感。

(一)情绪和情感的性质

人非草木,孰能无情?人生活在社会中,为了自身生存和发展,就要不断地认识和改造客观世界,创造人类文明、进步和发展的条件。人们在变革现实的过程中,必然要遇到得失、顺逆、荣辱、美丑等各种情境,因而有时感到高兴和喜悦,有时感到气愤和憎恶,有时感到悲伤和忧虑,有时感到爱慕和钦佩等。这里的喜、怒、哀、乐、忧、愤、憎等都是情绪和情感的不同表现形式。

那么,究竟什么是情绪和情感呢?从19世纪以来,心理学家对此进行了长期而深入的研究,对情绪的实质提出了各种不同的看法,但是,由于情绪和情感的复杂性,至今还没有得出一致的结论。当前比较流行的一种看法是,情绪和情感是人对客观事物的态度体验及相应的行为反应。例如,凯尔特纳(Kellner,2003)把情绪定义为"对外部刺激事件产生的普遍性和功能性反应,通过这种反应整合生理、认知、行为,以便在当前情境中更好地适应或塑造环境"。这种看法说明,情绪是以个体的愿望和需要为中介的一种心理活动。当客观事物情境符合主体的需要和愿望时,就能引起积极肯定的情绪和情感。如渴求知识的人得到了一本好书会感到满意;生活中遇到知己会感到欣慰;看到助人为乐的行为会产生敬慕;找到志同道合的情侣会感到幸福等。当客观事物或情境不符合主体的需要和愿望时,就会产生消极、否定的情绪和情感,如失去亲人会引起悲痛,无端遭到攻击会产生愤怒,工作失误会出现内疚和苦恼等。从这些描述中,可以发现,研究者倾向于把情绪看作"功能性",就是说,情绪是有用的,如情绪可以引导我们快速而有效地行动。

情绪和情感是由独特的主观体验、外部表现和生理唤醒等三种成分组成的伊扎德(Izard,1977)。主观体验是个体对不同情绪和情感状态的自我感受。每种情绪有不同的主观体验,它们代表了人们不同的感受,构成了情绪和情感的心理内容。人的主观体验与外部反应存在着某种相应的关系,即某种主观体验是和相应的表情模式联系在一起的。如愉快的体验必然伴随着欢快的面容或手舞足蹈的外显行为。

情绪与情感的外部表现,通常称为表情。它是在情绪和情感状态发生时身体各部分的动作量化形式,包括面部表情、姿态表情和语调表情。面部表情是所有面部肌肉变化所组成的模式,如高兴时额眉平展、面颊上提、嘴角上翘。面部表情模式能精细地表达不同性质的情绪和情感,因此是鉴别情绪的主要标志。姿态表情是指面部表情以外的身体其他部分的表情动作,包括手势、身体姿势等。如人在痛苦时捶胸顿足、愤怒时摩拳擦掌等。语调也是表达情绪的一种重要形式。语调表情是通过言语的声调、节奏和速度等方面的变化来表达的,如高兴时语调高昂、语速快,痛苦时语调低沉、语速慢。

生理唤醒是指情绪与情感产生的生理反应。它涉及广泛的神经结构,如中枢神经系统的脑干、中央灰质、丘脑、杏仁核、下丘脑、蓝斑、松果体、前额皮层及外周神经系统和内、外分泌腺等。生理唤醒是一种生理的激活水平。不同情绪、情感的生理反应模式是不一样的,如满意、愉快时心跳节律正常;恐惧或暴怒时,心跳加速、血压升高、呼吸频率增加甚至出现间歇或停顿;痛苦时血管容积缩小等。

情绪和情感既有区别又有联系。情绪和情感是与人的特定主观愿望或需要相联系的,在学科发展上曾统称为感情。由于感情非常复杂,既包括感情发生的过程,也包括由此产生的种种体验用单一的感情概念难以全面表达这种心理现象的全部特征。因此,在当代心理学中,分别采用情绪和情感两个概念来更确切地表达感情的不同方面。情绪主要指感情过程,即个体需要与情境相互作用的过程,也就是脑的神经机制活动的过程,如高兴时手舞足蹈、愤怒时暴跳如雷。情绪具有较大的情景性、激动性和暂时性,往往随着情景的改变和需要的满足而减弱或消失。情绪代表了感情种系发展的原始方面。从这个意义上讲,情绪概念既可以用于人类,也可以用于动物。而情感经常用来描述那些具有稳定的、深刻社会意义的感情,如对祖国的热爱,对敌人的憎恨以及对美的欣赏等。作为一种体验和感受,情感具有较大稳定性、深刻性和持久性。情绪和情感是有区别的,但又相互依存、不可分离。稳定的情感是在情绪基础上形成的,而且它又通过情绪来表达。情绪也离不开情感,情绪的变化反映情感的深度,在情绪中蕴涵着情感(卢家楣,2003)。

(二) 情绪和情感的功能

1. 适应功能

有机体在生存和发展过程中,有多种适应方式。情绪和情感是有机体适应生存和发展的一种重要方式。如动物遇到危险时会因为害怕而发生呼救信号,就是动物求生的一种手段。情绪是人类早期赖以生存的手段。婴儿出生时,还不具备独立的生存能力和言语交际能力,这时主要依赖情绪来传递信息,与成人进行交流,得到成人的抚养。成人也正是通过婴儿的情绪反应,及时为婴儿提供各种生活条件。在成人生活中,情绪直接反映着人们生存的状况,是人们心理活动的晴雨计,如通过愉快表示处境良好,通过痛苦表示处境困难;人们还通过情绪、情感进行社会适应,如用微笑表示友好;通过移情维护人际关系,通过察言观色了解对方的情绪状况,以便采取适当的、相应的措施或对策等。也就是说,人们通过各种情绪、情感,了解自身或他人的处境与状况,适应社会的需要,求得更好地生存和发展。

2. 动机功能

情绪和情感是动机的源泉之一,是动机系统的一个基本成分。它能够激励人的活动,提高人的活动效率。适度的情绪兴奋,可以使身心处于活动的最佳状态,进而推动人们有效地完成工作任务。研究表明,适度的紧张和焦虑能促使人积极地思考和解决问题。同时,情绪对于生理内驱力也具有放大作用,成为驱使人们行为的强大动力。如人们在缺氧的情况下,产生了补充氧气的生理需要,这种生理内驱力可能没有足够的力量去激励行为,但是,人们由此产生的恐慌感和急迫感就会放大和增强内驱力,使之成为行为的强大动力。

3. 组织功能

情绪是一个独立的心理过程,有自己的发生机制和发生、发展的过程。什劳费(Sroufe,1976,1979)认为情绪作为脑内的一个检测系统,对其他心理活动具有组织作用。这种作用表现为积极情绪的协调作用和消极情绪的破坏、瓦解作用。中等强度的愉快情绪,有利于提高认知活动的效果。而消极的情绪如恐惧、痛苦等会对操作效果产生负面影响,消极情绪的激活水平越高,操作效果越差。

情绪的组织功能还表现在人的行为上,当人们处在积极、乐观的情绪状态时,容易注意事物美好的一方面,其行为比较开放,愿意接纳外界事物。而当人们处在消极情绪状态时,容易失望、悲观,放弃自己的愿望,有时甚至产生攻击性行为。

4. 社会功能

情绪和情感在人际间具有传递信息、沟通思想的功能。这种功能是通过情绪的外部表现即表情来实现的。表情是思想的信号,在许多场合,只能通过表情来传递信息,如用微笑表示赞赏、用点头表示默认等。表情也是言语交流的重要补充,如手势、语调等能使言语信息表达得更加明确或确定。从信息交流的发生上看,表情的交流比言语交流要早得多,如在前言语阶段,婴儿与成人相互交流的唯一手段就是情绪,情绪的适应功能也正是通过信号交流作用来实现的。

二、教师情绪的作用

教学是一门艺术,第斯多惠说过:"我们认为教学的艺术不在于所传授的本领,而在于激励、唤醒、鼓舞,而没有兴奋的情绪怎么能激励人,没有主动性怎么能唤醒沉睡的人,没有生气勃勃的精神,怎么能鼓舞人呢?"早在1988年卢家楣就提出了情感性教学原则,即教师要以满腔的热忱和恰当的表情进行教学,并在教学过程中自始至终注意控制学生的情感,使之处于最佳状态(卢家楣,1988)。教师情感是"三大教学情感源点"中最具主体地位和影响力的一个源点,教师情感是课堂中最基础的情感基调。没有教师激情的演绎,再好的教材内容也只是枯燥的文字。赞可夫说:"如果照着教学法指示办事,做得冷冰冰、干巴巴的,缺乏激昂的烈情,这样未必会有什么效果的。"

十八大指出:"全面实施素质教育必须切实提高教育质量,教育质量的提高,首先要保证教师教学质量高水平的落实;其次让学生在夯实发展基础的同时,体会到现实的快乐;再其次就是在提高学业水平的同时,要更注重培养学生积极的情感、广泛的兴趣以及创新精神和实践能力。"由此可见,情感教育在素质教育中具有极其重要的地位。为响应十八大提出的全面推进素质教育的要求和《国家中长期教育改革和发展规划纲要(2010—2020年)》中提出的教育强国的要求,情感教育作为素质教育的重要组成部分日益受到重视。情感教育或许可以解决长期以来困扰中国学生的一个难题——"苦学"。如何让学生在课堂学习中体会到快乐呢?这是一个重要问题,它的解决程度最终关系到素质教育的推进和学生未来的可持续发展。在这样的教育背景下,教师的情绪、情感状态已经不再仅仅是教师个人的事情,而成为直接关乎学生的学习、人格等多项发展的重要影响因素。

国内外相关研究显示,教师的情绪状态及变化对师生关系、教学氛围、教学质量以及学生身心发展都具有深远影响。积极情绪对教师自身和学生的发展具有诸多助益,消极情绪往往产生更多负面效应,持续的情绪困扰则有可能对教师与学生的身心健康造成伤害。

从社会学角度来看,学生情绪社会化是学生对社会情感生活的适应和创造,主要包括情感知识的获得,情感能力的发展,对社会情感制度、规范的认同和接纳,以及情感文化的形成、维持和改变。教师与父母主要通过三种方式促进学生的情绪社会化:其一是以自身情绪表达为学生提供示范;其二是对学生情绪表达给予回应;其三是与学生展开关于情绪的谈话,就情绪相关内容进行直接指导。通过以上三种方式,学生在与成人的互动中逐渐获得情绪知识,并使自身情绪能力获得发展。

情绪作为一种动机性力量,不仅赋予人们丰富的内在体验,并且指引自身和他人行动的方向。在人际交往活动中,情绪的感染力是个体影响他人的重要力量。教师的情绪表达对学生有着直接的感染作用,在观察中可以发现,当教师精神愉悦、情绪高昂时,学生也会不由自主受到鼓舞;当教师对活动表现出热情与兴趣时,学生参与活动的意愿也更加高涨;当教师对学生良好行为表现予以激励时,学生能够获得情感上的满足。通过情绪感染来调动学生参与活动的积极性,能够有效提高其学习时间的利用效率,使多数学生参与到活动过程中,为学生理解活动内容奠定基础。

【案例分析】

中班教学活动,教师请小朋友们围坐成一个圆圈后发出指令

师:现在,请你转身,跟你旁边的好朋友面对面。(拉着两名幼儿做示范)请你转身,找一个好朋友,两个人手拉手面对面。

孩子们纷纷转身找自己的同伴,老师则一边查看小朋友自主结对的情况,一边帮落单的孩子找到同伴。

师:都找到好朋友了吗?

集体:找到了!

师:跟你的好朋友是怎么坐的?(环视幼儿,身体前倾)面——对——面(拖长音调)。来,看看你好朋友的眼睛,在他的眼睛里发现了什么?(语调轻柔,面带微笑)互相看眼睛,看他的眼睛里有什么?有没有发现什么?

集体:看见我了!(兴奋,嬉笑)

> 师（喊）：有很多小朋友在朋友的眼睛里发现自己了！（露出欣喜的表情）你的好朋友眼睛里有你，那你知道你的眼睛里有谁吗？
>
> 集体：朋友！（兴奋，大声）
>
> 师（喊）：有你的好朋友。（语速减缓）今天老师给你们带来一首好听的歌，这首歌唱的就是你们刚才面对面和好朋友玩游戏的歌，歌的名字叫《拍手唱歌笑呵呵》，听一听，歌里是怎么唱这个游戏的。（逐渐收起笑容，语气转为平和）
>
> 老师转身离开，走到钢琴边开始弹奏。

上述案例展现了教师是怎样在教学活动起始阶段通过自身情绪表达吸引学生的注意力与兴趣的。在活动开始，教师设计了学生自主结伴环节，营造了相对轻松自由的氛围。紧接着，教师的语气语调与面部表情发生转变，并通过"诱导与引导"言语向学生发出了互相看眼睛的指令，通过自身的正向情绪表达营造出一个带有游戏性的活动情境。显然，教师的这一正向情绪表达取得了良好成效，成功调动了学生参与活动的积极性，并诱发了学生对教师行为的积极回应，吸引了学生兴趣与注意力，为接下来的儿歌学习奠定了基础。

教育教学活动是师生间围绕特定主题展开的持续互动过程，这一过程并非完全依据教师预设进行，而是教师与学生在抛接球式的互动中共同建构的过程。教师适宜的情绪表达能够有效避免和改善教学活动的灌输性和机械性，激发学生活动的积极性与自主性，使活动过程张弛有度、衔接紧密，在教师与学生的合作中焕发出自由与创造活力。良好的活动节奏和活动氛围一方面让教育活动内涵更加丰富饱满，有助于学生对活动内容的理解与接纳；另一方面也有助于调节和维持学生注意力，保障活动进程流畅与自然，保障活动时间的利用效率和学生的学习质量。

> **【走进课堂】**
>
> 大班教学活动，教师请小朋友根据儿歌歌词进行动作表演，小朋友高兴地做出各种有创意的动作，这时，老师满意地说："大一班的小朋友很会动脑筋，有的羞答答是这样的，有的羞答答是这样的，还有的羞答答是这样。（微笑着用动作演示，语速缓慢）下面我们再唱一遍，这次请你注意，周老师唱歌词的时候和唱前面的时候有什么不一样。这一次你只做动作，不要跟着唱。"

在这个案例中，教师请学生根据儿歌歌词进行动作表演，这一带有游戏性质的活动环节充分调动了学生的积极性，使学生处于一种高度兴奋的情绪状态。在这种情况下，教师通过自身低强度的正向情绪表达向学生进行回应,既肯定了学生良好的学习行为表现,又通过自身的情绪表达和清晰的指令向学生传递出集中注意的讯息,使班级氛围从高度兴奋状态逐渐趋于稳定,有效调整了教学活动节奏,为活动顺利开展奠定了基础。

但是值得注意的是,研究发现,较多的经验型教师通过频繁表达负向情绪对学生的行为进行约束与管理。从下列案例中,可以发现教师大量的负性情绪附加,虽然帮助学生完成了教学任务,但是这些指向学生行为规则的"声明与解释",指向学生行为后果的"警示言语",还包括指向学生能力、身份以及人格的"质问与反驳""评价与判断""讽刺与宣泄"的负性情绪语言,给学生的心理带来了巨大的压力,这是在教学管理行为中非常需要警醒的。

【案例分析】

中班教学活动,老师讲解完树叶的画法后,给每位小朋友发了一张4开大小的白纸,请他们画一片"大大的树叶",用"不多也不少"的五条叶脉把树叶划分为六个块面,然后用不同颜色的笔在每个格子里画上不同的图案,创作一个"有疏有密,有明有暗"的树叶作品。

幼儿绘画期间,老师依次到各个小组进行个别指导。走到东一身边时,老师发现他还没有动笔,于是轻声提醒他:"东一,大胆画!"东一拿起笔,凌空比划了几下,还是没有下笔。几分钟后,老师走过来看到东一还是没有画,提高了音量开始催促:"画,大胆画,快!"东一似乎不知道从何下笔,把白纸左右转动,还是没有画出一条线。这时,老师第三次走到他的面前,显然有些生气了:"马老师,把东一送到小班去吧!不敢画,我不知道他为什么不敢画!"东一慌张地抬起头,怯生生地望着老师。看到东一的样子,老师语气稍缓和了一些:"小班的弟弟妹妹才需要老师帮忙呢,中班已经不需要老师帮忙了,你可以自己画的,画错了没关系,你可以在反面再重画,听到啦?"东一点点头,终于拿笔在纸上画出了一条短短的弧线,然后抬头望着老师,似乎不确定自己是否该继续往下画。看到东一迟疑的样子,老师开始在他旁边进行个别指导,"画!大!下笔!行了,可以了。画!(音量高)再大!再往外画,(东一画一笔就抬头看一下老师)你不要看我!画!圆!再往外画!"

老师每发出一个指令,东一的笔在画纸上向前推一截,最终画出了大半个叶子的形状。但叶子没有画完整,叶子的大小看起来也不符合老师之前的要求。老师皱起眉头,向他发出警告:"东一,你画啊!你这叶子还大啊?你要不要我打电话给你妈妈,叫你妈妈来陪你画?"东一抬头望向老师,惊恐地摇摇头。"要不要?你妈

> 妈看到你胆小的这个样子,还生气啊?"(东一点点头)"妈妈还生气啊?老师都生气!(提高音量,语气急促)干吗这么胆小?画画有什么好胆小的?画呀!(东一仍然画一笔抬头看一下老师,生怕自己画错了)你是看我还是看画啊?画!连起来。再画,画中间一条线。"在老师的指导下,东一终于画出了一片完整的叶子。然而,由于他画的时候止不住地紧张颤抖,叶子的边缘也是凹凸不平的样子。"旁边几个大胆的你也不学一学。(指着图画)很好,你看你这个线条多好看啊,你看这、这、这抖的,这叶子就像被虫子吃掉了一样。画!你不是很好嘛,胆小,你在家里凶的,现在装胆小。"看到东一画出了叶子,老师转身离开。

现代心理学研究表明:教师的积极或者消极情绪情感都会通过言行举止反映出来,进而影响到学生的情绪情感。在教学过程中,教师的情绪情感具有以下特点。

第一,教师的情绪情感具有极强的感染性功能。在教学过程中,教师工作热情、平等对待学生、给予学生更多鼓励等,都能感染学生,使师生间产生共鸣,从而建立起和谐民主的心理氛围,增强学生对教师的亲切感和信任感,从而更有利于教学过程的进行。

第二,教师的情绪情感具有榜样性作用。教育如同一缕阳光,受教育者沐浴在阳光下,灵魂得到了唤醒,教师对这种唤醒发挥着重要作用。自古以来就有"亲其师,信其道"之说,学生在教师榜样作用下,学会合作,学到与人交往的技巧,从而也增强了同学间的友谊。

第三,教师稳定的情绪情感是安全性学习环境的重要构成成分。教师情绪的稳定与热情,会对学生产生积极影响;如果教师情绪不稳定,容易导致焦虑、烦躁,容易把自己的不良情绪投射到学生身上,使教师不能正确理解学生的心理与行为,对学生产生不良影响。英国教育学、心理学博士戴维·方塔纳认为成功教师的重要品质之一就是情绪情感的成熟与稳定。许多心理学家调查研究也表明,成熟而稳定的情绪是教师顺利完成教育教学工作的重要条件。

三、文化对教师情绪情感的影响

以往关于教师情绪研究存在着两种较为典型的倾向:其一是理想主义倾向,即仅仅承认和提倡教师的正向情绪表达,回避或排斥教师在教育教学过程中必然存在的负向情绪,忽略教师情绪多样化的表现形式和功能;其二是个体主义倾向,即往往将情绪视为教师的个人品质或个人选择,从个体内部寻找教师恰当或不恰当情绪的原因,把情绪调节的责任主要放在教师个人身上,忽略组织与文化因素在影响个体情绪中的作用以及应当承担的责任。改善教师情绪应当承认和正视教师情绪产生和发展过程的复杂性,从个人、组织以及更广泛的文化层面等多个维度做出改善。

每种文化、每个民族都逐渐形成了独特的处理和陶冶情绪的文化体系,这类文化意义系统或多或少地是情绪日常实践的精确重构,帮助人们反思情绪行为,识别出情绪的原因、效果和后果,并由此自动地作用于日常情绪性行为调节。文化通过预设的方式,为情绪行为创造出特殊的环境和表现方式,蕴涵着情绪调节的规则和终点,以及到达的路径。

文化作为集体智慧,不仅以价值系统限制情绪调节的目标和路径,而且以其艺术化的表现形态和自身具备的创新精神深化情感表达,创造性地解决现实境遇中的情感冲突,引导个体建构丰富多彩的富有意义的情感生活。文化调节和塑造使得个体超越一己"私情"的局限,在"尽善尽美"的价值追求中处理自我与他人的共生性关系,获得人格的成长和心灵的滋养。

长期以来,我国文化赋予教师较多的权力,并且在文化层面特别推崇严师型的教师,这些文化特征,使得教师在教学过程中,往往由于对教师权力的过度使用,较多地对学生表达负性情绪,同时,也特别期望学生对教师表达感恩类型的赞赏性情绪。然而,随着师生关系在新时期的变革,这种师生之间的情感表达文化正日益瓦解,因此,在基于师生平等基础上,建构更为积极向上的师生情感表达文化,也是新时期学校文化建设的重要内容。

总之,在教学过程中,教师良好的情绪情感可以给学生带来积极影响,使得学生个性积极向上发展,相反,教师不良的情绪情感,会使学生形成敌视和对抗习惯,直接影响着学生学习知识的状态。并且教师的一些冲动、烦躁等情绪会使学生处于焦虑、害怕的情形,不利于学生学习知识。此外,教师积极健康的情绪情感能够诱发学生的积极情感,有利于与学生建立融洽的师生关系,便于学生身心发展和知识学习。从这个意义上来说,教师的情绪情感既影响着教师本身的健康,也影响着学生的身心发展和学习状态。

【拓展阅读】

情感教育

情感教育是与认知教育相对的概念,是完整教育过程必不可少的一部分。情感教育是指在课堂教学过程中,教师要创设有利于学生学习的和谐融洽的教学环境,妥善处理好教学过程中情感与认知的关系,充分发挥情感因素的积极作用,通过情感交流增强学生积极的情感体验,培养和发展学生丰富的情感,激发他们的求知欲和探索精神,促使他们形成独立健全的个性和人格特征的教学方法。情感教育既是一种教育模式,又是一种教学策略。

> 情感教育的价值有如下几个方面:对人的生存具有积极意义;促进学生认知发展;促进良好人际关系建立;促进学生潜能开发;提高学生审美能力;完善学生品德;有利于学生社会化的发展。

第二节　教师消极情绪情感调控

一、教师常见消极情绪、情感类型

教师负向情绪产生的原因主要包括教师对学生不恰当的期待、教师人格特质的影响、教师指导经验和技能的缺乏、教师对学生行为原因的误解以及教师彰显自身权力的需要。教师常见消极情绪、情感类型有如下几种。

(一) 强迫

强迫是指以不能为主观意志所克制而反复出现的观念、意向和行为为临床特征的一组心理障碍。

正常人也可能出现一些强迫现象,如寄信前看一遍地址是否写错,出门前将房门关闭后又再推一下看看门是否已关好。而病态的强迫则反复出现,又不能自制,主体感到苦恼却不能自拔,常常陷于一种矛盾与痛苦之中。根据临床表现,强迫可分为强迫观念和强迫行为两类。

强迫观念是一种思维障碍,表现为反复而持久的观念、思想、印象,也可以是冲动的念头。如总是担心房间是否关好、煤气是否关好,或是对过去某段不幸的经历反反复复回忆。

强迫行为又称强迫动作,指不断重复某种无意义的行为,而且明知此种动作毫无意义,又非做不可,做了之后虽然能消除片刻紧张,但过一会儿又感到不舒服,非得再做一次不可。典型的如强迫性洗手。

教师队伍中患强迫症的重症病人虽不普遍,但是带有轻微强迫意向的教师却为数不少。某研究组对某中等学校运用 SCL—90 自评量表测试表明,阳性项目比例最高的前 10 项中,属于强迫症因子的占了三项:总是感到难以完成任务;做事必须反复检查;总是犹豫不决,难以做出决定。调查还显示:教师群体中带有轻度强迫症状的人占 40.6%,中度强迫症状的占 8.09%,重度强迫症状的占 0.58%。

(二) 焦虑

焦虑是指内心紧张不安,预感到似乎将要发生某种不利情况而又难以应付的一种不愉快情绪。焦虑是较普遍现象,几乎所有的人都曾体验过不同程度的焦虑,它发生在危险或不利情况来临之前。如人们在面临自己人生中的重大事件如考试、求职、就医等时都会经历焦虑体验。所以说,并不是所有的焦虑都是病理性的,只有在焦虑过度时才成为一个病理问题。

焦虑的起因是心理冲突。当人们面临某种困难或有威胁的情境下,主观上要做出很大努力去适应时,都会出现焦虑体验。教师除了像普通人群那样要经历诸如意外事故、亲人病危、职称评比、人际关系紧张等困难情境,每天还要面对诸如班级纪律较差、学生成绩不好、领导和家长期望值过高等情境,更有可能诱发焦虑反应。由于工作性质决定,教师群体焦虑问题发生率比普通人群要高得多。

同时,焦虑反应的强弱程度不仅与教师的职业特点有关,也与个体素质差异有关。性格内向、胆小羞怯、缺乏自信、对社会心理应激的应对能力较差者,焦虑更容易发生。

焦虑的症状有:情绪紧张不安,恐惧,惊慌,自主神经功能失调,神经衰弱,肾上腺素升高,等等。

(三) 抑郁

抑郁通常是一种情绪障碍,一种以心境低落为主要特征的综合征。抑郁涉及身体和心理,如疲劳感、睡眠障碍、注意力不能集中、犹豫不决、有自杀想法或念头等。据统计,30%的人类自杀死亡与抑郁有关。

随着生活节奏的加快,学习、工作压力越来越大,一部分教师长期生活在恐怖、焦虑、强迫性思维中,导致精神极度紧张、情感过度高涨或低落,造成教学困难、家庭矛盾、情感匮乏、师生关系紧张等一系列困扰。所以抑郁也是教师群体中常见的一种心理障碍。

(四) 恐怖

恐怖指接触到特定事物或处境时具有的强烈恐惧情绪,在这种恐惧情绪出现时,患者采取回避行为,并有焦虑症状和自主神经功能障碍伴随发生。

恐怖的心态正常人都有,如害怕老虎、蛇等,它是一种正常的防御反应。而恐惧症患者对某些情境和场合产生的恐惧心情则是完全不必要的,不但别人不能理解,他们自己也知道这是不切实际、不合情理的,但就是不能摆脱,十分苦恼。

恐怖可分为广场恐怖、社交恐怖和特殊恐怖。广场恐怖指对人群拥挤的场合,如商店、电影院等感到恐惧,也包括害怕空旷的地方,害怕离家或独自一人在家等。社交恐怖表现为害怕被多数人审视,回避社交,如对公共场合吃饭、讲话或与异性交谈感到紧张不安,害怕被人注视。特殊恐怖指由特殊物体或情境引起的不合理害怕,如害怕黑暗、登高,害怕接近某些动物,害怕某种疾病等。

恐怖在教师群体中也是一种常见的心理障碍,尤其是社交恐怖,患有社交恐怖的教师特别惧怕学生到齐的教室,惧怕上公开课,一到公共场所就心情极度紧张,痛苦不堪。

二、教师提高工作中心理调适能力的方法

压力、应激、负面情绪情感都会给教师心理健康带来严重影响,并诱发各种心理疾病。如何在工作中运用各种有效方法,提高教师心理调适能力,维护教师心理、生理健康,对每一个教师来说至关重要。下面是几种常见的心理调适方法。

(一)森田疗法

森田疗法是1919年日本森田正马博士创立的,它有两个核心思想:一是顺其自然,二是积极行动。森田认为,情感活动有一条规律,即人越是将注意力集中于某种情感,这种情感便越会加剧。如一旦感到抑郁无聊,许多教师就会烦躁,急于对这种情绪直接加以控制,他们常常生硬地命令或强迫自己"快乐起来",但每每都不奏效。我们也常常说:要控制你的情绪。但是,在实际生活中,有时候人越是想消除负性情绪,这些负性情绪就越加剧,越加剧就越想尽快消除,周而复始就陷入恶性循环,不能自已,这被森田称为精神交互作用。

森田疗法第一条原则是顺其自然。某种负性情绪产生后,如果对其听之任之,即顺从其自然变化,便会形成山形曲线,经过一起一伏,最终消失。所以当人面对种种负性情感时,最好的方法便是将这一切看成是自然现象,处之泰然。

森田疗法第二条原则是积极行动。人不能直接控制情绪,却可以直接控制行为。通过控制行为,人们可以间接达到控制情绪的目的。比如一位因工作压力过大而精神压抑的教师可以通过洗洗衣服整理整理房间,去旅游,去交友,去锻炼身体,散散步,去做某件平时很想去做却一直没有时间做的事情等一些适当活动,用积极行为激活机体,转移注意,缓解压力,并从这些活动中得到满足与成就感,心情就会自然而然改变。

(二)情绪宣泄

由于能量压抑与纠结于心,以致许多教师心理不健康。治疗的最重要方法就是将纠结于内的能量宣泄出来,进行外向训练。几种最主要的心理治疗法如皮尔斯的格式塔疗法、简诺瓦的初级疗法等都注重压抑情感的宣泄。

最佳的宣泄法是倾诉,根据罗杰斯对人际关系哲学的研究表明:人不仅可以交流内心的思想,而且可以交流内心的各种各样的情绪,包括内心的冲动、模糊的感受,甚至难以启齿的秘密,都可以通过交流和沟通,以缓解压力,释放内在能量。在生活中,为什么许多教师的心理相对比较健康,就在于他们有更多的宣泄渠道。

对教师来说,找一个值得依赖的人将心中的想法与苦闷统统讲出来,即使对方不能给出

任何解决问题的建议,只当个忠实的听众,倾诉者也会感到轻松,种种负性情绪也能得以缓解。如果有些烦恼不能道明,也可通过一些心理咨询热线或阅读心理书籍释怀,或者上网聊天,把自己的悲伤、烦恼、委屈,甚至攻击性的伪装和冲动都倾诉下来,同样可以释放或缓解压力。

运动也是一种比较好的宣泄,健康有益的运动可以达到消耗体能、转移注意力、释放消极情绪的效果,尤其是一些比较激烈的运动,如拳击、足球、篮球或跑步等项目,甚至可以去跳迪斯科、唱卡拉OK等,都是很好的宣泄。

大声叫喊也是一种合理的宣泄。在没人的地方放声大叫、大哭,在空旷的地方声嘶力竭地使劲喊叫。当然,教师应注意这种行为不能当着学生的面进行,否则不仅有损教师的形象,而且还会对学生产生心灵伤害。

(三) 认知疗法

据美国认知疗法专家伯恩斯的研究表明,像抑郁、焦虑等并不是一种情绪失常,而是被消极思想歪曲的结果,是自我感受的一种无价值感,是"我"的思想与态度引起了"我"的负情感反应。那些顽固不化的消极情感表明我们思想中存在着错觉与谬误,这就是我们观念的偏差。只有根除这些根深蒂固的观念,才能改善我们的消极情感。

通情不一定达理,达理不一定通情,做一个通情达理的人很不容易。一般来说,思想发生变化,人对现实的感受与观念才能跟着发生变化,不良情绪模式也才可能发生改变,纠结的情绪才会调理通畅。

对教师而言,改变认知,由达理而至通情一般要经过以下几个步骤:首先要面对现实,即必须承认消极情感的存在;其次分析原因,教师在承认自己确实存在消极情感后,就要分析其产生原因,弄清楚自己为什么会苦恼、忧愁或愤怒,这样可以帮助自己分析所苦恼、忧愁、愤怒的事物,以及是否确实值得我苦恼、忧愁、愤怒。这样,通过理智分析,这些消极情感就会得到初步调控;最后是反省自己,在挫折面前,教师应当以对事物的理性认识来调控个人的情感,在忍不住发怒后,要冷静审察情势,客观检讨反省自己,以确定发怒是否合理、后果如何,以及有无其他较为适当的解决方法等。如此经过冷静反省,就能消除或减轻心理紧张,使消极情感渐趋平复。同时教师还可以学会"心理换位思考",如当与学生、同事、学生家长发生争执时,力求做到事后能设身处地地替对方想一想,也许就可以变得心平气和了。

(四) 淡化与转移法

淡化与转移法是生活中较为常见的一种心理调适方法。有的教师在消极情感产生后,老是郁积于心,耿耿于怀,放不开,丢不下,结果只能使这种消极情感不断蔓延并且日益加重。因此,当某种事情引起自己消极情感时,最好能把这件事尽快地忘掉或转移到另一事件上去,而不要总去想这件事。因为人为这些事去悲伤、难过,已无助于问题的解决,反而会增加思想上的负担,使身心受到压抑。事情既已发生,且无可挽回,就应当果断丢开它,忘却它。西方人常说的"不要为打翻的牛奶而哭泣",说的就是这个道理。如果某个场所老是引起不愉快的回想,那就应当设法避开这个场所,以免"触景生情";如果眼前存在着一件可以唤起种种负性情绪的物件,不妨将其收藏起来;等等。这样,就能使自己的思想暂时离开这些不愉快的事情,逐渐遗忘,从而缓解消极情感对自己的侵扰,避免由此造成的身心损伤。

但是,另一方面,能对自己的情绪、情感产生强烈刺激的事情,通常都与自己的切身利益有关,要很快忘掉常常是很困难的。因此,单靠遗忘是不行的,更有效的调控是进行积极转移。当负性情绪情感出现时,应该有意识地转移自己的注意力,可以通过看电影、打扑克、下棋、打球等正当而有意义的活动,使紧张的情绪松弛下来。

第三节 教师积极情绪情感养成

一、积极情绪情感的重要性

个体的情绪情感状态是衡量其心理健康与否的重要指标。教师的情绪情感状态不仅关系其自身的身心健康,也直接或间接地影响学生的情绪状态和心理健康水平。由于教师劳动和服务的对象是人而不是物,教育工作本身又具有高度复杂性,在教学活动中师生之间不仅交流认知,也交流情感;不仅交流教学内容中的情感,也交流着师生人际间的情感。这就意味着在教育活动中教师时时处处都有可能遇到一些富有情绪色彩的事情。因此,积极而稳定的情绪情感对于教师而言尤为重要。那些不能控制脾气、严重忧郁、极度偏向、脾气暴躁、容不下人、尖酸刻薄以及习惯性地谩骂学生的教师,其行为对学生心理健康的威胁非常严重。可见,教师要善于调节和控制自己的情绪,不将生活中不愉快的情绪带入课堂,约束自己的言行,克制偏爱情绪,不迁怒于学生。

在教学活动中,教师要情绪稳定并保持良好心境,给学生以和蔼可亲的感觉,表现出朝气蓬勃、积极向上的精神面貌。教师积极情绪状态会对学生产生巨大感染力,使学生处于饱满、振奋、愉悦、兴趣盎然的情绪状态之中,为认知活动也为情感陶冶创设良好情绪背景,也使学生对学习活动本身产生积极情感体验;而教师萎靡不振,会引起学生低沉的情绪,这不仅影响学生的学习效果,也会影响学生对教师和所教课程的态度。不仅如此,教师的情绪情感还会影响课堂心理氛围。因为教师的一颦一笑都逃不过学生的眼睛,学生会根据自己的觉察做出相应反应。如果一位教师心境良好、情绪饱满,学生就会感到心情舒畅,课堂充满活跃、轻松和愉快的气氛;假如一位教师心境不佳,或愁眉苦脸,或精神懈怠,那么学生也就会感到压抑、倦怠,课堂气氛变得沉闷、紧张。总之,教师的情绪情感是否稳定、是否乐观和积极,将影响教师的整个心理状态和行动,也影响学生的情绪情感和教育教学效果。因此,从心理健康角度来说,教师具有积极的情绪情感是学生情绪健康发展的前提和保障。

二、积极情绪情感的养成

教师在工作和与学生相处交往过程中,养成积极情绪情感,才能感染学生,促使学生朝着教师期望的方向发展。教师积极情绪情感也会给自己带来更多愉悦和幸福感,使自己乐于工作和生活。

(一)提高心理素质

心理素质是一个人适应社会的最基本的要素。广义的心理素质是指个体通过教育和活动形成的、对个体活动产生影响的较稳定的心理品质。狭义的心理素质是指一个人对竞争、压力、挫折、逆境、困难和灾难的承受能力。心理素质高的人能够在艰难困苦和挫折面前不低头、不气馁,保持良好精神状态和坚强毅力。然而,在我国以往的课程设置中,常强调专业知识和技能课程,而忽视心理健康教育方面的课程,导致了教师这些知识的缺乏。要改变这种状况,应在教师职前和职后的教育中开设一些心理健康教育的课程。学校管理者也可邀请相关专家做心理健康教育方面的讲座和辅导,丰富教师的心理学知识,提高教师的心理调节能力。教师也应学习和了解心理学方面的知识,提高自身心理素质。

(二)创设良好的育人环境

育人环境指对人的一切心理活动、心理行为发生实际影响的环境事实。学校育人环境通常是指校园内部形成的独特的校园空间环境和人文氛围,具有无形的环境力量和精神力量,是学校的隐性课程,对人的心理感受、心理体验、身心发展,甚至是对人的学习、生活、交往成长产生心理影响和行为制约的环境事实。要培养教师的积极情绪情感,学校管理者应创设一个良好的环境。如在职称评定、评比、竞赛、奖励、表扬、评优时,应坚持公平、公正、平等的原则,否则,教师会产生不良情绪;要认真倾听教师的意见和心声,提高他们的工作积极性;营造良好的人际环境,使教师、学生生活、工作在一个和谐融洽的人际氛围之中;重视对教师的情感投入,通过言语关心教师的工作和生活,帮助解决其工作和生活上的困难,使他们感到温暖,增强克服困难的信心,去除后顾之忧,以积极情绪投入到工作中去;要为教师提供各种形式进修、培训、参观的机会,促进他们的发展,稳定他们的情绪。

(三)培养积极的心态

积极心态是一种对人、情况或环境所持的具有建设性的思想、行为或反应,它使人在看待问题时既考虑到问题积极的一面,也考虑到问题消极的一面,但最终强调积极的一面。美国心理学家阿尔伯特·艾利斯提出:人的情绪主要根源于自己的信念以及他对生活情境的评价与解释的不同。即事情的前因,透过当事者对该事情的评价与解释,以及对该事情的信念这个桥梁,最终才决定产生什么样的结果。由此可见,对于同一件事情,不同的认知会导致不同的情绪反应,如果学会积极认知所发生的事情,就不会有太多不良情绪产生。美国著名成功学大师拿破仑·希尔把人的积极心态称之PMA黄金定律。他说:"成功人士的首要标志,在于他的心态。一个人如果心态积极,乐观地面对人生,乐观地接受挑战和应付麻烦事,那他就成功了一半。"积极的心态与人的先天素质有关,但主要还是后天培养出来的。因此,教师要培养乐观、开朗的性格,要以积极心态对待困难和不如意,以便保持良好情绪,这样有利于自身的成功和发展。

(四) 处理好人际关系

交往是人类不可缺少的社会性需要,它不仅是利益和物质的交流,也是情感与思想的交流。情绪在人际关系中起着信号、表达和感染的作用,是人际交往的重要手段。人的情绪也是在交往的条件下产生和发展的,和谐的关系是积极情绪的基础。教师要善于处理好与领导、同事、学生、家长等人的关系,建立和谐的人际关系网,获得社会安全感、信任感,达到沟通思想、交流情感的目的,为自身发展创造一个良好基础。在交往中,要学会大度,要友善,不要过分计较别人的缺点,更不要以自我为中心。教师在工作的同时,也要营造一个幸福的家庭,感受到家庭温暖,这可以减轻身心疲劳,保持愉快情绪。

本章小结

教师的情感在教育教学中发挥着重要作用。在教育教学过程中教师要主动调整自己的情绪,积极适应环境,保持良好心态。学生的学习是一个积极主动构建的过程,所以教师应该是学生学习的指导者,而不仅仅是学生知识的传授者。健康的情绪能引导人积极向上,不良的情绪则会阻碍人的健康成长。学生拥有乐观、积极稳定的情绪与教师是分不开的。

学校是培养学生健全人格、促进学生适应良好生活的场所,在教育教学过程中,教师扮演着重要角色,既是学生行为的榜样,也是学生心灵的守护者。在学生入学后,教师对学生的影响是至关重要的。

教师的职业特征要求教师有较好的自我控制能力,使自己始终保持愉快的心情,能以旺盛的精力、丰富的情感、健康的情绪投入教育教学实践中,真正成为人类灵魂的工程师。同时又要树立正确的人生观,以自身健康的心理去影响学生,从心底里热爱学生,不把不良情绪带进教室,更不能对学生发无名的火。只有做到这些,才能维护教师的形象和自己的心理健康,也才能有利于学生的心理健康。

思考与练习

1. 情绪与情感的特点与功能各是什么?
2. 教师情绪情感的功能有哪些?
3. 教师心理健康的意义有哪些?
4. 教师消极情绪情感诱因有哪些?
5. 教师情绪情感的行为调节方法有哪些?
6. 教师积极情绪情感养成的方法有哪些?

参考文献

[1] 孙俊才.文化建构情感的机制与特点[J].苏州大学学报(教育科学版),2014,4:58-66.

[2] 卢家楣.情感教学心理学原理的实践应用[M].上海:上海教育出版社,2002.

[3] 张奇勇.情绪感染的发生机制及其调节模型——以教学活动为取向[D].上海师范大学,2014.

[4] 许倩倩.师幼互动中的教师情绪研究[D].南京师范大学,2013.

[5] 孙彩霞.课程变革下教师情绪地理的建构[D].西南大学,2015.

[6] 曾艺.优秀教师必备的心理素质[M].成都:电子科技大学出版社,2013.

[7] 郑淑杰,孙静,王丽.教师心理健康[M].北京:北京大学出版社,2014.

[8] 刘素梅.教师必备的心理素养[M].长春:东北师范大学出版社,2010.

第六章　教师意志与心理健康

> **学习目标**
> 1. 了解关于意志的相关知识。
> 2. 教师容易遇到的困难及其克服。
> 3. 学会如何面对和对待挫折。

意志是人们从事任何有意识持续的工作所必不可少的心理品质,这种品质的优劣影响工作进程的顺利开展,影响工作能否善始善终。教师意志品质影响教师教育教学工作开展的质量,也是教师心理健康状况的标志,优秀的教师往往具备优良意志品质。

第一节　教师意志与意志行为

意志是完成有目的的工作的必备条件。要想达到既定目标,就要调动身体去行动,去努力,去奋斗。教师工作高尚而艰苦,伟大又平凡,需要有献身精神的人、有良好意志品质的人去坚持、去努力,为祖国教育事业作贡献。

一、意志与意志行为

意志是个体自觉确定目的,根据目的调节支配自身行动,克服困难,实现预定目标的心理过程。人们生活工作中常有决策、计划、实施乃至娱乐消遣行为等,都需要程度不同的意志过程参与,做这些事情并不一定都需要克服困难或有困难的感觉。产生困难或为难的感觉才是心理上的意志过程,即当人感觉力所难及或不愿出力才会有意志过程。

人的行动多数为有意识、有目的的行动。人在各种实践活动中,通常是根据对客观规律的认识,先在头脑里确定行动目的,然后根据目的选择方法,组织行动,影响客观现实,最后达到自己的主观目的。犹如学生进入高等师范院校学习,立志从事教育事业,经历了确定行动目的,然后根据这个目的顽强刻苦学习,积极锻炼身体,克服各种困难,以达到在德智体几方面都得到发展,成长为合格人民教师的目的。在这些行动过程中,不仅意识到自己的需要和目的,还以此调节自己的行动以实现预定的目的。意志就是在这样的实际行动中表现出来的,与意志相联系的行为就称为意志行为。

意志行为来源于人的需要和动机。人的行动由各种动机决定,动机又是为了保证生存和满足各种需要而产生的。即需要产生动机,动机导致行为。当一个人意识到自己或社会有某种需要时,就会产生满足需要的愿望即动机,从而进一步有意识地确定追求的目标,拟定达到目的的计划,并做出行动。这种行动始终是由意识调节支配的,是自觉的、指向于一定目的并与努力克服达到目的所遇到的障碍相联系。从产生动机到采取行动的这种心理过程就是意志。意志行为不同于生来具有的本能活动和缺乏意识控制的不随意动作,而是属于受意识发动和调节的高级活动。人的生活、学习和劳动都是有目的的随意动作,都是人类所特有的意志行为。

二、意志特征

意志特征即在人的意志活动中表现出来的特点。具备这些特点才是意志行动。不具备这些特点就不是意志行为。像许多无意识活动及一些本能行为、自发行为,就不能说成是意志行为。意志行为需要具备下列几点才算真正的意志活动。

(一)目的性

人的意志具有明确的目的性,它能发动符合于目的的行动,又能制止不符合目的的行动。意志行为效应的大小与人的目的水平高低和社会价值相关。目的越高尚、越远大、越有社会价值,意志表现水平往往越高。

(二)与克服困难相联系

克服困难的过程就是意志行为过程。困难有外部困难和内部困难两种。人的意志坚强与否、坚强程度如何,往往以困难性质和克服困难难易程度来衡量。

(三)以随意动作为基础

人的行动由动作组成,动作有不随意动作和随意动作两种。不随意动作是指无预定目的的动作,随意动作则是指有预定目的、受意识指引的动作。有了随意动作,人们就可以根据目的组织、支配和调节一系列动作,实现预定目的。随意动作是意志行为的必要组成部分,是意志行为的基础。

三、意志作用

人们之所以重视意志和意志行为,是因为意志具有很大作用。良好意志对许多既定目标的实现必不可少,对持续坚持达到更高目标也十分重要。

(一)意志使认识活动更加广泛深入

意志在人认识和情感活动基础上产生,同时,认识活动也离不开意志的作用,意志使认识活动更加广泛深入。在认识活动中,有意注意的维持、知觉的合理组织、解决问题的思维活动展开等,都需要人的意志努力和意志行动。同时,积极的意志品质如自觉性、恒心等能促进人认知能力的发展。

(二)意志调节人的情绪情感

首先,情绪情感影响意志行为。积极的情绪情感是意志行动的动力,消极的情绪情感是意志行为的阻力。其次,意志对情绪情感起调节控制作用。意志坚强者可以控制与克服消极情绪干扰,使情绪服从理智,把意志行为贯彻到底。而意志薄弱者易受情绪左右和控制,使意志行为不能持之以恒,意志目标难以达成。

(三)意志反映了人的自我修养和为人

成功者往往具备坚定的目标和持之以恒的行动,为达到既定目标,克服诸多令常人难以理解和忍受的困难。这需要勇气、智慧、品格和修养。因此许多人的故事变成励志经典。

【拓展阅读】

"90后"女教师扎根山村　夺全国优质课一等奖

图6-1　姚凯旋获得全国优质课评比一等奖

姚凯旋1993年出生,4岁学习写字和算术,上小学前就掌握了一、二年级的知识,等到小学快毕业,学习遇到困难就请教老师。那时她特别崇拜老师,梦想当一名好老师。

2008年初,面临中考的姚凯旋决定报考上饶师范学校。学习成绩一直排在全校前10名的她,在中考中顺利通过了600分的录取分数线,考入上饶师范学校初等教育专业。

2012年,各科成绩优异、在校表现突出、品学兼优的姚凯旋了解到高阳村这样的乡村教学点对师资的需求,觉得自己真正要去的地方是乡村,去那些更需要教师的地方,毅然前往偏远的铜钹山镇高阳村教学点实习。

在高阳村教学点实习期间,崎岖的山路、艰苦的教学环境,并没有难住年仅19岁的姚凯旋,孩子们的求知欲望更是提高了她的教学热情。这里孩子们都特别好学,爱听课、爱提问、爱写作业,凯旋很乐意成为他们的孩子王。经过一年实习,2013年9月,她调入军潭完全小学,正式成为当地的一名教师。2015年9月,姚凯旋从军潭完全小学调至铜钹山镇中心小学。

姚凯旋上课认真负责,学生成绩优秀,在各类知识竞赛、作文大赛中屡屡获奖。2015年4月,学校推选她参加由中国教育学会科学教育分会主办的2015年度课堂教学展示与观摩系列之"中小学科学课堂教学研究与优质课展示"活动。通过"微课"、多媒体教学竞赛,姚凯旋取得第一名的佳绩,作为县教师代表被推荐参加全市竞赛。

姚凯旋白天忙着上课,利用晚上时间准备竞赛教材,常常忙碌到凌晨。早上6点钟前,她必须起床,为新的一天教学工作做准备,连续熬夜熬出了黑眼圈。

2015年6月,经过认真准备,姚凯旋与来自各个县(市、区)的参赛教师展开角逐。竞赛的上课内容更加丰富,有"微课",有说课,还组织互动课。这次她获得了代表省里参加全国竞赛的资格。

10月19日,姚凯旋前往昆明市参加全国竞赛。姚凯旋的参赛课程叫"点亮小灯泡",她采用形象的实物板书进行教学,配合自己特制的教具,帮助学生掌握点亮小灯泡的电路连接知识。教具按照实物比例放大20倍以上,是姚凯旋自己用泡沫和硬纸板亲手制作的。在竞赛互动课环节,她通过这些特殊教具讲解电路原理。最终,姚凯旋荣获此次大赛一等奖。

姚凯旋就像一把热情的火,点燃了其他教师的教学热情,增强了孩子们的学习动力。

转引自:余硕."90后"女教师扎根山村夺全国优质课一等奖[EB/OL]. http://jx.ifend.com/sr/detail_2015_11/02/4510735_0.shtml,2015-11-02.

四、意志过程

意志过程包括两个阶段:采取决定阶段和执行决定阶段。

采取决定阶段是意志行动的准备阶段。一般包含经历动机冲突、确定行动目标、选择行动方法、作出行动决策等环节。

在采取决定阶段,首先要解决动机冲突困扰。任何意志行动都与一定动机相联系,动机又产生于需要。动机是由需要产生的愿望、意图、信念和理想等,它们都是意志行动的内部原因和动力,决定着一个人行动的性质和方向。

当处于矛盾状态时,个体难以决定取舍,表现为行动上犹豫不决,这种相互冲击的心理状态,称为动机冲突。由于人思想、愿望的复杂性,常会同时出现两个甚至更多动机,因而必须有所选择,产生动机冲突。动机冲突往往反映人的思想、观点和立场。行动目的明确后就可以进一步选定达到目的的方法和途径以及拟定行动的计划。

动机冲突有以下几种类型。

一是双趋冲突。指两种对个体都具有吸引力的目标同时出现,形成强度相同的两个动机,由于条件限制,只能选其中的一个目标,此时个体表现出难以取舍的矛盾心理,这就是双趋冲突。"鱼与熊掌不可兼得"即是典型双趋冲突。

二是双避冲突。指两种对个体都具有威胁性的目标同时出现,使个体对这两个目标均产生逃避动机,但必须选择其中一个目标,这种选择时的心理冲突称为双避冲突。"认打还是认罚"正是这种处境的表现。

三是趋避冲突。指某一目标对个体具有利与弊的双重意义,使人产生两种动机态度:一方面好而趋之,另一方面则恶而远之。"火中取栗"寓言故事中的猴子产生的就是趋避式动机冲突。

四是多重趋避冲突。在实际生活中,人们的趋避冲突常表现出一种更复杂的形式,即人们面对两个或更多目标,每个目标又分别具有吸引和排斥两方面的作用。人们无法简单回避一个目标或拒绝另一个目标,必须进行多重选择。由此引起的冲突称为多重趋避冲突。

动机冲突可以造成个体不平衡、不协调的心理状态,严重的心理冲突或持续时间较长的可以引起个体的心理障碍。

【经典实验】

动机冲突是否应激源的实验

陶特曼(Richard Titman)是英国牛津大学心理学家,他和同事设计了一个感冒病毒接种实验模型,让志愿者被试先暴露于感冒病毒,然后制造一个动机冲突情境,观测和评估动机冲突是否会对感染病毒及发展成真正的感冒产生影响。其研究目的是想证明动机冲突会产生心理应激进而导致感冒。

陶特曼通过广告招募48名志愿者,所有被试自我报告没有慢性或急性疾病,没有在常规服用药物。经医学检查和感冒病毒检测,身体健康,没有感染感冒病毒,也没有感冒症状。所有被试都同意接受病毒暴露。随机安排 24 名被试进入实验组,另 24 名被试则进入对照组。

研究方法:所有被试都接受含有 2 种感冒病毒(鼻病毒)的鼻滴液,即把含病毒的溶液滴入鼻腔。紧接着,实验组的被试要选择是否服用一种试验性的抗病毒药丸(其实是一种安慰剂),并被告之,如果服用了这个药丸,那么在实验结束的时候就要通过一根胃导管获取胃酸样本,实验组的被试均做了自己的选择。对照组的被试不需要做这样的选择,也不需要服用抗病毒药丸。然后,所有的被试都被隔离,每天进行病毒感染和感冒症状的监测。

研究结果:两组被试在病毒感染上没有差异,但是,实验组被试在感冒症状上远比对照组被试严重,两者具有显著性差异。

研究结论:动机冲突会造成心理应激;心理应激会加重感冒症状。

这个实验结果表明,实验组被试由于需要选择是否服用抗病毒药丸,如果服用了,也许就不会感冒,但是一旦服用就要接受令人痛苦的医疗程序(在胃里插入导管),选择是艰难的,因此,被试发生了强烈的动机冲突(趋避冲突),无论做哪种决定,他们都产生了心理应激。而对照组被试因为不需要做选择,所以没有产生心理应激。而心理应激又对感冒症状产生了影响。

执行决定阶段是指将行动计划付诸实现的过程。良好的意志品质影响执行阶段进程和最后的效果。执行决定阶段需要努力克服主观和客观困难。如果在执行原定计划时遇到障碍就半途而废,这是意志薄弱的表现。

五、意志品质

人的意志品质优劣各不相同,因此人们成就的事业各有差异。意志品质从差到优表现为一个连续变化的两极,不同人处于某个品质连续线上的某个位置。教师应该尽力培养、锻炼自己形成更优意志品质,这对于自己的本职工作以及其他工作都将产生有利影响。

(一)意志的自觉性

对行动目的有深刻认识,能自觉支配自己的行动,使之服从于活动目的人,就具备了良好意志自觉性。具有自觉性品质者,对行为目的有深刻认识,不随波逐流,不屈服于外界压力,能独立判断,独立采取决定和执行决定。与自觉性相反的是受暗示性和武断从事。易受暗示的人,遇事不独立思考,容易受别人影响,随波逐流。其中有些人虽然自己拿主意,但对问题不做深入细致分析,武断从事,遇到问题时容易动摇。

(二)意志的果断性

是指能否迅速、不失时机采取决定的品质。有人遇到机会能当机立断,不失时机,不是碰运气靠巧合,而是有强烈愿望,有深入思考,对机会特别敏感,善于观察,能够抓得住机会,就具备良好果断性品质。反之,有人即使有了机会,也认识不到,或者在机会面前优柔寡断,轻易错过,就不具备良好果断性品质。有人看似容易做决断,但抓的不是机会,而是鲁莽草率,条件不成熟不具备,不当断也乱断,也不是果断性品质。错失良机和胡乱决断都不是良好的果断性意志品质。

(三)意志的坚忍性

又叫毅力或顽强性,指坚持不懈地克服困难、永不退缩的品质。实现远大的目标,需要付出的努力多,需要花费的时间长,特别需要良好的坚忍性品质。遇到困难轻易放弃,有始无终,半途而废,都是意志坚忍性差的表现。

(四)意志的自制性

是指善于管理和控制自己情绪和行动的能力,又叫自制力。人的精力有限,要想达到一定目的,必须放弃许多妨碍特定目标的其他目标,或影响这一目标的其他活动,有所为必有所不为,这就具备了良好的自制性。经常被情绪左右,行为无法自控,预定的目的总是达不到,是缺乏良好意志自制性的表现。

六、意志训练

良好意志品质不是自然天成,需要后天学习、锻炼,特别是有意识自觉的自我锻炼和修养对于优秀意志品质形成至关重要。教师应该具备良好意志品质,需要平时注意加强自我锻炼和训练。

(一)从小事做起锻炼意志力

小事能反映一个人的意志,对天天发生的身边小事,要善于用来培养自己的意志。反观自身的弱点、缺点,坚持去克服它,从现在做起,持之以恒,能培养自己的意志品质。

(二)完成有一定难度又力所能及的任务

简单容易的任务,激不起克服困难的力量,没有锻炼意志的价值;过于困难的任务,无论如何努力也无法成功,则打击自信心,同样锻炼不了意志。有意识完成一些力所能及而又有一定难度的任务才能锻炼意志力。

(三)坚持参加体育锻炼,提高意志力品质

体育锻炼是锻炼意志品质的好方法,如长跑、爬山、游泳、足球、俯卧撑、跳绳、篮球、围棋等,都对培养人的意志力有良好效果。

(四)根据自身意志品质特点,设计相应锻炼方法

有人对苦累繁杂的工作能坚持完成,生病打针却怕得很,就要有意识地坚持完成打针疗程;有人吃苦耐劳,任劳却不任怨,受不得气,就要锻炼自己包容忍耐的功夫,提高意志力品质;有人在教学中刻苦努力,对生活细节却缺乏耐心,就要注重分配一定注意力和精力,在处理生活细节上下下工夫。培养意志品质,应因人而异地设计相应锻炼方法,克服自身弱点,成为具备优良意志品质的人。

(五)在集体活动中提高意志力

集体登山、野营、球赛、心理素质拓展等,可使体力弱者得到平时锻炼得不到的效果。集体的力量可以使一个人优良意志力品质提高得更快,甚至可以使一个弱者变成一个强者。

第二节 教师积极行动克服困难

无论是新教师还是老教师,在实际工作中必然会遇到各种困难。对待困难需要积极的态度和扎实的行动。教师积极行动克服困难的过程,就是成长的过程,就是蜕变升华的过程。

一、新教师职业适应问题

新教师走上工作岗位后,即面临职业适应问题。新教师职业适应是完成教育教学工作任务的前提。新教师在确立教师职业理想和目标后,就要学会从生理、心理、人际关系、知识技能等多个方面适应教师职业要求,为职业发展打下基础、创造条件。

(一)新教师职业适应中的心理状态

新教师刚走上教学岗位心情愉快,他们觉得自己的价值被社会承认,所学知识和技能将有用武之地,自己也由纯消费者变成了自食其力的劳动者。同时新教师也存在忧虑和不安:工作单位条件如何,如何迈好人生第一步,如何处理好人际关系,如何发挥特长干好本职工作。

同时,新教师走上工作岗位充满信心,对事业有钻劲和闯劲,但也存在自负心理。新教师认为自己学的专业知识和现代教育理论用来教育中小学生绰绰有余。初上课时,广泛搜集资料,恨不得把自己所知道的东西都传给学生。他们表现出的自信中带有些自负,习惯拿自己长处与别人的短处相比。

(二)新教师职业转变导致的心理冲突及其解决

从当学生到当教师,面临人生新起点,即将成为一个自食其力的社会人,新教师从前的

学生气会慢慢消逝,在事业上需要做好人生规划,学会和同事、学生一起进步,学会在实践中不断修正自己的错误。新教师最常见的心理冲突有如下两种。

1. 期望与现实的反差导致思想冲突产生失落感

新教师往往怀着美好愿望和要求,从学习过的学校走进另一所自己将成为教师的学校大门。当他们真正踏入现实生活,面对每天要自己处理的各种各样工作中必须解决的琐事,面对多层次复杂人际关系,面对晋升和竞争,这些往往与曾经憧憬的美好、富于理想色彩的新生活形成强烈反差。这种反差使他们产生失望、失落感,也使他们感到现实生活的艰难。当期望的理想新生活与现实差距造成心理落差时,若不敢正视现实,也不肯改变自己,就构成种种挫折事件,产生苦闷、厌倦、消沉情绪,直接影响新岗位的工作、生活和人际交往。

对此,新教师要正确认识理想与现实的矛盾,培养对新情况和复杂情况做出迅速正确反应的能力,正确认识自己的职业。对教师职业,人们赋予它许多光环。新教师对自己的职业适当产生荣誉感有利于增强对教育工作的热情和动力,但不宜过于理想化。要成为合格教师,更需要敬业、尽责,需要默默耕耘与付出。这样现实与理想产生落差时,内心才不至于过分起伏。

2. 理想自我与现实自我的差距产生焦虑、抑郁

每个人都有理想自我和现实自我,现实自我决定个体如何选择理想自我,而理想自我又给现实自我的发展提供指导和动力。现实自我是目前现实生活中个体的真实情况,即目前的心理、生理、社会等方面最真实的表现,包括目前别人眼中的我是什么样。它是个人在现实生活中获得的真实感觉。理想自我是个体期待自己是怎样的,即在个体自我概念中定位"我"应该是个什么样的人,"我"希望"我"是什么样的人,是自我定位的标准、目标。它是个人对自己应当"是"或"必须是"等的理想设计。

理想自我和现实自我的冲突,反映个人与社会的冲突。这个社会是我们所看到的现实存在,是全社会的人共同行为造成的结果。新教师参加工作之初,主要要反省自己不适应环境的方面,改变性格中的一些因素,适应社会,进一步使自己社会化。

现实自我与理想自我二者之间的差距,既是个体进步和完善的动力,也是新教师产生烦恼的重要根源。若现实自我和理想自我之间的差距短时间难以弥补,会导致一部分新教师产生自卑和自责情绪,或者沉溺于好高骛远、难以踏实做事的虚幻自信中。

合理解决现实自我和理想自我的差距带来的矛盾冲突心理,防止出现抑郁、焦虑等心理问题,需要新教师正确认识、全面客观评价自我,形成积极自我观念。作为教坛新手,既不目中无人,也不自惭形秽。应知道自己的"比较优势",增强对工作的信心。新教师对自己的知识水准、专业特长、能力特征、心理状态、情感特点等要有全面清醒的认识和评判。新教师也要正视自己的"相对弱势",在教学经验、教学常规与方法、班级管理经验、教研能力等方面,

肯定带有普遍性暂时弱势,新教师要把它看成工作潜能和上升空间,相信通过努力,能够尽快掌握与跨越,从教学技巧性和艺术性方面着力,努力缩短岗位"适应周期"。要尽快度过从学生到教师转变的"磨合期",更要时时提醒自己要以特有的敬业精神和真才实学来胜任教师这一职业。

(三)新教师职业适应中的自我调整

1. 按照教师职业规范要求,培养良好习惯

新教师要树立新形象,就要按照教师职业规范,尽快调整生活规律,培养好的生活习惯。新教师要尽快完成从学生到社会人的转换。一些看似不起眼的细节,会影响自己在学生和同事中的形象,不利于未来的职业发展。新教师要尽快改变自己过去当学生时的一些不良习惯与爱好,以一个称职教师的高标准来严格规范自己的言行举止和穿着打扮,时时、事事、处处在学生面前做好表率作用。

2. 正视压力危害,排解生理压力

就业形势严峻,爱好并考取一份教师职业相当不容易。新教师长时间说话,容易得职业病,诸如咽喉炎、声带小结、下肢肿胀、静脉曲张、慢性腰肌劳损和颈椎疾病。所以新教师从任职开始,就要合理调整作息时间,保证充足睡眠,注意饮食,使生活、学习、工作都能有规律进行;要掌控好工作节奏,劳逸结合,不要透支身体;要每周坚持运动锻炼两次以上;要学会宣泄,把不良情绪宣泄出来。

3. 树立角色意识,正视人际关系

角色意识在新教师教育观念中居于核心地位,支配着新教师的教育行为,对新教师的职业发展具有重要意义。新教师容易把事情看得简单化、理想化,对未来教师职业生涯充满憧憬,但难以适应新的人际环境,人际交往中遇到挫折时容易产生失落感。所以,新教师要根据现实环境情况调整自己的期望值,明确自己在职场中该扮演的角色,增强自己教师职业角色意识,真正了解自己该做什么、能做什么,该往哪个方面发展。在角色上新教师要从"别人教我"向"我教别人"转变。教学是科学、是技术,也是一门艺术,如何把自己的知识传授给学生、把握课堂内容的、维持的纪律、培养好的操作习惯,就涉及很多以前当学生时遇不到的新问题。比如很多想法或知识点并不能很好地表达出来,这就需要多向老教师学习。

人际关系良好是新教师职业成功的必要条件。与学生时期的人际关系相比,教师职业环境中的人际关系更加复杂、更需要技巧。新教师要扮演多种角色,在父母面前是儿女,在领导者面前是下属,在同行面前是同事,在学生面前是老师。新教师应该区分工作场合与生活场合、上级与父母、同事与朋友、学生与孩子,不能不分场合想说就说、想做就做。新教师到新的工作环境,要学会与人沟通,与领导、与同事、与学生有效沟通。新教师要在职场中低调做人,以礼貌、谦虚的方式赢得领导、同事和学生的好感。这对建立并保持良好人际关系,对以后的成功和发展,具有重要意义。人际沟通需要新教师去努力学习和经营。

4. 完善知识结构,提高职业技能

新教师要通过不断学习,用知识丰富头脑,不知则问,不能则学。既要有精深的教育教学专门知识,又要有广博的教育事业发展所需要的合理知识体系。要防止知识面过窄,要专博相济,一专多通。

新教师应具备教师职业技能。教师职业技能是建立在对专业知识的进一步应用和理解基础上的,只有将合理的知识结构和适应社会需要的各种能力统一起来,才能在职场上立于不败之地。新教师职业技能的提升,最有效的措施是结合自己的专业知识,不断加强教育教学实践锻炼。

5. 重视通用技能,提升职业素养

通用技能是人们在学习、工作等环境中培养出来的可迁移的、从事任何职业都必不可少的跨职业技能。通用技能可提高人们工作效率及灵活性、适应性和机动性,是个人获得就业机会、事业发展的重要保障。通用技能又是一种可转换的能力,它随个体工作的变化而同时被迁移到新的工作当中,并产生功效。通用技能是个体对环境的适应能力以及学习能力、表达沟通能力、人际交往能力、团队合作能力的综合体现,这种综合技能既是个体顺利就业的基本前提,也是个体在工作过程中与他人友好相处、充分利用工作资源、保持持续劳动力、获取更大竞争优势、有效维持就业的前提,更是个体在必要时重新获得就业的保证。教师不仅要有专业技能,也要有跟人交往沟通的能力,要有学习的能力、团队合作的能力等。

从终身发展的视角看,面对教师职业,新教师具备积极的人生态度、明确的生活目标、远大的理想抱负、坚定的信念、积极的自我体验、恰当的自尊自爱、合理的自我克制,都是适应新职业和终身健康发展与成长的保证。

二、教师职业倦怠及其克服

21世纪以来,社会对教师的期望值不断攀高,教师个体的职业倦怠日益凸现出来。有调查文章指出,某地区多名中小学教师在寒假期间向学校递交辞职信,毅然离开"三尺讲台",去谋求其他职业。这些教师当中,以优秀骨干教师居多。文章指出,造成这种现象的原因是教师对教育这一职业产生了倦怠感。

20世纪70年代,美国学者费登伯格(H. J. Freudenberger)在研究职业压力时提出职业倦怠的概念。"职业倦怠"是指由于教师长期工作在压力情境下,工作中持续的疲劳及在与他人相处中各种矛盾、冲突而引起的挫折感加剧,最终导致情绪、认知、行为等方面表现出精疲力竭、麻木不仁的高度精神疲劳和紧张状态。尤其当一个人在社会期望值、个体内在的期望值过高而客观实际又达不到预期目标的情况下，更容易产生失望情绪和疲惫心态，表现为生活乏味感、事业失望感、精神疲惫感、认知冲突感等。

产生职业倦怠的教师常具有一些共同性格特点，如完美主义、目标取向、对自身要求过高等。这些个性品质会影响到教师对工作和压力的评估和认识，容易引发内心挫折感，导致职业倦怠甚至心理枯竭。

（一）职业倦怠表现

教师职业倦怠的典型症状是工作满意度低、工作热情和兴趣丧失以及情感疏离和冷漠。教师职业倦怠可以表现在心理、生理和行为三个方面。

1. 生理表现

职业倦怠的生理表现为身体长期处于"亚健康状态"，食欲缺乏、睡眠质量下降、活动力缺乏，严重的会出现嗜睡或者失眠、食欲缺乏甚至呕吐情况；有的已经出现一些慢性疾病或者其他疾病征兆，比如多汗、心跳过速过缓、内分泌失调等。经常产生疲劳感，有喉咙嘶哑、背痛、头晕，以致全身酸疼，内分泌功能紊乱、血压升高等多种生理现象。女教师会出现生理紊乱、月经失调等。

2. 心理表现

在认知方面，注意力分散、记忆力下降、精神恍惚，感到工作没有意义，没有价值，将其看作是枯燥机械重复的琐碎事务，觉得前途暗淡，没有希望。在情绪情感方面常表现为焦躁不安、紧张、萎靡不振，效能感降低，猜疑、自责等，对工作失去兴趣，厌倦，情绪波动大，经常感觉抑郁、焦虑和烦恼等。在意志方面，在工作中碰到困难就躲闪，不愿钻研。在自我感觉方面，个人成就感降低，持续忧虑，高度警觉，过分担心安全，对未来担忧，还会出现时间知觉失调、劳逸控制失调情况。

3. 职业行为表现

工作缺乏激情，消极敷衍，丧失职业理想，无成功追求，安于现状，不思进取，得过且过，工作效率降低，行动迟缓，甚至出现机能性工作障碍；去人性化，失去爱心、耐心，疏远学生；备课讲课不认真，教学失去创造性，情绪过敏，反应过度，对学生简单粗暴或置之不理。无视学校规章制度，迟到早退；害怕或者故意避免参与竞争，没有竞争热情；逐渐失去工作乐趣，对办公场所有强烈排斥感甚至恐惧感；对工作任务产生本能厌倦，对业务指标缺乏动力；撰写业务学习笔记时敷衍了事；不种好自己的责任田，乐意办有偿培训班；对待绩效考核，毫不在乎；决策技能降低；信息处理能力下降；等等。

(二)职业倦怠原因

教师职业倦怠的产生,主要是由于单调的工作环境导致教师感觉不到创新,过重的工作负担导致教师感受不到激情,无边的精神压力让教师身心疲惫。

1. 工作单调导致职业倦怠

一般来说,工作十年左右的教师,容易产生职业冷漠感。太有规律的工作、按部就班的生活,可能熄灭一个人的激情。语文教师将同一篇课文讲了无数遍,感觉乏味无奈。对生活富有激情的内心追求与客观情况的差异,会引起人的矛盾心理,产生对职业的反抗情绪,导致拒绝感与平淡感的消极心理发生。

一所学校能取得突出成绩的教师是少数,大多数教师努力工作,但讲优质课、受到上级表彰的机会较少。许多教师看到这一点,认为搞好自己的本职工作就行,得过且过。由于自身价值很难有机会得到最大限度体现,许多人丧失了刚参加工作时的激情和理想,不再有更高成功追求。

2. 过重工作负担导致职业倦怠

教书育人是教师的天职,从事教育教学研究也是教师分内的事。教师备课、教学、批改作业、辅导差生、讲公开课、办理学生保险、代收各类费用、整理迎检档案、分发学生牛奶、对家长进行培训、参加文体竞赛等,教育教学分内分外的事务都必须去做,工作负担沉重。

3. 无形的精神压力导致职业倦怠

对教师职业角色错位的认识和要求导致教师职业倦怠。教师的本质职业角色是组织、交流、激发、管理、改革、指导、示范、辅导、科研,现实中却被拔高或错位成先知、圣人、法官、侦探、保姆、骗子、告密者、替罪羊等各种角色。

应试教育的现实导致教师精神压力大。对教育教学质量的评价方式仍然是以学生卷面分数论英雄。学生分数与教师的众多利益挂钩,如绩效工资、职称晋升、评优表模等。中考和高考的升学压力,导致为了综合指数和名次,教师不得不加班加点,师生都苦不堪言。

管教学生困难导致教师职业倦怠。学生问题多,家长要求苛刻,社会压力大,教师长期工作在精神紧张之中。

教师工作评价体系也往往造成教师内心矛盾冲突。基础教育从一定意义上已经异化为升学教育,学生分数成为评价教师相当重要的指标,学生良知养育、人格熏陶、责任感培养等指标,很难进入对教师的评价系统,这会给教师心灵造成深层沉重伤害。素质教育评价体系与中高考实际之间的矛盾差异,教育本质属性的规定性与广大家长的客观评价标准之间的矛盾差异,学校管理者对教师的评价与教育本身的价值标准之间的矛盾差异,大多是很难调和的,这会扼杀教师主观能动性和积极创造性,使教师自我价值感丧失,教师合理个性得不到尊重,教师产生对所从事职业的倦怠就在所难免。

应当指出,职业倦怠更容易发生在某些类型教师身上。教师自身的不良性格容易导致职业倦怠发生。教师的责任感与使命感、自信与自卑、压力与困惑等心理感受,是每一位教师都会遇到的心理现象,这些心理感受因人而异。那些整天忙于工作,无暇充实自己的生活,以及性格内向,不愿与人交流,内心焦虑、孤独寂寞无法排遣的教师,更容易成为职业倦怠的高危人群。

(三) 职业倦怠影响

教师职业倦怠会给工作带来负面影响,对学生个性发展产生消极影响。美国教育协会(NEA)主席麦克古瑞(W. Mc. Guire)感叹"一个重大的新的疾病正在折磨着教学职业","倦怠的感觉正打击着无数具有爱心、有理想、乐于奉献的教师",并预言,"如果不能有效地纠正,那么就会达到流行的程度"。学生是教师倦怠结果的最终受害者,由于倦怠的产生,教师会从感情上远离学生,从心理上疏远学生,对学生冷漠、厌倦,实行"放羊式"教育,有的甚至视学生为宣泄对象,动辄责怪、迁怒,用粗暴体罚、急躁情绪和行为等来对待学生。他们的心情及对生活的态度都会在潜移默化中影响学生,倦怠的教师会源源不断地制造出心理不健康的学生。

教师职业倦怠的不良影响有下列表现。

1. 教学效果下降

教师身心疲劳过度,对学生的观察、教育能力在无形中降低,对学生的心理援助、管理指导等精神维持能力也会随之变得低下,随之而来的是教育、教学方法不灵活或出现失常,在工作上变得机械,工作效率低,工作能力下降,最终导致教学质量降低。

2. 人际关系紧张

教师职业倦怠导致教师在人际关系上变得疏离、退缩,摩擦增多,情绪充满忧郁和攻击性。有些教师使用粗暴体罚对待学生,这是身心疲倦、压力增大后产生的"危险信号",有时会给学生带来难以弥补的伤害。这种情况极有可能影响到更多人际关系——教师之间、师生之间、上下级之间甚至与家人子女之间的关系。

3. 造成自我身心伤害

教师职业倦怠造成教师心理障碍和心理疾病,轻则导致消极态度和情绪表现明显,重则不良心理状态引起神经衰弱,或因不堪压力而导致精神崩溃,最终直接影响自己的身心健康。

4. 导致教师辞职

教师职业倦怠严重影响教师队伍的稳定和国家教育事业及整个社会的发展。

【拓展阅读】

中学教师服毒自杀

2012年4月28日6时50分,河北省馆陶县第一中学教师赵鹏被同事发现俯卧在该校化云楼一楼北办公室的地上,身旁有敌敌畏农药瓶。该校迅速拨打县医院急救中心电话,经县医院急救中心医生检查,确认赵鹏已经死亡。

经馆陶县公安局侦察,赵鹏系服农药自杀。该教师生前与校领导、同事、学生关系融洽,各方面表现均正常。经调查,自杀原因主要是生活压力过大,心理负担过重。

据馆陶县教育局办公室负责人介绍,死者赵鹏,男,1982年出生,黑龙江省人,2006年6月毕业于哈尔滨师范大学绥化分院,同年8月自愿签约到省级贫困县馆陶县第一中学工作。生前任高三A部四班班主任。

(四)克服职业倦怠

教师职业倦怠导致教师教学没有激情,工作没有创新,精神萎靡不振,对待任务敷衍了事,直接影响学生的健康成长,影响教育教学效果。要解决教师职业倦怠问题,需要多种努力。

1. 教师正确认识职业倦怠,加强个性修养

教师应意识到职业倦怠并不是在一生中只发生一次的现象,它可能一次又一次地潜入我们的生命。如果我们学着识别自身职业倦怠的症状,并在危害产生之前捕捉到它,那么我们就能主动及时调整,尽快恢复平衡。教师应以乐观态度看待职业倦怠,正确认识倦怠的各种症状,及早解决问题。一个理智的教师应随时改进自己的态度与行为,了解自己的能力、性格、兴趣及弱点,在教育教学工作中,注意扬长避短,克服不足。

2. 坚持正确的信念和职业理想

产生职业倦怠后,教师要及时调整心态,树立人生目标。老教师需要给自己的人生确定新目标,把教育当作事业来做,要相信自己的职业是光荣的,同时也是繁重清苦的。具备了高度事业心和责任感,全心投入教育事业,这一职业的许多困难会逐步解决和克服。坚定正确的教育观念和积极的教师信念,培养对学生无私而理智的爱与宽容精神,对防止教师职业倦怠至关重要。

3. 自我反省,建立合理的职业期望

教师应了解自己的事业伟大又平凡,承认自己是一个平凡的人,有七情六欲、喜怒哀乐,不因自己的现状与预期目标相差太大而产生理想幻灭。只有了解自己的优缺点,才能使教师消除事业上的迷思,做一个真实的人。教师对学生的期望要合理,成长中的受教育者存有

各种缺点,要无条件热爱学生,用发展的眼光看学生,这有助于师生关系改善,也有益于师生心理健康。

4. 善于调节心理状态,增强教师角色适应能力

教师需要培养对人的兴趣,乐于合群,积极参加学校、教研室或学生的集体活动,与学生、同事、领导和家长友好交往,建立和保持协调的人际关系。

5. 坚持进行适宜的体育锻炼

体育锻炼可以帮助教师明显减轻倦怠,一方面体育锻炼使身体健壮,精力充沛,应付能力增强;另一方面,锻炼可提供难得的"空闲"机会。体育锻炼应有规律和持之以恒。

6. 寻求支持

教师产生职业倦怠,可以与家人亲友或知心朋友一起讨论目前的状况,舒缓不适应状态。在无力解决自己因职业倦怠而引发的心理问题时,及时求助于心理专家进行咨询、诊断与治疗。

由上可见,职业倦怠来自于个人、组织与社会等多个方面。教师应清醒地认识到倦怠是源于自己的工作和处境,应努力提高自己的处理能力,以开放的态度学习新策略以便应对将来可能遇到的新倦怠,把及时处理倦怠、良好地适应职业环境培养成自己良好个性特征中的一个方面。

第三节 教师挫折与正确对待

人生在世,挫折磨难司空见惯。教师在职业生涯中也会遇到各种挫折磨难。挫折磨难客观存在,无法回避,也不能免除。如何面对和应对挫折,是对教师心理素质、应对能力的考验。采取逃避的方式无法解决问题;采用幻想的方式无助于问题解决;当没有采取克服困难的多种有效尝试就进行"合理化"解释,是一种错误的自我安慰;自责偶尔会促进问题解决,过多则会伤害自己。直面挫折,努力行动,适当求助寻求外援,是克服挫折的有效行为方式。

【拓展阅读】

英国劳埃德保险公司曾从拍卖市场买下一艘船,这艘船1894年下水,在大西洋上曾138次遭遇冰山、116次触礁、13次起火、207次被风暴扭断桅杆,然而它从没有沉没过。

劳埃德保险公司基于它不可思议的经历及在保费方面带来的可观收益,最后决定把它从荷兰买回来捐给国家。现在这艘船就停泊在英国萨伦港的国家船舶博物馆里。

不过,使这艘船名扬天下的却是一名来此观光的律师。当时,他刚打输了一场官司,委托人也于不久前自杀了。尽管这不是他的第一次失败辩护,也不是他遇到的第一例自杀事件,然而,每当遇到这样的事情,他总有一种负罪感。他不知该怎样安慰这些在生意场上遭受了不幸的人。

当他在萨伦船舶博物馆看到这艘船时,忽然有一种想法,为什么不让他们来参观参观这艘船呢?于是,他就把这艘船的历史抄下来和这艘船的照片一起挂在他的律师事务所里,每当商界的委托人请他辩护,无论输赢,他都建议他们去看看这艘船。

它使我们知道:在大海上航行的船没有不带伤的。

一、什么是挫折

挫折是人们在某种动机推动下所要达到的目标受到阻碍,因无法克服而产生的紧张状态与情绪反应。

人的行为总是从一定的动机出发,经过努力达到一定的目标。如果在实现目标过程中碰到困难,遇到障碍,目标难以达成,就产生了挫折。

(一)挫折产生的条件

1. 有动机和目标。
2. 有满足动机、达到目标的手段或行动。
3. 有挫折情境。
4. 对阻碍造成的挫折有所知觉。
5. 对挫折的知觉与体验产生了紧张状态与情绪反应。

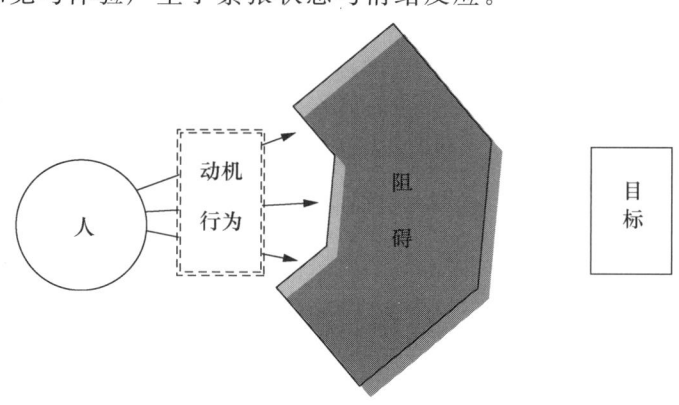

图6-2 挫折情境:目标未达成

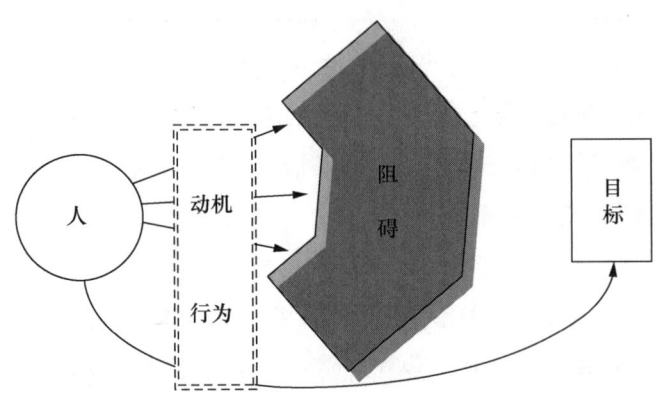

图 6-3　非挫折情境:虽然有阻碍,目标仍然达成

(二)挫折的来源

在现实生活中,由于自然灾害或社会、个人条件限制等原因,人们随时可能遇到大小、轻重不同的挫折。挫折是人生道路上的正常现象,几乎每个人都无法避免。

挫折产生的原因是多方面的,概括起来有内在原因和外在原因两个方面。外在原因包括自然、社会、家庭、学校等因素,内在原因主要指个人身体和心理因素。外在原因通常难以控制,内在原因则多数可以控制。所以要战胜挫折,首先要寻求自身的改变,也要学会去寻求帮助。

(三)挫折耐受力

挫折耐受力是个体遭遇挫折情境时,能摆脱困扰、避免心理与行为失常的能力,即个体经得起打击或挫折的能力。挫折耐受力强弱可比较如下,见表6-1。

表 6-1　挫折耐受力比较

挫折耐受力强	挫折耐受力弱
身体强壮	身体病弱
神经强型	神经弱型
神经强而均衡	神经强而不均衡
经历磨炼　饱经风霜	受到保护　少受挫折
良好教育　学会处理	缺乏爱抚　挫折连连

二、挫折反应

人遭遇挫折后会产生各种各样的反应。这些反应表现在生理、心理和行为等多方面。严重挫折会导致人在生理上出现:血压升高、心跳加快,诱发心血管疾病;胃酸分泌变化,导致溃疡、胃穿孔等;在情绪上表现抑郁、消极、愤懑;反常行为。

(一)挫折假说

1. 挫折—倒退假说认为,人遇到挫折会以退缩式反应来适应挫折境遇。即个体遭受挫折后,丧失追求目标的动机,对挫折情境以较幼稚的依赖行为来应对困境。表现形式有如下几种。

(1)冷漠。即个体对挫折情境漠不关心。长期遭受挫折,挫折情境表明已无希望,以往体验过的攻击无效,或因攻击而招致更多的痛苦等,故表现出冷漠。

(2)幻想。即个体遭受挫折后企图以自己想象的虚构情境来应对挫折,借以脱离现实。白日梦就是常见的幻想之一。

(3)倒退(或退化)。个体遭受挫折后表现出与自己年龄不相称的幼稚行为,似乎倒退回到原来较低的心理发展水平。遭受挫折时有人蒙头大睡、装病不起,女性受挫爱啼哭,或跑回娘家等,均属正常人的幼稚退化行为。神经症和精神病患者也有倒退行为,如癔症患者可退化到婴儿期,表现为"童样痴呆";疑病患者以为自己有"病"就可以得到其他人的帮助,甚至可以像儿童依赖父母那样依赖别人;精神分裂症患者的退化甚至可倒退到"子宫内生活"状态。

(4)受暗示性,即个体遭受挫折后易感性增强,容易盲目相信别人,盲从执行某人的指令等。

2. 挫折—攻击假说(J.多拉德,N.米勒,等,1939)认为,挫折与攻击行为之间具有一种内在因果关系——挫折导致某种形式的攻击行为,攻击行为的产生总是以某种形式的挫折存在为先决条件。该假说将挫折定义为"目标反应的受阻"。至于挫折在多大程度上引起攻击行为,则取决于四个因素:反应受阻引起的驱动力水平;挫折的程度;挫折的累积效应;攻击反应可能受惩罚的程度。

1941年N.米勒对该假说进行修订,认为挫折可以导致一系列不同反应,其中之一便是攻击行为的产生。

3. 挫折—固执假说认为,个体遭受挫折后反复进行某种无效的动作,即无效的机械动作或称固执行为。这些行为、动作具有呆板性、强制性和无效性。心理学家隋勒对大学生的研究表明,大学生受到轻度挫折后,原有行为凝固化,学习新问题能力大为降低。人们处于惊慌失措状态时,常表现出固执行为。如看见自家失火,光拍大腿而不知去灭火。患有强迫性神经症(如洁癖)就是病态固执行为的典型。对这种固执行为如予以惩罚,不但不会改变,反而会更加严重,惩罚可能成为挫折的原因,从而产生更固执的行为。故在使用惩罚手段时要特别谨慎,否则会产生反效果。

（二）挫折的反应

个体对挫折的反应表现在三方面，即情绪性反应、理智性反应和个性的变化。

情绪性反应——表现为强烈的内心体验或特定的行为反应，如冷漠、退化、固执等。

理智性反应——意志行动的表现，审时度势，积极进取，勇往直前，坚定不移地朝向目标。

个性的变化——持续或重大挫折甚至能使挫折反应固定下来，形成习惯和个性特点，影响个性的形成发展。

三、挫折的心理防卫

心理防卫机制是相当普遍的心理现象。"不如意事常八九"，人总会遇到各种挫折，产生情绪焦虑、紧张和不安。许多方法可使我们心理不受和少受伤害，从而能正常适应和应对生活。人们可以采取行动去积极解决问题，有时也免不了消极暂时躲避，或退行为较幼稚的方式去应付，由此把个体与现实的关系稍做修正，使个体较易接受心理挫折，不至于引起情绪过分痛苦与不安。心理防卫机制属于心理适应性反应，这种反应典型地采用习惯性和潜意识的方式，以消除或降低人的内心焦虑、罪恶感，找回失去的自尊心。这种心理防卫机制，大都是在潜意识中进行的，是当事人在不知不觉中使用的。

（一）心理防卫机制的表现

1. 认同（identification，又称表同或自居作用）

指个体无意识地将某一客体的某些方面或属性同化的心理过程。弗洛伊德提到五种类型的认同。

（1）梦认同。梦中凝缩机制的一种，主体的自我通过梦认同在显梦中用他人的意象来表达自己。弗洛伊德认为，每一个梦都涉及做梦者自己，梦完全是利己主义的。只要梦中出现的不是我自己的自我，而是一个陌生人，可断定，"我"的自我必定以认同作用隐藏在这个人的背后，从而使"我"的自我能插入梦的前后关系中。在另一些梦中，如果"我"的自我确实出现于梦中，必有另一个人利用了认同作用隐藏在"我"的自我背后。简单说来，梦中的人物应该都是做梦者自己。

（2）癔症性认同。主体同化客体的特性或表征，表达出源自潜意识中共同因素的相似性，这种同化是功能性的和病理性的。比如，关于癔症患者的肌肉强直问题，弗洛伊德认为这种症状的发生是患者和某个死去的人产生认同的结果。认同作用能使癔症病人在症状中不仅表示自己的体验，而且也能表现其他许多人的体验。癔症患者仿佛能感受一大群人的痛苦，独自一人扮演很多角色。一个癔症女患者最容易出现的症状是认同与她发生过性关系的男人或者是与自己一样与同一个男人发生过性关系的其他女人。

(3)原始性认同。这是存在任何客体关系前,原始的、初级的对客体的情感依附(emotional attachment)。例如婴儿刚出生时还不能区分自己与外部世界,对父母依恋,把父母体验为自己的一部分,在这一过程中无意识地接纳父母的特征。

(4)自恋(次级)认同。当抛弃客体或丧失客体后,通过内投射客体的方式退行性地替换被抛弃的客体,例如当婴儿看不见母亲时,将母亲的形象内化并不断幻想母亲的形象,这种认同对自我与超我的形成有重要意义。

(5)部分性(次级)认同。这种认同基于对某一特质的知觉而不依赖客体关系,例如对邻居的男孩具有强壮肌肉的认同,或者是由于某一群人喜欢同一种音乐,而对他人认同,由于人们能互相认同,促进了个体的社会生活。部分性认同是一种对集体的形成有重要意义的机制,有助于独特个性的发展和自我的形成。

2. 折中

折中是指对同一件事不同人产生矛盾对立不同意见时,决策人通过采取折中调和的办法,避免厚此薄彼引起挫折的心理防卫方式。

3. 幽默

是指以幽默的语言或行为来应付紧张的情境或表达潜意识的欲望。用幽默的方式来表达攻击性或性欲望或牢骚不满,可以不必担心自我或超我的抵制。人类的幽默中关于性爱、死亡、淘汰、攻击等话题包含着大量的受压抑潜意识动机。

4. 逃避

逃避机制是指个人不敢面对自己预感的挫折情景,而逃到比较安全的地方的心理防卫机制,包括三种形式。一是逃向另一现实。例如回避自己没有把握的工作,而埋头于与工作无关的嗜好或娱乐,以排除心理上的焦虑。二是从现实困境撤退,而逃到幻想的自由世界,如此不但能避免痛苦,还可以使许多欲望获得满足。这虽能暂时减轻紧张与不安,但超过一定程度,则幻想与现实无法分清,反增添了适应现实的困难。三是逃向生理疾病。例如学生害怕考试失败,竟在考试当天发烧;士兵患战争神经症以及神经性视盲、神经性失声等。个人藉生理上某种机能的障碍以避免困难,这种疾病的产生往往是无意识的,与假病不同。

5. 反向作用

反向作用是指将意识不能接受的心理内容压抑进潜意识,并以相反的外显行为体现出来。外显行为与内部动机成反比。反向行为是一种压抑过程,是一种无意识行为,即反向者对自己的所作所为毫无知觉。

6. 否定

否定是最原始、最简单的防御机制,意志薄弱而知识结构单纯的人常使用这种机制,拒绝承认不愉快的现实而保护自我。否定不是忘却,而是扭曲。像"眼不见心不烦""这不是真的"都是一种无意识的否定。

否定分两种:拒绝感受现实,表现为主体不感受、拒绝面对现实;扭曲感受现实,表现为主体对客体扭曲感受、错误面对现实。

心理学家拉扎勒斯(Lazarus)在对即将动手术的病人所作的研究中发现,使用否认并坚持一些错觉的人,会比那些坚持知道手术一切实情、精确估算愈后情形的人复原得好。因此,拉扎勒斯认为"否认"(拒绝面对现实)和错觉(对现象有错误的信念)对某些人在某些情况下是有益健康的。但 Lazarus 也指出,否认与错觉并不适用于每一种情况(例如,有些妇女拒绝承认她们的乳房有硬块可能是癌症的预兆而延迟就医)。不过在无能为力的情况时,否认与错觉仍不失为有效的适应方式。

7. 压抑

压抑是把意识不能接受的冲动、情绪、记忆等心理活动抑制到潜意识中去。压抑是心理防卫机制的基础和最基本的方法。压抑分两种:一种是有意识地抑制自己认为不应该存在的欲望和行为;另一种是本人不知不觉地无意识压抑,将意识中某些不利于自己的心理内容抑制在潜意识中。后者是经典的压抑作用形式,有时称为"潜抑"。人幼年时的经验和许多无意识体验,到成年时期常常无法回忆,这是压抑作用的结果。埋藏思想深处的无意识内容,人们可以在梦境中或通过催眠、精神分析方法加以诱导而表露出来。动机性遗忘(motivated forgetting)和有目的地遗忘(purposeful forgetting)是压抑现象,与因时间久远自然忘却不同。

主动压抑是有用的心理调节功能。如激怒是一种正常的情感活动,但是经常激怒,可导致反社会言行,必须通过有意识压抑加以调整。

一般来说,压抑的结果可减轻主体的某些焦虑,获得暂时心理安全感,但被压制的欲望并不因此而消失,而是深埋于个体潜意识里,一有机会便会崩发。所以,压抑情绪并不能真正解决问题,如果多次压抑,超过挫折容忍力,可能导致心理失常或心理疾病,影响个人性格健全发展。

【案例分析】

某女与小强交往了三年,订婚前夕,忽然小强变心了。母亲知道女儿十分爱小强,担心她想不开,就好言安慰她,哪知女儿说:"小强是谁?你能不能告诉我到底发生了什么事情?我和他是什么关系?为什么我一点也想不起来?"女儿所用的防御方式就是压抑。

> 李校长爱车如命,妻子常取笑他将自己的汽车当作了儿子。一天,当他在赶往教育局参加会议时,他的车子被尾随的货车碰撞了一下。当时李校长只是下车随便望望被撞毁的车尾部分,便冷静地匆忙与对方交换电话,在抄下对方的车牌后,马上开车驶往教育局,再集中精神构思在会上个人要作的重要陈词。撞车时间是8:32,28分钟后会议就要开始,而重要的事情亦亟待决定。李校长对自己的汽车被撞一反常态的表现,只是因为他采用了压抑防御机制。
>
> 一位中年妇女的独生女于18岁时死于车祸,事情发生在10月份。当时她非常痛苦,经过一段时间以后,她把这不堪忍受的情绪抑制、存放到潜意识中去,"遗忘"了。可以说感情留在意识之中,而认知却被忽视了。这些潜意识中的记忆不知不觉影响她的情绪,果然她每年10月份均会出现自发抑郁情绪,自己不知道为什么,药物治疗也无效。

8. 仪式与抵消

用象征式的事情和行动来尝试抵消引起内心焦虑的事件。抵消作用不是用来弥补已经发生了的事实,而是用来抵消自己内心的罪恶感或自己以为邪恶的念头。健康人常使用此法以解除其罪恶感、内疚感和维持良好的人际关系。

有些心理疾病,是由此机制的过度使用而造成。有一名因自卫不慎杀死人的中年女性,患有强迫洗手症,每天洗手二十多次,每次洗手时间二十多分钟,其手部皮肤近乎溃烂。后发现其强迫洗手症是来自她不慎杀人引发的罪恶感。她认为她的双手沾满血腥,是污秽肮脏的,因此,她无法控制自己不断想洗手的念头与行为(事实上她想洗去的是自己的内疚),她以洗手来减轻内心的罪恶感。

9. 攻击

一个人受到挫折后,产生强烈的敌视心理和愤怒情绪,为发泄不满情绪,在言行上表现出对抗性或破坏性的行为反应,这就是攻击机制的作用。攻击可分为直接攻击和转向攻击。直接攻击是个体受挫后,把攻击矛头直接指向造成其挫折的人或物。个体在生命早期经常采取这种攻击方式以应付挫折环境。在文明社会里,这种攻击方式不为社会团体或组织所允许,而且事实上也不能达到解决问题的目的,甚至出现更加严重的后果。因此,个人在受挫后,就会有变相攻击方式出现,这就是转向攻击。转向攻击表现有三种:一是"迁怒",这是一种攻击转移,指个人发现引起挫折的真正对象不能攻击,就将愤怒情绪发泄到其他人或物上去;二是"无名烦恼",指挫折来源不明,没有明显的对象可以攻击,或者受挫者不知如何攻击,而使情绪陷入低潮状态;三是"自罪",指对自己缺乏信心或悲观者,经常将攻击对象转向自己,责备自己。攻击行为作为一种心理防卫机制,如采用口头方式,发发牢骚、出出怨气,来降低思想压力,恢复心理平衡,可能不会出大问题;如果以非理智冲动行为,即以暴力施加于人,虽痛快一时,但必然造成严重后果,破坏性很大。

转向攻击又称为替罪羊现象,也叫"踢猫效应",如对上级的愤怒和不满情绪,在家中对亲人发泄出来。有位被上司责备的男士回家后因情绪不佳,借题发挥骂了太太一顿,太太莫名其妙挨了丈夫骂,心里不愉快,刚好小孩在旁边吵,就顺手给了他一巴掌,儿子挨了巴掌,满腔怒火地走开,正好遇上家中小猫向他走来,就顺势踢了猫一脚。

10. 合理化

当个体行为未达到设定目标,或不符合社会价值标准时,为减少和免除因挫折而产生的焦虑和痛苦,保护自尊,就以种种理由或借口替自己辩护,这就是合理化心理防卫方式。这些理由和借口未必真实,在别人看来往往不合逻辑甚至可笑,当事者本人却能以此说服自己,感到心安理得。常有以下几种表现形式。

(1)酸葡萄心理。个体追求某一目标失败,便将目标贬低,说其"不值得"追求,以此安慰自己,缓解焦虑,以恢复心理平衡。酸葡萄心理源自《伊索寓言》故事:一只狐狸看到一串甜熟的葡萄,馋涎欲滴,但葡萄架太高,三跃而不得,为维护自己面子,它就对旁边的动物说:"这葡萄是酸的,我才不想吃它呢!"

(2)甜柠檬心理。不说自己想得到而得不到的东西好,却百般强调自己得到的东西好,借此减轻内心失望与痛苦。源自《伊索寓言》故事:一只狐狸原想找些可口的食物,遍觅不着,只找到一只酸柠檬,本是实在不得已而为的事,但它却说:"这只柠檬是甜的,正是我想吃的。"

(3)推诿。指将个人受挫的原因归咎于自身以外的原因,以摆脱内疚的适应方式。项羽战败,慨叹"天亡我也,非战之过";老师体罚学生,说"爱之深,责之切",都是推诿的表现。

(4)援例。引用某些事实为据,以佐证自己行为的合理性,或在认知上使不合法行为合法化,以解脱面临困境,减轻自己因过失、违法产生的内心焦虑和罪疚感。战士违反纪律班长批评他,他就说是因为看见别人都这样做,他才跟着做的。援例的防卫方式主要是把自己的行为同别人比较,进而强调既然别人可以这样做,自己也可以这样做,至于别人的行为是否构成过失、违法,则不深究。这些理由虽然具有自欺欺人的味道,但能使个人的心理暂时保持安全,具有一定的减轻心理紧张和痛苦的作用。

合理化心理防卫方式是一种表面化的处理方式,产生一种为生活需要的虚张心理平衡,以对抗舆论压力,当事人其实心中仍耿耿于怀。如果这种心理防卫方式成为一个人应对挫折的习惯化了的反应方式,则会增长人的惰性,成为进步的障碍。

11. 隔离

将一些不愉快的事实、情景或情感分隔于意识之外,不让自己意识到,以免引起心理上的尴尬、不愉快或焦虑。隔离的是整个事情中的一部分,不一定是全部事实。最常被隔离的是与事实相关的个人感觉部分,因为此种感觉易引起焦虑与不安。通过这种隔离,当事人使自己相信什么也没有发生,也无需因此做什么。此时,那些不愉快的情景并不是被遗忘了,而只是与该情景有关的联系被阻断了。在心理治疗中,治疗师对病人的反移情有时候是以情感隔离(isolation of affect)的形式表现出来的。女性来月经很多人都说成"来例假"或者说"大姨妈来了";人死了叫"仙逝""归天""长眠";把"厕所"说成"上 1 号"或"去唱歌";恋人不说"我爱你",而改用"I Love you"代替;笑着说一件伤心的事(这是内容与情绪的隔离),这些都是隔离现象。

12. 理想化

理想化是当事人对某些人或某些事与物作了过高评价。这种高估的态度,很容易将事实的真相扭曲和美化,以致脱离现实。它是指将与客体有关的矛盾情感分割成绝对好与完全坏的两部分,然后只对好的一部分做出进一步的加工处理。理想化需要三个条件:一是构建一个理想的、完美的客体;二是将这种构建具体化;三是忽略/否认这种理想化的存在。

例如,一位年轻男老师常在朋友面前称赞自己的女朋友貌若天仙,以致大家都渴望早日见见他口中的美人。当大伙儿一同去旅行时,男老师手牵着一位又矮又瘦、相貌极为平凡的女士出现了。当他热烈地向众人介绍那位女士就是他女朋友时,每个人都失望了。

13. 分裂

有些人在生活中的行为表现,时常出现矛盾与不协调的情况,甚或同一时期在不同环境或生活范围,也会有十分矛盾拧巴的行为出现。在心理分析中,我们可以说他们是将意识割裂为二,在采用分裂防卫机制。

例如,康先生富甲一方,是一位社会知名慈善家。他妻子和三位成年儿女都常常在朋友面前称赞他是一位难得的慈父,品德情操令他们景仰。但是他工作中对自己下属十分苛刻,冷酷无情,人人都批评他是刻薄成家。在商场上他更是投机取巧,唯利是图,绝无道义可言。康先生并非虚伪,只是在生活工作中采取了分裂机制。

14. 替代

替代机制是指当个人对某一对象所持有的动机、感情与态度,将不为社会所接受,或自忖将遇到困难时,将此种感情与态度转向其他对象以取代之的行为方式。它包括两种方式,升华与补偿。

(1) 升华。本能冲动和欲望不能被意识接受和容忍,与社会道德规范或法律相违背,不能直接发泄出来,必须改头换面,用其他方式表现。这样,本能冲动被净化、提高,成为高尚的追求,内心才安静、平衡。例如,一个人在生活中遇到挫折后往往会在事业上取得突出成就,宣泄了动机冲突,消除了焦虑,给人以成功的满足。

(2) 补偿。阿德勒认为,每个人天生都有一些自卑感,于是产生"追求卓越"的需要,个体通过"补偿"方式来克服个人缺陷,满足"卓越需要",即以"补偿"来克服"自卑感"。在不完美的人生里,当个体因本身生理缺陷、心理缺陷、社会性缺陷或者自己的过错导致自卑、焦虑、自尊心受伤害时,就以其他方式来弥补这些缺陷,以减轻焦虑,建立自尊心,这被称为补偿。补偿有积极补偿、消极补偿和过度补偿三种。

积极补偿指以合适的方法来弥补其缺陷。一个相貌平庸的女学生,致力于学问上的追求,而赢得别人的重视,所谓"失之东隅,收之桑榆"。补偿不限于个体自身,有时对自己的某种缺陷自知无法弥补,也可能从其他人那里求取补偿。有些父母年轻时未能接受高等教育,时过境迁,无法补偿,他们就全力以赴培育子女,期望自己的子女学有成就,能受到良好高等教育。积极补偿是以某一方面的成功来弥补另一方面的失败,在性质上是名副其实的替代。

消极补偿是指个体弥补缺陷的方法对自己没有带来帮助,有时甚或带来更大伤害。一个事业失败的人,整日沉溺于酒精无法自拔;一个想减肥的人,一遇到不如意的事就暴饮暴食;一个被同学排斥的学生,参加不良帮派组织以取得帮派分子的接纳。这些都是消极补偿,也是错误补偿。

过度补偿是补偿的结果超过了一般正常程度。它不是完全意义上的替代,是一种矫枉过正类型的补偿,是否认自己的失败或某一方面缺点,进而加倍努力予以克服,结果所得到的成就反而超过了一般正常程度的补偿。这对个体心理及行为而言,颇有裨益。但是过分补偿若不能适可而止,会导致心理活动畸形。例如有个在学校被人嘲笑为"女汉子"的女老师,为证明自己的"女人味",大量购买名牌化妆品、名牌服饰,打扮得花枝招展,每天一套新衣服,一反往昔男性化的打扮。她因此入不敷出,在百货公司行窃被当场逮住。

由上可见,运用一些积极的替代机制处理问题,既能使受挫者的欲望获得满足,又有益于社会,有益于他人,是人们适应环境最有积极意义的建设性防卫机制,也是维护心理健康的良好途径。

15. 幻想

幻想是指当人无力应对现实困难,或无法忍受一些情绪困扰时,使自己脱离现实,任意想象自己游刃有余、随心所欲、不受限制地处理困难、缓解恶劣情绪,使自己存在于幻想世界,得以实现内心平衡,达到在现实生活中无法实现的满足。在幻想世界中,不必按照现实原则与逻辑思维来处理问题,可依个体的需求,天马行空,随心所欲,自行编撰。这是一种应对挫折困难的方式。

幻想可以是一种使生活愉快的活动,很多文学、艺术创作都源自幻想。意义疗法创立者弗兰克尔在第二次世界大战期间,在纳粹集中营待了四年之久,他发现能从集中营活着出来的人,与其是否年轻力壮无多大关系,最主要的是对未来有"憧憬",即以幻想未来远景,来支持自己忍受目前的苦难。幻想也可能有破坏性力量,特别是当幻想取代了实际行动时。幻想并不能解决现实问题,人必须鼓起勇气面对现实,并克服困难,才能解决问题。否则经常沉溺于幻想中,而使"现实"与"幻想"混淆不清,会显现出歇斯底里与夸大妄想般的症状。

> 【拓展阅读】
>
> 有一位学校临时约聘的技工,最近因没有通过技术检验考试,而另外一起被学校约聘的两位技工,不但通过考试并被学校改聘为正式技职,他心理受了很大挫折,其女友也因他没有通过考试与他分手。在双重打击下,他开始语无伦次,到处说他已被校长聘为总务主任,并以总务主任自居,要求学校总务处工作人员听从他的指示。这位技工即是因为在无法改变现实环境下,凭借个人想象力改变了他脑子中的现实(把幻想当成是真事)以维持其心理平衡和满足,形成夸大妄想症。

(二)心理防卫机制的功能

心理防御反应的本质是自我使本我、超我、环境均能接受(环境允许、超我接受、本我满足)的反应。心理防卫机制具有以下功能。

减轻个体内疚、不安、失望、伤感和焦虑等情绪;争取别人的同情、帮助和照顾,减轻心理上的痛苦和压力;"自我欺骗",回避矛盾,摆脱困境,保持暂时性心理平衡,减少心灵痛苦,避免精神崩溃;消除个人内在态度与外在现实之间的冲突;协助个体保持充实感和价值观。

心理防御机制具有积极意义和消极意义。积极意义在于帮助人恢复心理平衡;消极意义是导致人压力缓解后退缩和恐惧,变成习惯就成为个性中的不成熟反应和行为模式,处理不当会发展成心理疾病。即使是同一种方式,不同挫折情境或不同人,从不同角度使用,也会产生不同的效果。若丈夫做错事,妻子感到不愉快,丈夫说几句幽默的话,或向妻子耍耍

"赖",撒撒娇,适当地"退行",可以把不愉快的事情或误会化解。若这位男士在工作上做错了事,装成5岁孩童般向领导撒娇耍赖,则是不能被接受的病态"退行"。美国著名精神病学、心理学、医学、社会学专家们曾对一所名牌大学268名身心健康的学生进行了50年跟踪访问,发现凡是建立合理成熟心理防卫机制的人,保持心理健康的能力比一般人要强得多。因此,我们要合理、巧妙运用心理防卫机制,保持心理健康状态工作和生活。

四、挫折应对

挫折是不可避免的,有必要学会如何面对挫折。下面是一些应对方式。

(一)改变目标,使之更符合个人实际

好高骛远、不切实际的目标容易制造出挫折机会。过分夸大的目标甚至可能是病态目标。人们制定工作、学习、交往、婚姻以及各种发展和创造活动的目标,都应该斟酌再三,量力而行,与个人的能力实际相符合,经过努力能实现。

(二)调整动机强弱,自我冷却、降温

解决问题、处理事情以及学习、工作,动机过强容易使人表现得过于勤奋、好胜心强、害怕失败、情绪波动、心理脆弱,遇到阻碍容易变幻出挫折情境;反之,凡事动机不足,容易表现得懒散自由、容易分心、注意力差、冷漠厌倦、依赖心强,遇到阻碍就容易放弃,做事情容易半途而废。恰当水平的动机、正确的动机,更能使事情进展顺利,获得成功的概率更高,出现挫折的概率更低。

(三)转换行动,让行动更有利于目标实现

有些人的挫折是由于其刻板僵化的行事方式导致的。有个年轻人想当画家,去求教一个著名老画家。老画家问年轻人,你是怎么作画的?年轻人回答,我想尽快成为画家,很是努力,每天都至少画两幅画,可是进步不大,感到很是失败,我来就是想请教如何最快地成为画家。老画家沉思了片刻,告诉年轻人,这样吧,你如此急躁,我也教不了你具体的画技,但是我可以告诉你方法,你不妨倒过来试试,进步是不是会有增加。年轻人回去后,按照老画家指点,把每天至少画两幅画改变为至少每两天才画完一幅画,结果不久以后,他的画画技术进步明显增加。

(四)调换或创造环境,回避或积极营造新氛围

心理咨询界有名言曰:当我们没有能力改变周围环境的时候,我们能做的只有改变自己。导致挫折的环境,人们有多种对待方式:适应它,重新营造它,脱离它。对挫折环境灵活对待、正确对待,才能使重新遭遇类似挫折的几率降低。

(五）恰当控制运用心理防卫，避免过度心理防卫产生消极效果

遭遇挫折，阿Q式的"精神胜利法"，鸵鸟式的藏头露尾避险法，都不是好的心理防卫。充分理解自身心理防卫及其使用效果，才能克服和避免挫折带来的心理行为异常反应，保证自己形象符合社会常模，不至于产生变态可笑反应。

(六）正确发泄，让内心的挫折感不伤害自己

遭遇挫折，可以找自己的知己好友，把心里话倾诉出来；可以找个僻静无人之处大哭一场；可以到体育场跑步跑到大汗淋漓；可以运用疲劳战术进行体力劳动；还可以到KTV去唱歌。从心理健康角度看，宣泄可以消除因挫折带来的精神压力，可以减轻精神疲劳。同时，宣泄也是一种自我心理救护措施，它能使不良情绪得到淡化和减轻。

(七）挑战困难，增强挫折耐受力

在挫折面前，每个人的耐受力强弱不同，甚至差别较大。有人即使接连遭受严重挫折，仍坚忍不拔、百折不挠、拼搏进取；有人稍遇挫折就垂头丧气、一蹶不振，甚至自寻短见。实践证明，身体强壮、心胸开阔、常处逆境、意识紧张、有理想、有抱负、有修养的人，对挫折的耐受力强；体弱多病、心胸狭窄、娇生惯养、感情脆弱、缺乏雄心壮志的人，对挫折的耐受力则相对较低。

对挫折的耐受力，与遗传素质有关，但更多来自后天的教育、修养、实践、经验和锻炼。每个人都可以通过自觉、有意识的锻炼，去培养、提高对挫折的耐受力，比如通过体育锻炼增强体质，锻炼豁达开朗的性格，全面认识挫折的积极和消极意义，养成良好的意志品质，以英雄模范榜样为楷模，主动挑战困难而不被困难所吓倒，都可以使自己对挫折的耐受性增强。

(八）严重挫折难以自我处理，积极寻求帮助

如果遭遇严重挫折，痛苦无法自拔，旷日持久，靠自己无法摆脱，靠家人亲戚朋友劝慰无效，靠向知己好友倾诉无法减轻，就必须寻求专业的心理咨询帮助。心理咨询师靠心理学专业知识和心理咨询专业技能，遵循心理咨询的原则，创造良好咨询氛围，建立良好咨访关系，运用平等、尊重、共情、热情、积极关注等品质，对来访者开展专业咨询，帮助来访者从挫折导致的继发消极情绪和各种不适应状态中慢慢恢复到常态中。这需要遭遇严重挫折心理受伤害特别严重者有自知力，有求助的积极动机，正确认识心理咨询的作用，积极寻求心理咨询师的帮助。

本章小结

教育教学工作是一项对教师智力、体力、意志、情绪、个性综合要求颇高的职业，教师各

方面能力水平的发挥和情绪与个性的显现,都离不开意志的控制、调节。教师应该具备良好的意志品质,包括良好的意志自觉性、恰当的意志果断性、相当好的意志坚忍性和出色的意志自制性。为此教师要有意识地锻炼自己的意志,从细微处入手,经常完成可以胜任又有一定难度的任务,找到适合自己的训练方法,向集体靠拢,向他人学习。新教师要调整心态尽快适应教师职业,解决心理冲突;老教师要发现并积极克服职业倦怠。新老教师要正确面对挫折,增强挫折耐受力,调节好自己,对挫折做出正确、适当反应,并积极训练自己成为应对挫折磨难的高手,把自己锻炼成意志坚强、游刃有余对待困难和挫折的人。

思考与练习

1. 对照教材内容分析你的意志和意志品质如何?
2. 结合生活、学习、工作实际,分析自己是如何进行意志锻炼的?
3. 新教师如何适应教师职业并进行心理调整?
4. 老教师的职业倦怠如何克服?
5. 结合个人经历谈谈你对挫折的反应和应对。

参考文献

[1] 林崇德,杨治良,黄希庭.心理学大辞典[M].上海:上海教育出版社,2003.

[2] 邹志伟,刘建雄.新任教师的心理健康维护[J].中小学心理健康教育,2012,3:25-27.

第七章　教师性格与心理健康

学习目标

1. 初步了解性格的概念、结构特征及性格类型。
2. 理解性格对教师健康的影响。
3. 简单理解教师常见的性格缺陷。
4. 掌握教师性格健康的标准、教师性格塑造的途径。

【案例分析】

教师楷模，时代英雄——"最美女教师"张丽莉

2012年5月8日，在黑龙江省佳木斯市，正当佳木斯市第十九中学一群学生准备过马路时，一辆客车突然失控冲了过来，与前方停在路边的另一辆客车追尾相撞，被撞客车猛力冲向正要过马路的学生。危急时刻，只见张丽莉向前一扑，将车前一名吓傻的学生用力推到一边，自己却被无情的车轮碾到了车下，导致双腿高位截肢。

"丽莉在生命垂危的时候，还惦记着她的学生。"哈尔滨医科大学附属第一医院ICU主任赵鸣雁说，"她昏迷多天后，醒来的第一句话是，那几个孩子没事吧？"

高位截肢后，她的亲人和医护人员都不敢想象她知道真相后会是怎样。出人意料的是，张丽莉不仅很快接受了事实，还反过来安慰父亲说："当时车祸的场景我还记得，很幸运，如果车轮从我的头上碾过去，你就看不到我了，我救了学生，也保住了命，今后一定会幸福的。"

有人问张丽莉："你后悔吗？"她回答："不后悔。这样做是我的本能。我已经快30岁了，我已和父母度过了将近30年的快乐时光，那些孩子还小，他们快乐的人生才刚刚开始。"

本案例中张丽莉老师关爱学生，生死关头舍己救人，用无私、奉献、大爱谱写了一曲生命的赞歌，塑造了新时期人民教师的伟大形象，诠释了高尚师德和教师的人格魅力。张丽莉老师的高尚行为,体现了一个教师的优良性格品质。那么,什么是性格?拥有什么样的性格品质才算是一名优秀的人民教师?教师又怎样去培养和塑造自己的性格品质呢?

第一节 性格与教师职业和心理健康

一、性格概述

"性格"一词来源于希腊语,原意为"雕刻"。后来引申为标记、特性。多年以来,哲学家、文学家、心理学家等都对性格进行了不同的论述和描绘,性格已成为人与人之间个别差异的重要特征,如热情与淡漠、认真与敷衍、诚实与虚伪、谦虚与骄傲等。

(一)性格的含义

在心理学中,人们一般把性格定义为个人对现实的稳定态度和习惯化了的行为方式中所表现出来的心理特征。

第一,性格表现在个人对现实的稳定态度和行为方式之中。人对现实稳定的态度决定着他的行为方式,而习惯化了的行为方式又体现他对现实的态度。一个好教师必须热爱自己从事的教育事业,对教学抱以极大热情,积极投入到教学工作中去,教学严谨认真,上课不迟到,认真批改作业等。

第二,性格是个人在长期社会生活中逐渐形成的,它一旦形成后就相对比较稳定,并经常一贯地在其行为方式中表现出来。生活环境的变化往往使人的性格逐渐发生明显变化。在不良家庭环境下成长的个体,往往会养成胆小、退缩的性格特征,当他进入学校,经过集体熏陶、社会交往,原来的性格特点就可能有显著变化。生活环境影响需要通过人的主观能动性才起作用。有意识地自我调控、自我锻炼对性格改造和完善有重要作用。从这个意义上讲,性格又具有很强的可塑性。

第三,性格具有道德评价意义,有好坏之分,是具有核心意义的人格特征。性格不像气质那样具有天赋性、无好坏之分,它主要是在后天生活环境中逐渐形成和发展起来的,受人的价值观、人生观、世界观等意识倾向的强烈影响,所以性格有好坏、美丑之分,体现了一定的道德性。有的人诚实正直、公而忘私,有的人虚伪狡诈、唯利是图。有的性格特征有益于社会,有的性格特征有害于社会,性格始终具有道德评价意义。由于人对现实的态度和在一定场合下所采取的行为方式总是同意识倾向相联系,所以说性格是一种最能表征人格差异的心理特征,是人格中最基本的、综合性的组成部分。

(二)性格的特征

性格是十分复杂的心理现象,它包含着多种多样的特征,各种特征的不同组合形成了个人性格的鲜明独特性。一般认为性格有四个方面的特征。

1. **性格的态度特征**

人对现实的态度体系是性格结构中最重要的组成部分,主要包括个人对社会、集体、他人和自己以及对学习、工作、劳动的态度特征,如是否富有社会正义感和同情心;诚实还是狡诈、冷漠、虚伪;勤劳还是懒惰;认真还是马虎;有创新精神还是守旧;谦虚还是自负;等等。教师是一种专门职业,教书育人是教师职业的本质属性,这就要求教师忠诚于教育事业,热爱学生,志存高远,勤恳敬业,甘为人梯,乐于奉献。

2. **性格的意志特征**

指一个人在为了实现一定目的而进行的活动中所表现出来的自觉性、果断性、坚定性、自制力等方面的特征。如坚持不懈还是半途而废;勇敢果断还是优柔寡断;自制还是放任等。

3. **性格的情绪特征**

情绪经常影响人的活动,当人对情绪的调控具有经常、稳定的表现时,这些特点就构成了一个人性格的情绪特征。主要表现在情绪强度、情绪稳定性、持久性以及主导心境等四个方面。例如是否容易激动;情绪稳定还是喜怒无常;经常欢乐愉悦还是总闷闷不乐;乐观还是悲观等。

4. **性格的理智特征**

主要表现在感觉、知觉、记忆、思维、想象等认知风格方面的性格特点,称为性格的理智特征。例如,是知觉敏锐还是迟钝;易于注意细节还是善于把握整体;善于独立思考还是不求甚解;想象力丰富还是贫乏等。

(三) 性格类型说

性格类型是指在某一类人身上所共有的性格特征的独特结合。依据不同性格特征的组合,可以划分不同性格种类。

1. **心理机能类型说**

根据理智、情绪、意志三者在心理机能方面哪一个占优势,可把人的性格类型划分为理智型、情绪型和意志型。理智型的人通常较理性,用理智来衡量外界一切事物,并控制自己的行动。他们观察事物细致、认真、冷峻,思维理性活动占优势,较少受情绪波动影响。情绪型的人,内心情绪体验方式多样,体验深刻,外部表现明显,一望即知,情绪不但丰富而且不稳定,处理问题常感情用事。意志型的人,行动目标明确,积极主动自觉,坚忍、勇敢、果断、自制力强,较能抵抗外界因素干扰和诱惑,但有的人会由此显得顽固、任性或轻率、武断。

除了以上这三种典型的类型外,还有中间类型。如理智—意志型,情绪—意志型等。

2. **向性类型说**

按照心理活动指向外部世界还是指向内部世界,可以把人的性格类型分为外向和内向型。外向型的人,心理活动多指向外部世界,表现为活泼开朗、热情大方、不拘小节、情绪外露、善于交际、反应迅速、易适应环境变化,不介意别人评价。但有人会表现出轻率、散漫,情感不专一、略显轻浮,遇事易感情用事,缺乏自我评价和自我批评的态度,生活中显得有能力但较张扬。内向型的人,心理活动指向内部世界,内心体验深刻,一般表现为以自我为出发点,情感比较深沉,不易外显,给人以不热情之感,办事小心谨慎,思多行少。有时反应缓慢,不善交往,适应环境能力较差,很注重别人对自己的评价。有人会表现出拘谨、冷漠和孤僻。

典型外向型或内向型的人并不很多,大多数人属于中间型,介于内外向之间,兼有内向和外向的特点。

3. 独立—顺从类型说

按照个体活动的独立性程度,可把人分为独立型和顺从型。美国心理学家威特金(H. A. Witkin)根据场论,把人的性格分为场依存型(或称顺从型)和场独立型(或称独立型)两种类型。这两种不同性格的人按照两种对立认知方式进行工作。独立型的人,具有很强的个人信念,较喜欢并且亦善于独立思考,能够单独发现、分析和解决问题;自信心强,不易受暗示和其他因素的干扰和诱惑;在遇到紧急情况和困难时,有自己的想法,显得沉着冷静。但有人则偏于主观武断,喜欢把自己的意志、价值观强加于他人,常唯我独尊。顺从型的人,较缺乏独立思考能力,做事缺乏主见,易受暗示或他人意见左右,常不加分析地接受别人观点或屈从于他人权势,尤其信奉权威,易委曲求全;在突发事件面前,常表现为束手无策或惊慌失措。

4. 价值观类型说

德国心理学家斯普兰格(E. Spranger)依据人类社会文化生活的六种形态,把人划分为六种性格类型。不同性格类型具有不同价值观成分。这六种类型分别阐述如下。理论型:这种人把追求真理、追求知识视为人生最高价值,有强烈求知欲,热爱真理,尊重知识,轻视商业、经济,甚至忽视个人生计。经济型:这种人把实惠和财富视为人生最高价值;追求实惠、注重效益和经济收入。审美型:这种人追求美和创造美,把美视为人生最高价值,对所有事物都要用审美价值来评判。社会型:这种人把关心他人、爱护他人、增进社会大众福利视为人生最高价值,其特点是仁厚温和,能设身处地为他人着想,献身于公益事业。权力型:这种人把支配他人、获取权力视为人生最高价值,为拥有权力、支配他人,甚至不择手段,把权力决定一切视为理所当然。宗教型:这种人把宗教信仰、拯救灵魂视为人生最高价值,相信有超自然力量,坚信永存的生命,总是感到神的存在。

5. A-B型性格类型说

根据人们处理工作时的匆忙感、紧迫感和好胜心等特点,可将人的性格分为A型、B型性格。A型性格者常充满理想和进取心,整天闲不住,做事风风火火。他们试图抓紧每一分钟,因此容易急躁和导致长期的时间紧迫感,生活中充满压力。他们好争斗,易激怒,信不过别人做事,事必躬亲。这类人往往是一些智力较高、能力较强的人。B型性格者是非竞争型者,对受到的压力和阻碍反应平静,喜欢自在工作,爱过悠闲生活,没有时间紧迫感,有耐心,能容忍,很少有敌意,喜欢娱乐休闲,即使在娱乐活动中也不争强好胜,像是世外隐士。有研究表明:A型性格者容易得冠心病,其发病率为B型性格者的2倍。

6. 人格特质说

特质(trait)是指个人有别于他人的特性,这些特性是较为永久且一致的。人格特质说起源于20世纪40年代的美国,主要代表人物有奥尔波特(G. W. Allport)和卡特尔(R. B. Cattell)。

奥尔波特认为人格特质可分成个人特质与共同特质两类。个人特质是某个体所独具的特质,共同特质是许多人共同具有的特质。他主张应集中研究个人特质,并将个人特质分成三大类:一是首要特质,是指最具代表性的个人独特性质,只用几个字形容就足以代表某个人的性格,而且所认识的人也都如此认为,这就是他的首要特质;二是中心特质,指的是构成人格特质的核心部分,每个人的中心特质约有5至7个,如平常我们说某人诚实、开朗、乐观、负责、勤勉等就属于中心特质;三是次要特质,是指在某些情况下才会表现出来的特质,也就是不甚明显、一致性较低的那些人格特质,比如有些人平时喜欢说话,但是在陌生人面前就变得沉默寡言,所以单从陌生情境来看,只能说沉默寡言是他的次要特质。

卡特尔把人格特质区分为表面特质和根源特质,表面特质是指外部行为能直接观察到的特质,表面特质不会随时间改变而改变。根源特质是内在的、决定表面特质的最基本人格特质,是那些稳定的、作为人格结构基本因素的特质。根源特质需要通过严格因素分析方法才能获得。卡特尔分析出16种根源特质,并编制出卡特尔16种人格因素问卷(简称16PF),对人格进行量化分析。这16种根源特质分别为:乐群性、聪慧性、稳定性、恃强性、兴奋性、有恒性、敢为性、敏感性、怀疑性、幻想性、世故性、忧虑性、实验性、独立性、自律性、紧张性。

【拓展阅读】

"大五"人格理论与教师人格特征

近年来,研究者们在人格描述模式上达成了比较一致的共识,提出了"大五"模式(Big Five Model),格登伯格(L. Goldberg)称之为人格心理学中的一场革命。研究者通过词汇学方法,发现了大约有五种特质可以涵盖人格描述的所有方面。美国心理学家科斯塔和麦克雷(Costa,& McCrae,1989)的分类构面较被学者接受并广泛应用。"大五"人格特质指外向性、和善性、责任性、神经质以及经验开放性五大构面。有意思的是,这五个纬度的首字母刚好构成"OCEAN"(海洋)这个单词。于是有人就称大五人格理论是容纳人类人格的"海洋"。

(1) 外向性(Extraversion):指个人与他人相处感到舒适之程度。此类人格特质的意义为健谈的、好社交的、热情的、主动的及人际取向的。

(2) 和善性(Agreeableness):指个人对规范的遵循程度。和善性的人格特质为善良的、体贴的、可爱的、合作的及热心助人的。表现出的行为是待人友善、易相处且对人宽容。

(3) 责任性(Conscientiousness):指个人对追求目标之专心、集中程度。此类型的意义为自我要求的、负责的、专心的、独立的、井然有序的及坚持的。表现出的行为是成就导向,做事努力、循规蹈矩以及追求卓越。

(4) 神经质(Neuroticism):代表对烦恼经验在认知与行为表现上差异的倾向。此类人格特质的意义为焦虑、紧张不安、情绪化、沮丧及自卑,表现出的行为是恶劣情绪和负面感觉的倾向,例如害怕、有罪恶感。

(5) 经验开放性(Openness to experience):指个人曾经知觉到的事物之深度及广度。此类型的特质为有创造力、想象力、富变化,表现出的行为是喜欢思考、求新求变。

根据"大五"人格理论,编制了 NEO PI-R 测验量表,共 240 题,规模大,提供的信息比较丰富。

有研究者根据"大五"人格理论模型(包括外向性、和善性、责任性、神经质、经验开放性五个维度)编制了《教师人格问卷》,对 343 名中学教师进行调查,结果表明:教师人格中的神经质对教师心理健康有负向预测作用。神经质分高的教师会经常感到忧伤、情绪容易波动而易产生心理问题;神经质分低的教师情绪稳定、冷静、镇定且放松,自我调适良好,能够面对有压力的情境而不易出现极端和不良情绪反应,所以出现心理问题的几率不大。其他四种人格因素对教师心理健康都具有正向预测作用。外向性得分高的教师热情、自信、有活力,还具有幸福感和善社交特征。和善性得分高的教师乐于助人、友好、可信赖、富有爱心和同情心,注重合作而不强调竞争;得分低的教师多有敌意,为人多疑,为利益而争斗。责任性得分高的教师克制严谨,做事有条理、有计划,并能持之以恒;得分低的教师则马虎大意、见异思迁、不可靠。经验开放性是指对经验持开放、探求态度,而不仅仅是一种人际意义上的开放,其特征包括活跃的想象力、对新观念自发接受、发散性思维和智力方面的好奇。由此可见,趋向于外向、和善、有责任、开放的教师,他们的心理健康水平也会较高而不易出现心理问题。[①]

二、性格对教师的重要影响

性格作为人格的核心成分,对教师的身心健康、职业成就、人际交往都有重要作用,是人生成败的关键条件,值得引起重视。

(一)良好性格是教师身心健康的重要保证

性格对教师身心健康起着显著影响。有些性格特征有助于教师身心健康,有些则无助而且有害;即使性格特征良好,也要把握好"度",一旦表现过度或与环境不协调,也可能引发心理卫生问题。

现代身心医学研究证实,许多身心疾病都与相应性格特征有密切关系。如具有刻板、嫉妒、追求完美、竞争意识过强性格特征者易患偏头痛;具有急躁、争强好胜、时间紧迫感强、易激动的性格特征者易患高血压和冠心病。所以,良好性格有助于人们保持乐观向上的生活态度,养成健康生活方式和良好行为习惯,形成良好环境适应能力和正确自我调控能力。

(二)性格是教师事业成败的重要影响因素

大量研究表明,教师的良好性格与教师取得教学成功之间存在着高度相关性。因此,人们经常会使用性格特征来解释人的行为及事件成败原因,即"性格决定命运"。面对挫折与失败,坚强者能发奋拼搏,懦弱者会一蹶不振。

美国心理学家曾追踪研究了1500名智力超常儿童,经过30年研究后,发现在这些超常儿童中,有的成为社会名流、专家学者,有的却表现平平,甚至穷困潦倒、流落街头。两者差异的主要原因不是智力,而在于前者完成任务的坚毅精神、自信心、进取心、谨慎、好胜心等品质明显高于后者。

我国学者韩向前在总结国外对教师心理的研究时指出:在达到一定智力和知识水平之后,知识和智力就不再是影响教学效果的重要因素。教师的专业教育能力(思维条理性、逻辑性,口头表达能力,组织能力等)将对教学效果有重要影响。而教师达到必要的智力、知识水平,具备了专业教育能力后,教师自身人格品质是影响学生学习和成长的重要因素。[②]

---

① 杨多.教师心理健康与专业成长[M].成都:西南交通大学出版社,2008:310—311.
② 韩向前.国内外教师心理研究述要[J].心理科学通讯,1988,1:55.

(三) 性格对教师人际交往的影响

性格因素是影响人际关系的内在因素,也是根本性、决定性的因素,具有持久影响力。在学校人际关系中,一般具有善良、富于同情心、乐于助人、热爱集体、认真肯干、有才华、开朗幽默、真诚、宽容等性格特征者,容易赢得好感,建立和谐人际关系;而那些以自我为中心、自私狭隘、嫉贤妒能、吹毛求疵、虚伪奸诈、狂妄自大者,往往成为人际交往的"嫌弃儿",难以与人进行正常人际交往。

学校是一个大家庭,存在着各种各样的人际关系。一般情况下,在人际互动中,具有优良性格特征的教师,容易与其他教师建立起平等民主、互帮互助关系,这不仅有助于形成相互学习的教师共同体,也有助于教师以饱满热情进行教学。同理,具有优良性格特征的教师,能够建立起心理相容和谐师生关系。而和谐师生关系是高质量教与学的前提和基础。苏联教育家巴班斯基指出,较好而又迅速掌握最优化思想的教师有着一系列显著个性特征。他通过相关分析区分出一些"特别重要的品质",其中包括"交往中平易近人"。

三、性格与教师职业

并不是任何人都能很好地胜任教师工作,从事教师工作需要有与之相应的特定性格特征。美国心理学家和职业指导专家霍兰德强调性格在职业选择中的重要作用,认为应将职业选择看成性格特征的表现。他指出,性格类型只有和职业类型相适应,个人在工作时才能感受到工作乐趣并获得内在满足。他希望工作安排应尽可能符合每个人的兴趣、性格、态度与价值观,这样才有可能更好地发挥人的能力。如果性格类型和职业类型只是接近,通过个人努力,个体也能适应并最终做好工作。但是,如果性格类型与职业类型完全不相匹配,则个人在工作中得不到内心满足,最终往往很难胜任工作。可见,制定教师资格准入制度,对将要进入教师队伍者进行入职性格测查很有必要。一些国家在制定教师选拔和培训标准时,已将对教师人格特质要求列入其中。

有研究者使用《卡特尔16种人格因素量表》,对小学教师人格特征与学生学业成绩相关研究发现,教师某些人格特征与学生学业成绩有着较高相关。其中,兴奋性与学生语文成绩呈显著负相关;聪慧性、稳定性、实验性与学生数学成绩相关达到显著水平。小学教师某些人格特征与学生学业成绩相关要高于小学教师年龄、学历与学生学业成绩相关。小学教师人格特征中聪慧性和兴奋性与学生语文、数学成绩相关之间存在着显著差异。[①]

国外学者瑞安斯(D. G. Ryans)1960年研究表明,有激励作用、生动活泼、富于想象并热

---

① 陈益,李伟.小学教师人格特征与学生学业成绩的相关研究[J].南京师范大学学报(社会科学版),2000,4:76.

心于自己学科的教师,他们的教学工作较为成功。① 他让观察者在一个课堂中观察了50分钟,然后让他们按照将行为分为25个方面的一份表格来给教师评分。最后确定了教师的三种基本行为类型:① 温和的、融合的和理解的,还是冷淡的、利己的(自我中心的)和约束的;② 负责的、有条理的、系统的,还是推脱的、无计划的、潦草马虎的;③ 激励性的、富于想象力的,还是迟钝呆板的、墨守成规的。

有研究者以大学生为对象进行了调查,结果发现最好教师与最差教师在以下15项特征上有着重要差别[②](见表7-1)。

表7-1 好教师与差教师的品质

最好的教师	最差的教师
严肃认真	不喜欢教学
耐心	消极
灵活	刻板
好的素养	喜怒无常、易变、过敏
关怀、助人	过度地批判
高期望	冷淡、不受个人感情影响的
对学生很友好	对学生不友好
公正、忠诚	不公平
一致	缺乏素养
把学生看成许多个人	教室中形成"坏的感情",如内疚、怕、嫉妒、不满、发怒
热情、喜欢教学	呆板、厌烦
理解	分心的习惯
善于组织	惩罚性的
幽默感	对学生缺乏信任
在学科上知识渊博	在学科上无知

由此可见,一个好教师具有良好性格品质是胜任教育教学工作的重要特征,也是教师心理健康的重要标志。

第二节 教师常见性格消极因素及其调适

在教师性格形成、发展过程中,自身成长和先天遗传、家庭、社会、自身主观因素的综合作用,会不同程度影响教师性格健康发展,从而导致出现一些性格发展缺陷,严重的还会引

---

① 皮连生.学与教的心理学(第三版)[M].上海:华东师范大学出版社,2003:10.
② Reilly P. R, Lewis E. L. Educational Psychology(1st ed). New York: Macmillan Publishing Co,. Inc & Logon: Co-Llier Macmillan Publishers,1983.

起人格障碍。

有调查表明,少数教师在一些个性因素方面存在严重缺陷,心理健康水平不高。其中情绪激动、急躁不安者占 2.35%,孤独、冷漠者占 17.4%,敷衍、缺乏责任感者占 14 名%,思维迟钝、理解能力弱者占 1.04%。[①] 2002 年,我国国家中小学心理健康课题组采用症状自评量表(SCL-90)心理健康量表对辽宁省 14 个城市 168 所城乡中小学 2292 名教师进行的心理测试结果显示,教师心理问题发生率高于中国正常人群 20% 左右的比率而达到 51.23%,其中 32.18% 的教师属于"轻度心理障碍",16.56% 的教师属于"中度心理障碍",2.49% 的教师已构成"心理疾病"。也有研究者采用 SCL-90 和职业压力量表对甘肃省兰州市 7 所高校 151 名教师进行问卷调查,显示高校教师躯体化、强迫、人际敏感、忧郁及焦虑等心理问题较为突出。这些都表明,教师作为一个特定职业群体,存在一些性格问题,应引起关注和重视。

一、教师常见性格缺陷

性格缺陷是介于正常性格与性格障碍之间的一种状态,也可以说是一种人格发展的不良倾向。常见的性格缺陷有自卑、羞怯、孤僻、冷漠、悲观、依赖、敏感、多疑、焦虑或浮躁冲动等。

(一)自卑

自卑是指一个人对自己不满、鄙视,对自己持否定态度的情感体验,也称为自卑感。在某种意义上说这是一种最常见的性格缺陷。主要表现在对自己的能力、品质评价过低,有一些特殊情绪体现,如害羞、不安、内疚、忧郁、失望等。日本学者关计夫把教师的自卑分为经济上的自卑、地位上的自卑、职业上的自卑、精神紧张导致的自卑四种类型。

长期自卑不但会造成心理上的不健康,也会导致生理上出现亚健康状态,具体危害在于会使人情绪低沉,郁郁寡欢,常因害怕别人看不起自己而不愿与人来往,只想与人疏远,缺少朋友,顾影自怜,甚至自疚、自责;自卑的人,缺乏自信,优柔寡断,毫无竞争意识,抓不到稍纵即逝的各种机会,享受不到成功的欢愉等。在生理上会导致免疫系统功能下降,抗病能力也随之下降,出现各种病症,如头痛、乏力、焦虑、反应迟钝、记忆力减退。

造成教师产生自卑心理的原因是多方面的,主要有身体和生理方面因素、能力因素、职业声望、社会地位高低、以往的挫折经验以及早期经历、家庭因素等。在现实生活中,工资收入不高,没有较好的职业地位,职称由于名额限制评不上,以及在教学比赛中未获名次等原因可能使教师产生自卑心理。有的教师经常以自己的短处去比其他教师的长处,盲目攀比

[①] 李伟.南京市七所小学教师人格特征的测试与分析[J].南京晓庄学院学报,2001,3.

更容易产生自卑。

自卑感教师具有以下特点。第一,自我评价过低,自我形象不稳定,往往喜欢把自己封闭起来,人际交往圈子狭小,善于向周围人展示某种"虚假面貌",以掩饰自己所谓"不言而喻"的弱点,不能以真实面目示人。自卑者通常都会拿自己的缺点和别人的优点相比,总是觉得自己处处不如别人,看不到自己的价值。长此以往,就会产生一种悲观厌世情绪。因为找不到自己的价值所在,所以容易对生活失去希望,严重自卑者甚至会有轻生念头。第二,对一切事物特别敏感,带着病态心理去看待周围一切,尤其是喜欢批评、取笑和责备。第三,倾向于超脱现实而陷入幻想世界,缺乏社会生活积极性,有严重孤独感。第四,缺乏竞争意识,容易意志沉沦,丧失人生斗志,无法在工作中积极进取,既无助于自身专业成长,也会妨碍学生健康成长。

有自卑感的教师正确评价自己,是克服自卑感的有效途径。为此,应注意做到以下几点。

第一,正确认识自己,学会正确与他人作比较。学会从多角度看问题,全面辩证看待和评价自己,不仅要如实看到自己的短处,也要恰如其分地看到自己的长处,切不可因自己的某些不如人之处而看不到自己的如人之处和过人之处。要多发现自己优点长处,树立自信心。要用理性态度面对失败和挫折,做到大志不改,不因挫折而放弃追求。善于挖掘自己潜能、利用自身特点,大胆尝试,勇于拼搏。一个人只有客观评价自己和他人,与他人进行正确比较,才有助于肯定自己,才可能克服自卑感。

第二,要积极参加各种活动,在实践锻炼中增长才干,发挥自己优势,从而自我肯定。人在某一方面的失意,往往会促使他想方设法在其他方面有超常发挥,以维系其心理平衡,保护其自尊心。我们要有适当奋斗目标,确立恰当抱负,制订切实可行的目标和计划,并进行积极心理暗示,鼓励自己发挥自己的优势,获得某种成功,找回自信心。

第三,掌握调节自我情绪的方法,以摆脱自卑感束缚。如自我暗示法、注意转移法、行动转移法等,可以在摆脱自卑感方面起积极作用。

(二)焦虑

现实生活中,人人都会有焦虑和紧张体验,而且,在教育教学工作中,适度焦虑可以提高工作积极性,提高活动效率。焦虑可分为现实性焦虑和病理性焦虑。现实性焦虑所表现的是对现实潜在挑战或威胁的一种情绪反应,而且这种情绪反应是与现实威胁事实相适应的,是一个人在面临其不能控制的事件或情景时的一般反应。如马上就要进行教学评比了,这时感到紧张、担心、不安,甚至吃不好、睡不好。比赛结束了,这些症状也就消失了。病理性焦虑是以经常或持续无明确对象或固定内容的紧张不安,或对现实生活中的某些问题过分担心或烦恼为特征。这种紧张不安、担心或烦恼,与现实很不相称,让患者感到难以忍受,但又无法摆脱;常伴有自主神经功能亢进、运动性紧张和过分警惕,伴随主观痛苦感或社会功能受损。

不适当的焦虑,不仅影响教师正常工作,还影响教师日常生活,甚至由于长期内心冲突、焦虑过度而形成焦虑型人格。高焦虑是教师常见的职业性格缺陷,主要由教师责任感和使命感所致。每一位教师都想成为优秀教师,总是力求课上得最好,所教学生成绩最优秀,班级活动搞得最好,班级评比必须得前几名,这样必然造成焦虑程度高。各种名目的教学评比、学校的激烈竞争、管理非人性化等也是教师产生高焦虑的原因。被焦虑感困扰的教师往往感到内心紧张、着急、惶恐害怕、心烦意乱,注意力难以集中,思维迟钝、记忆力减弱,同时常伴有头痛、心律不齐、失眠、食欲缺乏及胃肠不适等身体反应。有焦虑症状的教师,可以采取放松治疗、系统脱敏、认知疗法及催眠疗法等。

(三) 抑郁

抑郁是一种持续时间较长的低落消沉消极情绪,并伴有厌恶、痛苦、羞愧、自卑等体验。处于抑郁状态中的人,对什么事都提不起兴趣,常常感到精力不足、注意力难集中、思维迟钝,同时伴有痛苦、羞愧、自怨自责、悲伤忧郁、厌世轻生的情绪体验,自我评价偏低,对前途悲观失望。生活中几乎所有人都曾有过抑郁体验,这种体验大多是一种心境,相对而言比较微弱。有些教师在平时生活中,遇到亲人去世、身患疾病、家境贫困、负担过重、评职称、评优等时遇到挫折,以及长期努力却不能得到回报,也会产生抑郁情绪。有些教师本身性格内向、敏感多疑、依赖性强、易悲观,较其他人更易陷入抑郁情绪中。

以900名中小学教师为对象的一项调查研究显示,有21.18%的教师表现为轻度抑郁情绪,有20.70%的教师表现为中度抑郁情绪,有1.20%的教师表现为重度抑郁情绪。[①]

要避免抑郁或从抑郁中解脱出来,就需要正确认识和评价自己,看清自己的长处和不足,建立自尊,增强自信;调整认知方式,建立理性认知,不把事物看成非黑即白;扩大人际交往,多与人沟通,多交朋友,学会倾诉,找一个值得信赖的人将心中想法与苦闷统统讲出来。如果抑郁情绪较严重,应寻求心理咨询专业帮助。

(四) 嫉妒

当人把自己的才能、品德、名誉、地位、成绩、境遇乃至容貌和他人进行了不合理比较,发现他人比自己优秀,从而形成心理不平衡,产生痛恨别人比自己强的心理,称为嫉妒。嫉妒总产生于一定人际关系中,并且容易发生在性别、文化、职务、境遇、地位相等或相近的人之间。教师的嫉妒主要表现在以下几方面。

[①] 张艳芬. 新课改背景下中小学教师抑郁和焦虑情绪现状调查[J]. 教学与管理,2012,30:58.

第一,嫉妒其他教师的学识和才能。一位教师拥有丰富学识或突出才能,获得好的社会性评价,另一些教师却对之冷嘲热讽、散播流言蜚语。后者明明自己的才能不如别人,却对他人的才能报以鄙夷轻蔑的态度,甚至冷嘲热讽,恶语相向,这就是产生了嫉妒。

第二,嫉妒别人有良好道德情操和较高社会地位。与学识、才能一样,道德也可能成为嫉妒的对象。培根说,德行不好的人,必然贬低别人的美德,以求实现心理平衡。社会地位是社会对教师进行评价的重要指标。如果教师自感地位低下,会削弱其自身存在价值感,有人可能就嫉妒社会地位高的同行。

第三,嫉妒别人事业上的成就。追求成就,在人本主义心理学家看来,是高层次的需要。具有强烈成就需要的教师,把个人成就看得比金钱更重要。在教学中进行改革与实验,在学术研究中发表高水平论文,这类教师事业心极强,敢于挑战,因而也容易遭到嫉妒。

为人师表的教师,其嫉妒的克服与预防,尤为重要,应注意以下几方面。

第一,创设消除嫉妒的社会环境。就整个社会而言,要创设良好社会环境,建立以德、才、学、识为综合指标的评价体系。嫉妒心强,实际上是道德品质恶劣的表现。在现实中,应鼓励冒尖,形成竞争的良好氛围,树立正确舆论导向。

第二,正确对待别人的嫉妒。嫉妒是一种偏见,我们应当从偏见中审视自己,从中发现和汲取对自己有价值的东西,进一步完善自己。被嫉妒者应有宽广胸怀和宏大气量,诚意帮助嫉妒者,使他们幡然悔悟,变嫉妒为羡慕,化羡慕为前进的动力。

第三,克服自身的嫉妒。努力做到自己不嫉妒,这是克服和消除嫉妒的关键。我们必须清醒地认识到,没有一个人是靠嫉妒而取得事业成功,嫉妒不能使弱者变为强者。学会正确与别人比较,敢于正视自己的弱点,发挥自己的优势。

(五)孤僻

孤僻主要是指性情孤独、不合群、不能与人保持正常关系、经常离群索居的心理状态,属于一种典型的不良性格特征。主要表现在不愿与他人接触,待人冷漠,对周围人常有厌烦、鄙视或戒备心理。这种人猜疑心较重,容易神经过敏,喜欢独来独往,但也免不了为孤独、寂寞和空虚所困扰。有孤僻缺陷的教师往往自以为是,不愿与人交往,喜欢独立工作和生活,难与别人正常相处。孤僻性格主要是后天受到各种主客观环境负面影响,导致心理长时间处于压抑扭曲状态所致。因此,只要找到各种心理症状的关键所在,即可依次进行人为干预,使孤僻性格得到很大改善,从而使性格变得健康、积极。由于缺乏必要的社会交往技能,孤僻者在人际交往中常遭到拒绝或攻击,便把自己进一步封闭起来。然而,越不与人接触,社会交往能力就越得不到锻炼,结果就越孤僻。

如何改变孤僻性格?应该做到以下几方面。第一,正确评价和认识自己与他人。一方面要正确认识孤僻的危害,敞开闭锁的心扉,追求人生的乐趣;另一方面,正确认识别人和自己,努力寻找自己的长处。第二,学习交往技巧,优化性格。多参加正当、良好的交往活动,在活动中逐步培养自己开朗的性格。要敢于与别人交往,虚心听取别人的意见,同时要有与任何人成为朋友的愿望。第三,培养自信心。自信心是对自己的正确认识和了解。第四,改掉交往中胆小的毛病。总之,要面对现实,主动和别人交际、交往,树立信心,增强自尊。

二、人格障碍及其矫正

人格障碍(personality disorder)是指人表现出明显偏离正常且根深蒂固的行为方式,具有适应不良的性质,其人格方面异常,由此病人遭受痛苦或使他人遭受痛苦,或给个人或社会带来不良影响。

由于先天遗传、后天环境等因素的长期影响,尤其是个人所经历的创伤经验和家庭教养方式不当,造成少数教师的人格发展存在着一些问题,有些甚至比较严重,出现了一些人格障碍。常见的人格障碍有以下几种。

(一) 依赖型人格障碍

依赖型人格障碍是日常生活中较常见的人格障碍。一般认为具有如下性格特征:宁愿让别人为其生活中的大事做决定;遭到批评或反对时情感容易受伤害;经常寻求保证、同意或称赞;为了取悦他人,自愿去做令人不愉快或降低身份的事情;独处时感到无助和不愉快,竭力避免孤独;即使认为对方意见不正确,口头上也表示赞同,害怕影响关系,难以独自制订计划或采取行动;经常害怕被人遗弃。只要满足上述特征中的五项,即可诊断为依赖型人格。

矫治依赖型人格障碍主要采用以下方法。

第一,习惯纠正。依赖型人格的依赖行为已成为一种习惯,治疗首先必须破除这种不良习惯。清查一下自己的行为中哪些是习惯性地依赖别人去做,哪些是自己做决定的。依赖行为并不是轻易可以消除的,一旦形成习惯,会发现要自己决定每件事都很难。贵在开始自己的事情自己做主,培养自主自立的行为方式。

第二,建立自信。依赖型的人缺乏自信,自我意识十分低下,这与童年期的不良教育在心中留下的自卑痕迹有关。建立和增强自信,是克服依赖的重要保证。

(二) 偏执型人格障碍

偏执型人格障碍又叫妄想型人格障碍,以猜疑和偏执为主要特征。主要表现出敏感多疑,不信任或怀疑他人的忠诚,常将他人无意的、非恶意的甚至友好的行为误解为敌意或歧视,过分警惕与防卫;过分自负,总认为自己是正确的、重要的,若有挫折或失败则归咎于他人;容易产生病态嫉妒;对挫折和拒绝特别敏感,不能谅解他人,耿耿于怀,常与人发生争执或沉湎于诉讼,人际关系不良。

矫治偏执型人格障碍主要采用以下四种方法。

第一,认知领悟。由于偏执型人格患者对别人不信任、敏感、多疑,不会接受他人善意忠告,这与其头脑里的非理性观念相关联。所以首先要分析自己的非理性观念,然后加以改造,并自觉自愿产生要求改变自身人格缺陷的愿望。这是进一步进行心理治疗的先决条件。

第二,人际交往训练。鼓励偏执型人格患者积极主动进行人际交往,在人际互动中学会信任别人,消除不安感。交友训练要做到真诚相见、以诚交心、心理相容。

第三,敌意纠正训练。偏执型人格障碍患者易对他人和周围环境充满敌意和不信任感,采取以下训练方法,有助于克服敌意对抗心理。如经常提醒自己不要陷于"敌对心理"的漩涡中;要学会尊重别人、学会感恩;要学会微笑;要在生活中学会忍让和有耐心。

(三) 自恋型人格障碍

自恋型人格障碍的本质特征是自我夸大、需要被人羡慕和缺乏对他人的公感性。一般认为其特征主要如下:过分自高自大,对自己的才能夸大其辞,希望受人特别关注;对批评的反应是愤怒、羞愧或感到耻辱(尽管不一定当即表露出来);喜欢指使他人,要他人为自己服务;坚信其关注的问题是世上独有的,不能被某些特殊人物了解;对无限成功、权力、荣誉、美丽或理想爱情有非分幻想;认为自己应享有他人没有的特权;渴望持久关注与赞美;缺乏同情心;有很强的嫉妒心;亲密关系困难(婚姻关系、亲子关系等)。只要出现其中的五项,即可诊断为自恋型人格。

如何克服自恋型人格障碍呢?首先,要解除自我中心观。自恋型人格的最主要特征是自我中心。应该认识到现实中不可能什么都以"我"为中心,如果希望引人注目,渴望得到别人赞赏,只有靠自己的努力付出取得成功,而不是靠幻想,更不是靠孩童化的夸张表演来博取人们同情的一瞥。更要知道,天外有天,山外有山,肯定有人比自己更杰出,正确的态度应是承认事实,敢于面对现实。其次,要学会爱别人。对于自恋型的人来说,光抛弃自我中心观念还不够,还必须学会去爱别人,唯有如此,才能真正体会一个不爱他人的人是不会真正爱自己的,因为你要获得爱首先必须付出爱。自恋型的爱就像是不成熟的爱,因此,要努力加以改正。生活中最简单的爱的行为便是关心别人,尤其是当别人需要帮助的时候。只要在生活中多一份对他人的爱心,自恋症便会逐渐远离而去。

(四) 逃避型人格障碍

逃避型人格障碍最大特点是行为退缩、心理自卑,面对挑战多采取逃避态度或无能应付。其表现如下:很容易因他人批评或不赞同而受到伤害;除了至亲之外,没有好朋友或知心人(或仅有一个);除非确信受欢迎,一般总是不愿卷入他人事务之中;行为退缩,对需要人际交往的社会活动或工作总是尽量逃避;心理自卑,在社交场合总是缄默无语,怕惹人笑话,怕回答不出问题;敏感羞涩,害怕在别人面前露出窘态。在做那些普通但不在自己掌握之中的事时,总是夸大潜在困难、危险或可能的冒险。只要满足其中的四项,即可诊断为回避型人格障碍。

对此类人格障碍的矫治,可以从认识和行为两方面着手。

在认识上,要克服自卑感。第一,要正确认识自己,提高自我评价。形成自卑感的最主要原因是不能正确认识和对待自己,因此要消除自卑心理,须从改变认识入手。要善于发现自己的长处,肯定自己的成绩,不要把别人看得十全十美,把自己看得一无是处,认识到他人也会有不足之处。只有恰当提高自我评价,才能提高自信心,克服自卑感。第二,要学会积极自我暗示、自我鼓励。当面临某种情况感到自信心不足时,不妨给自己壮胆:"我一定会成功!一定会的!"或者不妨自问:"人人都能干,我为什么不能干?我不也是人吗?"如果怀着"豁出去了"的心理去从事自己的活动,事先不过多地体验失败后的情绪,就会产生自信心。

在行为上,要克服人际交往障碍。回避型人格患者都存在着不同程度人际交往障碍,因此必须按梯级任务作业要求给自己制订一个交朋友计划。起始级别比较低,任务比较简单,以后逐步加深难度。

此外,克服人际交往障碍,多给自己创造一些机会在公共场合发言,敢于表达自己的思想,多与周围人沟通聊天。

(五)反社会型人格障碍

反社会型人格障碍患者的主要表现为道德意识及道德行为障碍,不断出现违反法纪或犯罪行为。其具有以下特点:情绪反应异常,且自童年或少年时开始;无明显智力缺损;表现疯狂只是一时性或阵发性的;惩罚无效,不能从既往经历中吸取教训;缺乏判断力、预见力和应有的谨慎态度;缺乏内疚感,没有同情心;不关心、不信赖他人,却极度需要他人信赖。概括地说,反社会型人格障碍者有"七无"特征:无社会责任感;无道德观念;无恐惧心理;无罪恶感;无自控自制的心理能力;无真实或真正感情;无悔改之心。

由于反社会型人格障碍的病因相当复杂,目前对此症的治疗尚缺乏十分有效的方法。如使用镇静剂和抗精神类药物治疗,只能治标不治本,且疗效不显著;而心理治疗对那些由于中枢神经系统功能障碍而成为反社会型人格的患者又毫无作用。实践发现,对那些由于环境影响形成的、程度较轻的患者,实施认知领悟疗法有一定疗效。施治者可帮助患者提高认识,了解自己行为对社会的危害,培养患者责任感,使他们担负起对家庭、对社会的责任;提高患者道德意识和法律意识,使他们明白什么事可以做、什么事不能做,努力增强控制自己行为的能力。这些措施对减少患者反社会行为不失为有效方法。

(六)分裂型人格障碍

分裂型人格障碍是心理咨询中比较常见的人格障碍。以观念、外貌和行为奇特,人际关系有明显缺陷和情感冷淡为主要特征。表现为孤独,冷漠,几乎没有过愉快体验;对他人表达温情、体贴或愤怒的能力有限,无论对批评或表扬都无动于衷;过度沉湎于幻想和内省;几乎总是单独活动,没有亲密朋友,与他人不能建立相互信任关系,缺乏深刻或生动的情感体验。

对分裂型人格障碍患者的治疗目标是要纠正其孤独离群性、情感淡漠和与周围环境的分离性。具体方法有以下几种。

一是社交训练法。第一,提高认知能力,懂得孤独不合群、严重内向的危害,自觉投入心理训练。第二,制定社交训练评分表。自我评分,每天小结,每周总结。8~12周为一疗程。施治者每周核对记录,并作出评价。

二是兴趣培养法。第一,要提高认知。人生是一次情趣无穷的愉快旅程,每一个人都应该像一位情趣盎然的旅行家,像欣赏宇宙万物那样,每时每刻都在奇趣欢乐的道路上旅行,这样才能充满生活乐趣和前进的活力。第二,积极参加社会实践。要创造条件,有意识接触社会实际生活,扩大接受社会信息量,促使兴趣多样化。第三,参加兴趣小组活动。这是培养兴趣的较好形式,内容有绘画、歌咏、舞蹈、艺术、体育锻炼、科技活动等。

(七)强迫型人格障碍

强迫型人格障碍是一种较常见的人格障碍。其最主要特征是要求严格和完美,容易把冲突理智化,具有强烈自制心理和自控行为。这类人平时常有不安全感和不完善感;过分认真,注意细节,过分克制自己;责任感过强,常追求完美,同时又墨守成规,缺乏随机应变能力;拘谨和小心谨慎,常顾虑小事而忽略大事;常要求他人按照自己的方式做事,以致妨碍他人自由;过分专注工作,怕犯错误,遇事优柔寡断,难以做出决定。

对强迫型人格障碍的治疗,具体方法如下:

一是听其自然法。主要是减轻和放松精神压力,最有效方式是对任何事听其自然,该怎么办就怎么办,做了以后就不再去想它,也不要对做过的事进行评价。

二是当头棒喝法。强迫型人格障碍患者把行动自主权交给了"规矩与习惯",把自己活泼的心智锁进了牢笼。因此要砸开锁链,打开牢笼,让曾被囚禁的自由思想主宰自己的行为。当头棒喝便是打开牢笼的妙法。另外,自己也可以制造一些"棒喝",当感到将要不能控制某些行为时,对自己大喝一声"停"或"不",都是有效的。还可以请自己的好朋友、同事甚至上司在必要时"棒喝"一下。此外,对强迫型人格障碍的治疗还可以采用认知疗法、宣泄疗法、系统脱敏疗法等。

第三节　教师完善与提高积极性格

一、教师性格健康的标准

健康性格是教师必备的心理品质。大量研究表明,教师性格特征不仅影响教师教育教学效果、身心健康和人际关系,而且在很大程度上影响到学生健康成长。一般来说,教师性格健康应具备以下几个方面。

(一) 忠诚教育事业,无私奉献

百年大计,教育为本。有好教师才有好教育。教育家陶行知说:"捧着一颗心来,不带半根草去。"这是教师忠诚教育事业、发扬无私奉献精神的写照。教师是履行教育教学职责的专业人员,承担教书育人、培养社会主义事业建设者和接班人、提高民族素质的使命。教师应当忠诚教师事业,志存高远,勤恳敬业,甘为人梯,乐于奉献。教育后代是一种义务的、利他的、牺牲的工作。选择和从事教育工作,就意味着奉献和牺牲。忠诚是一种信念,热爱属于志趣;信念而至于志趣,就会产生对事业的高度责任感和饱满热情。一名心理健康的教师应当有热爱教师职业、忠诚教育事业的责任感和历史使命感,有"春蚕到死丝方尽,蜡炬成灰泪始干"的献身精神。教师的这种感情和献身精神,是一种强大的人格力量和道德力量。

(二) 热爱学生,富有热情

教师要关心、爱护全体学生,尊重学生人格,促进学生在品德、智力、体力等方面全面发展,做学生健康成长的指导者和引路人。对学生由衷热爱和关怀是教师对学生进行教育的情感基础。教师热爱学生、关心学生,就要做到尽心尽力教育好每一个学生,对他们既尊重信任,又严格要求,这是教师基本的职业性格特征。尤其是对那些有缺点的学生,教师应给予特别关怀,要满腔热情教育指导,不能采取简单粗暴的方式方法讽刺、挖苦学生,不体罚或变相体罚学生,不能泄露学生隐私。教师要把热爱教育事业和热爱学生结合起来。

(三) 诚实谦虚,乐观开朗

诚实谦虚是教师应有的职业性格特征。教师一方面要能正确认识自己,脚踏实地工作,敢于正视和改正自己身上的缺点错误;另一方面,教师又应虚心向他人学习,既当先生又当学生。同时,教师从事的育人活动是一项艰巨、复杂、长期的工作,需要教师性格活泼大方、乐观开朗、平易近人,富有活力;需要教师保持热情、乐观、开朗的态度,为培育人才甚至达到"发愤忘食,乐以忘忧,不知老之将至"的境界,以积极饱满的情感去从事教育、教学工作,以充沛的精力、豁达的心胸去迎接挑战,以活泼开朗的性格去感染学生,培养学生积极向上、乐观开朗的性格。

(四) 沉着冷静,自律自制

教育教学工作具有艰巨性和复杂性,学生具有千差万别的特点,需要教师具有良好的意志品质,如完成任务的主动性、目的性、坚持性、自制力等才能顺利完成教学工作。教师在面临复杂多变的问题时,要沉着冷静、耐心细致,有毅力和自信心,善于自我控制。面临困难不要惊慌失措,在紧急情况下仍能沉着冷静处理问题,把局面化解在可控范围内。

(五) 民主公正,为人师表

教师应作风正派,胸怀坦荡,为人师表,在教育教学过程中,对学生对同事都应公正,平等待人,不以个人好恶论是非,不凭个人私利私欲搞亲疏,要公平对待、关心、爱护每一个学生。关心集体,团结协作,尊重同事,尊重家长,不利用职务之便谋取私利,全身心投入教书育人活动之中。

二、教师健康性格的培养

教育是民族振兴、社会进步的基石,是提高国民素质、促进人全面发展的根本途径。强国必先强教。教师是塑造人类灵魂的工程师,直接关乎国家、民族、社会进步。这需要教师应具备不同于其他职业的性格特征。有研究者对中学优秀教师人格特征进行调查研究,结果表明,优秀教师和一般教师在有恒性、聪慧性、幻想性和紧张性四个方面存在明显差异,表现为优秀教师有更强事业心和责任心,对学生更关心、负责;善于保持稳定情绪;学习能力更强,富有才识;对人、对事总是心平气和,充满信心等。[1]

具体而言,怎样塑造教师健康的性格呢?

(一) 树立正确高尚的人生价值观

性格是人最核心的人格,受人的人生观、价值观、世界观影响。如有的教师大公无私,有的则自私自利。因此,性格有好坏之分,能最直接反映出一个人的品德。

教师的人生价值主要体现在对祖国教育事业的无私奉献之中。爱因斯坦说:"看一个人的价值,应该看他贡献什么,而不应该看他取得什么。"教师这个职业是太阳底下最光辉的职业,被誉为塑造人类灵魂的工程师。这不仅是对教师职业的赞誉,对教师无私奉献和人生价值的高度概括,也是教师职业道德的核心内容和本质要求。

教师性格发展与人生观、价值观紧密联系。教师意识到自己职业的重要社会价值,才可

---

[1] 雷晓宁,等.三明地区中学优秀教师人格特征的调查研究[J].三明师专学报,1999,3.

能将全身心投入教育事业之中,无私奉献自己的一切。因此,教师要树立正确的人生观、价值观,要能自觉地站在国家、民族、人类社会发展的高度,洞察人生,透彻理解教师从教的人生目的与意义,有正确而明确的价值导向,从而清醒地意识到从教绝不仅仅是为了谋生,更是在为祖国培育合格人才。

(二)正确客观认识自己的性格品质

健康性格是各种优良心理特征充分、和谐发展的整体表现。要培养和塑造健康性格,就必须对自己的性格品质状况有一个客观、合理的认识和了解。人的性格品质中都有一些好的方面和不好的方面。不同教师性格好与不好的表现形式、程度、性质、方向各有不同。所以,教师应首先了解自己的人格特征,然后对自己的人格品质不断进行优化。把某些良好性格品质作为提升自己的目标,形成自信、开朗、勇敢、热情、勤奋、坚毅、诚恳、正直、自制、自律等积极品质。针对自己性格的缺点、弱点予以纠正,消除和避免自卑、冷漠、懒散、任性、暴躁、自私、敷衍、塞责等消极品质。教师要在充分了解自己人格特征基础上进行自我教育,发展适合教师职业的良好人格特征。

【走进课堂】

形容词列表法

形容词列表法是了解性格的一种简便易行方法。下面表格中是一些描述性格特征的形容词。将最符合自己特性的描述涂上绿色,将较符合的描述涂上黄色,将不符合的描述涂上红色。

朴实的	单纯的	成熟的	有才华的
内向的	发脾气的	助人的	温和的
固执的	律己的	随便的	有信用的
冒险的	乐观的	勇敢的	独立的
刻苦的	慷慨的	热情的	腼腆的
顺从的	不服输的	有同情心的	外向的
自私的	快乐的	有进取心的	幽默的
认真的	爱表现的	懒惰的	有毅力的
果断的	谨慎的	可靠的	合群的

> 通过这种方式可以对自己的优点有哪些、缺点有哪些,都一目了然,在一定程度上对自己有一个比较清楚、客观的认识,有助于更好地全面了解自己的性格,完善自我。但是也存在不诚实作答的可能性。

(三)加强学习,用科学文化陶冶性格

现代社会需要有知识、有能力、智慧型、富有创新精神的教师。知识和能力在当代优秀教师性格构成中占有很重要地位。拥有渊博学识,掌握学科发展最新动态,授课时生动活泼,对本专业有精深独到见解,这些都是教师优良性格的体现。因此,教师要树立终身学习理念,拓宽知识视野,更新知识结构,潜心钻研业务,勇于探索创新。教师必须善于学习、不断学习,博览群书,在读书中不断提高专业素养。培根说:"读史使人明智,读诗使人灵秀,数学使人周密,科学使人深刻,伦理学使人庄重,逻辑修辞学使人善辩,凡有所学,皆成性格。"性格在后天社会环境中形成,不少人不学习、不读书而造成知识贫瘠、性格有缺陷。无知容易导致自卑、粗俗,丰富的知识则使人自信、坚强、理智、热情、谦恭。不断学习科学文化知识过程,也是性格历练过程。

(四)融入集体和社会,人际和谐交往

性格形成、发展过程,也是个体社会化过程,是个体与他人、集体和社会相互作用的互动过程,也是学习掌握社会规范的过程。离开了他人、集体,离开了社会环境,这一切就无法实现。对于教师来说,优秀同行和集体是自身性格培养的重要土壤。如果一个人离群索居,自我封闭,性格就难以得到正常发展,甚至偏离常规。在参与集体教研、同伴学习、相互协作活动中,教师可以客观了解自己和他人,建立友谊,获得理解和支持,可以增强自信心,满足归属感和爱的需要,也有助于教师专业成长。

(五)把握适度,性格适性发展

追求健康完美性格是人们的理想和追求,但是不同人由于客观条件和具体环境不同,性格会表现出不同形态。性格塑造目标定位过高会增加挫败感;目标定位过低,性格发展就缺乏动力。因此,性格塑造和完善要结合自身条件,找准定位,适宜发展。要立足于自己已有性格,实事求是确立合理的、切合实际的性格发展阶段目标,不能脱离实践去塑造自己的性格。

性格发展和表现中都要注意"度",否则就会"过犹不及"。如前所述,自律是一名优秀教师应具有的心理品质。"一名教师怎样才能做到自律?一个人应该做到相对自律,这是一个普遍的规律;教师至少要做到能够教授给学生基本的自控能力,并能为学生的正常学习维持良好的秩序。在回答这一问题之前,首先思考一下'连续体'一词,在'连续体'的一端是极端

不自律的人,另一端是极端自律的人。当然,'连续体'的两个极端都是不健康的,因此,应该避免这种情况发生。由此可见,一位健康的教师应做到适度——两个极端之间的平衡。"[①]

(六)知行合一,反躬自省

性格塑造不仅要解决"知"的问题,还要解决"行"的问题。一个人的一言一行往往是其性格的外化。"知行合一"较能培养出健康人格。坚强、勇敢、勤奋、乐观、耐心、认真等人格品质,需要在社会生活实践中铸就。教师要从身边力所能及的小事做起,从一点一滴做起。

教师非圣贤,难免会有缺点和不足。教师应不断适时适地反躬自省,促使自己不断成长。美国心理学家波斯纳提出了教师成长的公式:成长＝经验＋反思。教师学会多视角、多层次自我分析和反思,具有一定批判精神,成为一名反思型教师,可以实现教师对自身存在的不良行为、态度的及时觉察、纠偏、矫正和完善,最终实现性格的蜕变和成长。因此,反思是教师自我发展的重要机制,培养教师的反思能力是教师专业发展的重要途径。

本章小结

性格作为具有核心意义的人格特征,是教师心理健康的重要内容。了解性格类型,是教师正确认识自己的方式。性格品质对教师身心健康、职业成就、人际交往都有重要作用,是人生成败的关键条件,值得引起重视。教师作为一种特殊职业,在教师自身成长和发展中,受到不利因素影响,教师在教育教学工作中会出现一些性格缺陷,如自卑、抑郁、焦虑、冷淡等,这会妨碍教师成长和学生健康发展。要成为一名优秀教师,必须具有忠诚奉献、热爱学生、诚实谦虚、乐观开朗、沉着冷静、自律自制、民主公正、为人师表等优良性格品质。教师要努力通过各种途径和方式积极塑造自己的性格,进而促进教师素质真正提高。

思考与练习

1. 什么是性格?性格的类型有哪些?
2. 性格对教师职业、健康有何作用?
3. 如何认识教师性格对教师职业成就的影响?
4. 教师在日常生活中常见的性格缺陷有哪些?如何矫治?
5. 教师健康的性格特征包括哪几方面?怎样培养教师良好的性格品质?

[①] [美]弗奥斯坦,弗尔普斯.教师新概念:教师教育理论与实践[M].王建平,等译.北京:中国轻工业出版社,2002:29.

参考文献

[1] 许燕.人格心理学[M].北京:北京师范大学出版社,2009.

[2] 叶奕乾.现代人格心理学[M].上海:上海教育出版社,2005.

[3] 陈琦,刘儒德.当代教育心理学[M].北京:北京师范大学出版社,2007.

[4] 杨多.教师心理健康与专业成长[M].成都:西南交通大学出版社,2008.

[5] 聂振伟.高职心理健康[M].北京:北京师范大学出版社,2003.

[6] 郑淑杰,孙静,王丽.教师心理健康[M].北京:北京大学出版社,2014.

第八章　教师人际关系与心理健康

学习目标

1. 理解教师人际关系与心理健康之间的关系。
2. 掌握影响教师人际关系的主要因素。
3. 了解教师人际关系的主要特点。
4. 掌握教师在人际沟通过程中进行心理与行为调节的艺术。

【案例分析】

一位小学教师,在骨干教师培训会上,分享了一个关于师生关系变化的小故事。

我相信这样一句话:给孩子一个微笑,他会给你一个明媚的春天。这句话时刻提醒我,要爱学生,因为在爱的雨露下成长起来的孩子是健康的。

一年前,我担任了六年级的语文老师,晓东是这个群体中最突出的一位,第一次接触,他就给我留下了这样的印象:聪明,脑子活,反应快。可是,后来又发现,他虽然上课发言积极,思维敏捷,但他的行为习惯却常令我担忧:争强好胜,对自己过分自信,常惹是生非。当与伙伴发生口角时,他总是据理力争,从不肯吃亏,在他的眼中,宽容就相当于是懦弱的表现;有时,他违反了班规,如果直接找他谈话,他总是满脸不服气,正所谓歪理十八条,他是条条有理,总觉得他有点"不听话"。于是,我经常静静地观察他的一言一行,寻找交流时机。看到他那天真无邪、充满稚气的脸,我想一定要用自己的爱,去感染他,引导他健康成长。

有一天下午,我看到教室里就剩下他一个人。我于是试着用一种亲切的口气询问:"为什么总不接受老师对你的批评,总爱跟我对着干呢?""你为什么总是指责我呢?"晓东还是以他一贯的强硬作风回答我。

听了他的话,我想了想以前对他的态度,一下子感觉到,是我平时对他的指责太多了,或许已伤了他的自尊心。记得一位教育家曾说过:"教育成功的秘密在于尊重学生。"的确,我以往对他的教育方法欠妥。

于是，我沉默了一下，对他说："老师以前对你的态度有时是不好，只看到你的不足，常当着大家的面批评你，老师向你道歉。"听了我的话，他脸涨得通红，有点激动地说："至少我不是个坏孩子。""那好，咱们就来个君子协定，互相尊重，你有事我不在同学面前说，咱们私下解决，可你也要做到在同学面前不顶撞我。"他一声不吭，但我依然可以从他的眼中看到"不信任"三个字。真是一个个性极强的孩子。

回家的路上，我在想，师生关系是很密切的，老师的举手投足、音容笑貌、情韵气度，都应体现对学生的尊重和信赖。只有做到态度和蔼、语言亲切、神态热情，才能做学生的良师益友，学生才能亲其师、信其道，进而学其理。

我了解到晓东十分爱看书，就让他当了我们班的图书管理员。他非常热心，把图书整理得井井有条，并且能很好、及时地处理一些同学们借书、还书时发生的冲突；他上课发言积极性很高，有一定口头表达能力，于是课堂上我经常让他发言，并给予鼓励。后来，他得到了他十分渴望得到的小红旗。看到他满脸笑容、十分自豪的样子，我也感到很欣慰。我对他也时常问寒问暖，谈谈家常。一个月过去了，我发现他做事更认真了，变得愿意跟我说话了，看到他的点滴进步，我由衷地感到高兴……

一天中午，孩子们在操场上追逐打闹，"有人打起来了！"班干部们着急的话语打破了这一阵平静。我急忙跑出去，两个孩子虽然眼中还有泪，可怒气明显已退了很多，都安静地坐着。最让我吃惊的是，晓东气喘吁吁地坐在他俩中间，看到这一幕真的很失望，难道又是他在挑唆他俩，真是江山易改，本性难移？

"他俩已经没事了，老师，一点小事。"晓东说。

"哦？"我感觉很意外。

"老师，你可别表扬我，这是我该做的。"他眼神里有小小的成就感，又有点小小的不好意思呢。原来，那两名同学在为一点小事吵架甚至拉扯起来，他及时过去拉架并进行了一番劝说，这才稳住了两个人。

元旦就要到了，一天早上，当我来到教室门口，发现他正等在门口，高兴地向我问好，然后，悄悄地递给我一张贺年卡，压低了嗓门说："这是我亲手做的，送给您，老师。"他真诚的眼神触动了我。我端详着这张特别的贺卡，心里感觉美美的。

正如陶行知先生所说："不要你的金，不要你的银，只要你的心。"当我满怀爱心去对待学生时，我已在爱中获得了爱，那爱甜甜的，沁人心脾，回味无穷。

师生关系是影响教育效果的重要因素,正所谓"亲其师,信其道"。教师如果能与学生和家长、与领导和同事、与亲人和社区成员建立良好人际关系,可从一个侧面表明其具备较高心理素质水平。这不但会关系到工作成败,也直接影响到教师和学生身心健康。

第一节 人际关系与心理健康

良好人际关系的建立与改善有一定的规律性,教师角色在人际关系处理上又有一些独特性。作为一名教师,需要了解这些规律和特点并在实践中加以运用。在学习本章过程中,我们要结合所见所闻,总结人际交往中的有关经验教训,学习人际沟通的艺术。

一、人际关系的含义

人际关系指的是人们在学习、工作和生活交往中建立起来的人与人之间的关系。

每个人从一出生,就处在各种天然的人际关系之中。小时候主要与父母相处,上学后要与老师、同学相处,大了后要与领导、同事、亲戚、朋友等各方面的人相处。在学习、工作和生活的多个方面,都免不了要与各种各样的人打交道。如果没有人与人之间的交往,人际关系就不可能形成。人际关系是一个人的社会关系体系中的重要组成部分。它既可以是个体与个体之间的交往,也可以是个体与群体交往,或群体与群体之间的交往。

人际关系的基本成分可以从人际认知、人际情感和人际交流行为三方面进行分析。例如,看尊师爱生的关系是不是形成,不但要在理性上知道尊师爱生的道理,还要看是不是有相应情感和行为上的表现。

认知是人际关系建立的前提和基础,情感体验是人际关系的核心因素。人际关系是从人与人的相互了解、相互认识开始的。师生之间只有以必要的相互了解为前提,尊师爱生的情感才有可能发生,情感与认知是互相影响的。常言道,"知之深,爱之切"。在人际关系中"知"和"情"都要通过言谈举止等行动表现出来。比如师生在教学工作和生活娱乐等活动中的配合方式、交往密切程度等,都能反映出师生关系状况。

心理学研究表明,距离接近,交往频繁,具有共同兴趣爱好,有相近理想、信念、人生观、价值观和世界观,双方存在需要互补性,以及政治经济地位相似的个体或群体,更容易建立起较密切的人际关系。

二、人际关系与身心健康

人际关系与人的身心健康相关。良好人际关系无疑对教师身心健康有利,恶劣人际关系则有害。教师要努力建设良性人际关系,改善不良人际关系。

(一)良好人际关系有助于个体获得需要的满足感

人际关系的发展和变化,取决于双方需要的满足程度。在交往过程中,如果双方各自都感觉到获得了一定程度的需要的满足,就更愿意发展关系,保持接触。这时,人与人之间的需要有的是互助互补的,这时可以相得益彰。但也有时,彼此会感觉到交往中缺少最起码的满足感,会感觉到保持这种关系徒劳无益,就会使双方关系疏远或中止。更有甚者,如果感觉到这种关系阻碍了需要的满足,还有可能发生敌对关系。

(二)良好人际关系可提升教师社会化水平

人出生时只是生物学意义上的人,要成长为一个社会的人,适应社会生活,就离不开社会生活环境,离不开人际交往过程。在与人交往中,才能从自然人变为有适当社会化程度的人,健康地发展。人际关系的协调与处理能力,是一个人生存的最基本能力之一。没有任何人可以脱离社会而获得高质量的生存状态,也没有任何事业可以完全脱离人际沟通而获得成功。教师能建立良好人际关系,是其社会化水平的标志,标志着教师的社会化达到较高水平。

(三)良好的人际关系可以提高人们的工作情绪、劳动效率

在群体中良好人际关系可以产生合力。常言道:"一个篱笆三根桩,一个好汉三个帮。"每个人都希望拥有能相互理解和支持、志同道合的朋友,每个人都希望得到他人关心与鼓励、尊重和信任。"天时不如地利,地利不如人和。"无论是在学校环境中,还是在社会生活中,人与人之间互相关心,友好往来,生存环境就好;相互之间的帮助会带给人们快乐,正所谓"赠人玫瑰,手有余香"。相反,如果大家交流不足,则会导致人际关系淡漠,难以相互信任、理解与支持。如此则在需要得到别人关心帮助时,很可能会处处碰壁。当有了人际交流行动时,还要看交往质量。如果只是交流频繁,却没有建立起良好人际关系,则可能陷入麻烦和冲突,对于一些需要群体共同努力才能完成的事,将困难重重,最终难有作为。

(四)良好人际关系可使人保持愉快心境,增强应对挫折的能力

良好人际关系能满足人们爱与归属的需要,可以提供有效的心理支持,使人产生一系列积极情绪、情感体验。在我们的生活中,当家庭和睦、同事友好、邻里互助时,会使人感觉精神愉快、心情舒畅。良好人际关系本身就能够提供一种宽松、温馨的心理氛围,人和人之间的真诚、理解、宽容和信任,可以让人毫无顾忌地畅所欲言,这是一种有效的心理支持系统。当人们遇到挫折或有了苦恼时,向朋友倾诉可以减轻心理压力,这对于提高自我调节水平、增强心理承受能力具有明显促进作用。

培根说:"缺乏真正的朋友乃是最纯粹最可怜的孤独,没有友谊则斯世不过是一片荒野。"在一种你争我斗、关系紧张的环境中生活、工作,极容易感觉到压抑郁闷、焦虑烦躁。例如,当遇到家庭成员关系冲突、同事嫉妒猜忌或者邻里关系紧张敌对时,往往会让人心烦意乱,心绪不宁,持续影响下去,必然导致身体健康水平下降,甚至还可能造成各种身心障碍。常见的有:① 生理功能紊乱,常常表现为躯体不适,吃不下、睡不好,消化功能受到影响,伴有肌肉紧张性疼痛、自主神经功能紊乱等;② 心理功能下降,在记忆力、注意力和思维等方面出问题;③ 负性情感增加,过分压抑会造成或者感觉情绪忧郁低落,或者烦恼、易激怒,还有可能导致泛化,比如迁怒于他人他事。可见,人际关系方面出问题会对身心健康有不利影响。人际关系应是教师心理健康教育的重要内容。

总之,良好人际关系是一个人心理正常发展的必要条件,也是生活幸福、事业成功的基础。要成为一个身心健康的人,不但要积极交往,还要善于交往。人与人的关系处理好了,我们的社会才能够成为一个和谐的社会,这个世界才能够成为一个美好的世界。

三、人际关系的类型

在林林总总的各种人际关系中,我们会感觉到种种不同表现:有远有近,有亲有疏,有的来往互动交流密切,而有的则仅是点头之交。

(一)人际关系的基本分类

台湾地区学者张春兴曾经提出人际关系的最基本类型可以概括为以下三种。

一是情缘关系。这是指以人与人之间的感情为基础的人际关系。这类关系的特点是,人与人之间有感情做媒介,形成心理性联结。具体来说,情缘关系又包括两大类:亲情关系,例如父母与孩子、兄弟姐妹之间的关系;友爱关系,例如学习上的伙伴、生活中的朋友、恋人间的爱情。

二是利害关系。这类人际关系的特点是,人与人之间的心理性联结是靠认知上的功利判断。当然,一个人对利与害的认知未必只限于经济上的利益,也会涉及其他层面,比如,可能会涉及有关权利的、机会的各方面的利益得失。人与人之间各种"交易"式的活动,都是以利害关系为基础的。

三是陌路关系。这种关系发生在陌生人之间,并没有心理联结作为基础,比如路人之间萍水相逢,彼此间原本不存在心理性联结。

还有一些心理学研究,则将人际关系区分为更细致的类型。例如,分成亲缘、志缘、业缘、趣缘和地缘关系。

一是亲缘关系。所谓亲缘关系,主要是以姻缘关系为基础形成的人际关系。有的以先天血缘关系为纽带,也有的亲缘关系未必是血缘关系,是在后天所建立的家庭关系基础上形成的。它主要包括婚姻关系、家庭关系、亲属关系等。

二是志缘关系。所谓志缘关系,就是人们因志向或信仰一致而形成的人际关系。比如党团组织中的人际关系,各种志愿者团体成员之间的关系,以及一些民间信仰活动中形成的人际关系。

三是业缘关系。所谓业缘关系,是指人们因专业工作或职业身份相同或相近,而形成的人际关系。比如,在职业岗位上的上下级关系、同事关系,师生关系,同学关系等。

四是趣缘关系。所谓趣缘关系,就是以人们兴趣爱好为基础而结成的人际交往关系。如人们休闲时在运动娱乐、种花养鱼等活动中建立的人际关系。这种人际关系的特点是放松、自在和平等。对于工作繁忙的教师来说,有适当趣缘关系圈子,可以起到自然减压调剂作用。比如球友、棋友、舞友、牌友等。这类朋友一般在爱好相关的活动中结识,交往时大家也较少有顾忌,一般是以自然态度、真实面目出现。只要这些生活娱乐项目有益于身心健康,人们可以从这类交往中受益匪浅,有的还会进一步发展成支持工作和事业发展的朋友。

五是地缘关系。所谓地缘关系,主要是因居住地域相同或相近而形成的关系,例如邻里关系、同乡关系。不少学校里,都有"老乡会"活动。当人们在他乡听到乡音,更是会倍感亲切,很容易拉近心理距离,这就是地缘关系在起作用。

(二)舒尔茨的人际反应倾向分类

美国心理学家威廉姆·舒茨(Willam Schutz)认为,交往需要中,可以分为三种情况:包容需要、控制需要、感情需要。根据其中哪种需要为主,以及满足需要的行为倾向是主动还是被动,可以把人际反应倾向分为下面六种类型。

第一,主动包容型。这种类型的人经常主动与他人交往,希望与他人建立和维持彼此容纳的、和睦的关系。其主要特征是:待人宽容、忍让,主动地交流、大胆地参与等。

第二,被动包容型。这种类型的人虽然希望与他人交往并保持和谐关系,但在行动上表现为更多被动性,往往是在期待别人来选择自己、接纳自己,主动性不足。

第三,主动控制型。这种类型的人常有控制、支配别人的愿望,经常让自己处于交往活动中心,并愿意在群体中主动发表意见,做出决定,左右局势。其主要特征是能够运用权力和权威,喜欢超越和领导别人。

第四,被动控制型。这种类型的人比较愿意配合他人行动,擅长与他人携手合作。宁愿受他人决定支配,不太喜欢由自己来承担作出决定的压力。

第五,主动感情型。这种类型的人喜欢主动与别人建立感情,常主动对他人表示出亲密、友好的态度,为人热心,喜欢主动照顾他人,并乐于向别人表达自己的感情。

第六,被动感情型。这种类型的人也希望能与别人建立比较亲密的情感联系,但表现在行动上却相当被动,只是期待他人先对自己表示亲密,却不习惯主动大胆地表达自己的感情。

(三)霍尼的人际关系反应类型

美国著名社会心理学家卡伦·霍妮(Karen Danielsen Horney,1885—1952)将人际关系反应类型分为三类:

一是谦让型。其特点是"朝向他人",这一类型的人,在交往中总是习惯于考虑"他喜欢我吗"。

二是进取型。其特点是"对抗他人"。这种类型的人想知道别人力量的大小,或别人对他有无用处。

三是分离型。其特征是"疏离他人"。这种类型的人,常想到的是别人是否会干扰他或影响他。

除了上述各类型之外,一名学校教师所涉及的与职业相关的人际关系,还可以从上下级关系、同事关系、师生关系以及与学生家长之间关系这几大方面进行分类。

我们把各种人际关系进行分类,其目的就在于要在全面认识基础上,有目的有意识地关注不同层面的人际交往,在兼顾不同层面的交往时,又适当突出重点,达到多赢效果。

每个人的经历、需要和追求的目标有所不同,每个人的人际交往也会有各自的特点。人际关系网络没有最好的,只有最适合的。如果我们想成为一个业务能手,就要在"专业层面"的人际交往上多下工夫。要是我们将大部分精力用在休闲娱乐层面交往的话,就很难成为一个业务方面的专家。而作为一名教师,不但要学会与亲人、朋友交往,还要学会与各种性格不同的人进行交往。与思想观念和个性差别较大的人交往,这在开始进行过程中可能会有一定难度,但是对教师专业发展却非常重要。我们需要从那些与我们个性不同的人交往过程中,不断地学习新东西。正所谓"三人行,必有我师焉,择其善者而从之,其不善者而改之",性格一样的朋友在一起容易引起共鸣,但也就是因为有这种共鸣,也可能会使我们考虑问题时只注意到我们惯常的角度,因此交往一定数量与我们性格不同的朋友,是明智之举。这样才能在面对各种各样性格的学生时,更容易理解他们并建立关系,更善于应对,有利于做到因材施教。

【拓展阅读】

人际关系四维度八类型说及测试

根据不同分类标准,可将人际关系分为多种不同类型,还可编制相应心理测试问卷进行测查。下面的测试是从四个维度编制的一份人际关系类型测验。读者可以根据测验分数,参照结果分类,做自我分析参考。

维度一：主动与被动

主动型的人在社交上总是采取积极主动的方式。他们一般不会一味地等着他人来接纳自己，而是经常主动结交，做交往发起者。在现实生活中，主动型的人在人际关系方面对自己往往比较有自信，就算是遇到一些误解和挫折，也能坦然对待。表现为适应能力很强，容易与人相处，为人坦率，不斤斤计较。这种类型的人适合于需要经常处理人与人之间复杂情绪或行为问题的工作。

被动型的人在交往中常常采取消极被动的退缩方式，总是等待别人来首先接纳自己。就算他们处在人群之中，也常常会感觉到内心的孤寂。他们常常是在等着做交往的响应者，而不是去做启动者。他们担心别人不会像自己所期望的那样理解自己，担心会在交往中处于窘迫的局面，从而伤害自己的自尊。看上去，他们交往中表现得有些冷淡，喜欢独自工作。一般适合与人打交道较少的职业。如果做教师，则需要注意对自己的被动风格进行调整，增强主动性。

维度二：领袖与依从

领袖型的人比较好强固执，独立积极，自视很高，非常自信，武断而有力量，攻击性强。有时表现出反传统倾向，不愿循规蹈矩，在集体活动中有时不遵守纪律，社会接触较广泛，睡眠较少，不太注重宗教信仰，有强烈的支配和命令别人的欲望。对于自己的所作所为，喜欢由自己来做决定。在工作上倾向于管理者角色。

依从型的人比较谦卑、温顺，惯于服从、随和。能自我抑制，想象力较差，喜欢稳定、有秩序的环境。他们独立性较差，不喜欢支配和控制别人。在职业上，他们愿意从事那些需要遵循既定要求的工作。

维度三：严谨与随便

严谨型的人有很强的责任心，为人忠诚，坚忍有毅力，细心周到，有始有终。道德感强，稳重，执着，常受到周围人好评，社会责任感强，工作勤奋，睡眠较少，很少有违反基本准则的行为。是非善恶很分明，乐于结交努力苦干的朋友。

随便型的人喜欢做事有自由度，有弹性空间，对于琐事比较敷衍，不太情愿按部就班，不喜欢受规则约束。在职业上倾向于从事艺术家、社会工作者、运动休闲、作家、记者等类型的工作。

维度四：开放与闭锁

开放型的人比较随和，易与人相处。安全感强，对人无猜忌，但也易轻信。不与他人竞争,容易合作,宽容,容易适应环境,善于体贴他人,有信用。善于和不同类型的人交朋友,不会为一点小事而破坏友谊,对他人持开放接纳态度。较适合从事与人打交道较多的服务性行业。

闭锁型的人对人比较戒备,不易被欺骗。在集体中与他人保持距离,缺乏合作精神,比较固执己见。时常会有嫉妒心,与人相处常斤斤计较,不太会照顾他人感受。闭锁型的人有时也会有过激行为。一般来说,适合的职业有文字编辑、科学研究人员等。

人际交往类型测验

请对下列题目做出"是"或者"否"的选择。

1. 我碰到熟人时会主动打招呼
2. 我常主动写信给友人表示思念
3. 我旅行时常与不相识的人闲谈
4. 有朋友来访时我内心感到高兴
5. 没有人引见,我很少主动与陌生人谈话
6. 我喜欢在群体中发表自己的见解
7. 我同情弱者
8. 我喜欢给别人出主意
9. 我做事总喜欢有人陪伴
10. 我很容易被朋友说服
11. 我总是很注意自己的仪表
12. 约会迟到我会长时间感到不安
13. 我很少与异性交往
14. 我到朋友家做客从不感到不自在
15. 与朋友一起乘公共汽车我不在乎谁买票
16. 我给朋友写信时常诉说自己最近的烦恼
17. 我常能交上新的知心朋友
18. 我喜欢与有独到之处的人交往
19. 我觉得随便暴露自己的内心世界是很危险的事情
20. 我对发表意见很慎重

评分规则：

第1、2、3、4、6、7、8、9、11、12、13、16、17、18题选"是"得1分，选"否"得0分，其余的每题选"是"得0分，选"否"得1分。

分数解释：

其中，第1~5题的得分相加，说明的是交往"主动性"水平。得分高（4~5分）说明在交往中偏于主动型，得分低（1~2分）则交往偏于被动型。3分则为中间状态。

第6~10题得分相加，说明的是交往的"支配性"水平。得分高说明在交往中偏于领袖型，得分低则交往偏于依从型。

第11~15题得分相加，说明的是交往"规范性"水平。得分高意味着交往讲究严谨，得分低则交往较为随便。

第16~20题得分相加，说明的是交往"开放性"程度。得分高说明交往偏于开放型，得分低则交往倾向于闭锁型。

如果得分不是偏向最高分和最低分两个极端，而是处于中等水平，则表明交往倾向不明显，属于中间综合型的交往者。

第二节 教师的人际关系类型

一、教师人际关系的含义

本节所说教师人际关系，主要指教师在学校教育教学工作中通过直接交往而建立起来的人与人之间比较稳定的心理关系。这种关系对教师个人和群体，乃至整个学校风气及各项工作都会产生一定影响。

当然，每个教师除了与本职工作有关的职业角色，还有作为普通社会一员而具有的各种社会角色，如在家中有家长角色，在购物时是消费者角色，乘车时是普通乘客的角色等。本节讨论的重点不放在讨论这些普通的人际关系层面，而是主要探讨与学校教育工作密切相关的教师人际关系。

二、教师人际关系的特点

教师人际关系由于其职业特征决定了其有自己独特的特点。这些特点表现在下列一些方面。

（一）教师人际关系具有教育性和示范性

学校以培养人为目的，教师发挥着教育主导作用。教师是社会文化传播者，肩负着传道、授业、解惑重任，需要在人际交往过程中体现出相当高的综合素养。

教师不仅要教书育人，而且要为人师表。教师在人际交往中的言行举止，很容易成为学生观察和模仿的对象，对正处在成长过程中的学生而言，教师在人际交往中的表现，会有重要示范作用。

（二）教师人际关系具有制度性和责任性

教师人际关系受教师角色规定约束，在现行教育制度和教学手段下，教师必然要面对各种各样的学生及其家长，不管教师自己的个人偏好、个人特点与一批批学生的特点是不是协调，教师都要努力将关系维持下去，并且努力向好的方向发展。每个教师都需要调整好自己的心态与不同类型学生交往。

教师还必然要处理与上级、与同事之间的关系。通常一般朋友之间要是存在矛盾，处理不好，就会使关系恶化甚至解体。但作为一名教师，为了共同完成教育教学任务，即使同事之间有不同意见，甚至彼此观点有明显矛盾之处，也不能逃避，而是有责任做出积极努力，使关系正常化、正向化。

三、教师人际关系的类型

教师工作地点以学校为主，教师人际关系的主要对象比较稳定。教师人际关系最主要包含教师与教师之间的关系、教师与领导之间的关系、教师与学生之间的关系、教师与学生家长之间的关系，此外还有教师与自己的亲友及社会其他成员之间的人际关系。

（一）教师与学生之间的人际关系

1. 师生关系的重要作用

教师在工作中，最主要的关系是师生关系。师生关系影响师生间教育信息传递，影响师生间情绪心理。因此，良好的师生关系对教师顺利开展工作及提高教学质量具有重要作用。一方面，在教育教学过程中，教师是教学主导，要提高自身素质，塑造人格魅力和教师形象，要在平等基础上树立教师威信；另一方面，学生是学习主体，只有建立起良好师生关系，才能更好提升教学质量，促进学生发展。师生之间的关系并不只限于教学过程中，教师既要教书，又要育人，师生关系常涉及日常生活关怀和情感交流方面。教师需要经常主动与学生交流，理解和关心学生。师生之间生活中的交往常建立在师生间共同兴趣爱好、共同思想信念等基础之上。在非正式交往中，师生间的交流可以更自然，缩短师生心理距离，更容易相互理解,产生共鸣。这种非正式交往是正式交往的必要补充,有时还会收到正式交往难以达到的积极效果。

2. 师生关系的影响因素

师生关系既受师生双方特点影响,也受学校风气、社会文化环境影响。

第一,从教师层面来看,教师仪表风度和个性特点直接影响师生之间的关系。社会心理学告诉我们,在师生关系建立之初,就要注意给学生留下良好的第一印象,为今后进一步交往做好铺垫。为给学生留下良好第一印象,教师要注意仪表美。仪表包括相貌、穿着、仪态、风度等,都影响学生对老师的观察与判断。教师仪容得体,整洁大方,态度自然亲切,会让学生感觉更值得信任,也更愿意接近;反之,过分修饰,油头粉面,浓妆艳抹,或者不修边幅,邋里邋遢,则会给人一种不合身份的印象。一般来说,民主型教师明显比专制型教师更受学生欢迎。有扎实专业功底,又有广博知识,并且工作责任心强的老师,会受到学生尊重,有良好修养、具有人格魅力的教师会使学生感觉容易亲近。

第二,从学生特点来看,不同学生特点也影响着师生关系建立过程。例如,有的学生性格开朗,交往主动,感觉喜欢教师就会很主动接近,特别是认为教师喜欢、欣赏自己时,学生更会亲近教师;反之,有的学生感觉教师对自己有偏见,或有自卑心理,往往表现为疏远教师。

第三,从班级层面看,班级特点和教室环境也对师生关系有重要影响。班风、班级干部和学生组织的特点、班级人数、教室大小等,都会影响师生关系。有的班学生人数太多,班级组织松散,座位排列相当拥挤,过道很少,教师巡视时,难以经过每个学生身边。每个教师要负责多个班教学,可能会导致教师工作压力太大,顾此失彼,与学生人均交流机会变少。如果教室内学生人数适中,座位编排可采取各种不同布置方式,可以有利于师生之间和学生之间的交流。

第四,从学校层面看,教师与学生生活主要是在学校内进行,学校风气、整体文化环境会影响师生关系。有的学校很注意"让墙壁说话",适当进行宣传栏布置,其中包含师生感情交流板块,并经常更新;有的学校校风民主,经常组织师生共同活动,共同编排小品等登台演出,一起春游、秋游,制作展览,会缩短师生心理距离这;有的学校有师生相互评价制度,看重学生对教师的评价,这种评价不只关心最终考试成绩,还关心教育影响过程的优化,这会使教师更注重教育过程中师生关系的维护。

第五,从社会层面看,师生关系还会受到社会文化背景影响。例如,在"文化大革命"动乱状态中,一些优秀教师被揪斗,如小学语文特级教师斯霞因为提倡教师要对学生有爱心,要注重爱的教育,竟被剥夺上课权利,她与孩子们亲密的师生关系遭到粗暴践踏。直到后来被"平反",她才得以重上讲台,继续做一名孩子们爱戴的好老师。可见,社会大环境的影响不可小看。当社会有尊师重教的积极导向,有良好社会风气,师生关系就可以得到正常发展。

(二) 教师与教师之间的人际关系

教师之间的关系是比较稳定持久的关系,具有整体性与个体性统一的特点。整体性指教育过程从整体上看离不开教师之间的协同配合,能够与其他教师进行团队合作,是基本职业要求。个体性指具体教育教学活动通过教师个人开展,其效果有赖于教师责任心与专业素质水平。所以,教师在处理与同事之间关系时要注意两个方面:一是要强调每一个人的综合素质在工作中的重要作用,鼓励教师充分发挥个人能动性和创新性;另一方面又要防止教师过分强调个人作用,忽视集体作用。

教师之间往往既存在合作关系,又可能有竞争关系,因此,处理起来更具有复杂性。教师们在学历、文化素质、对教育事业的态度等方面有着很多相似或相同的地方,特别是在协同开展教学活动过程中,有着共同实现教育理想的目标。因此,从这一基本层面而言,教师之间的关系是相互配合、相互理解和支持的。但是不同教师也会有不同个性特点,对类似事件不同教师之间处理风格可能不一致,这包括同学科间,也有不同学科间。而在一些关于时间安排、工作分工以及利益分配等方面,也存在竞争或可能有冲突。因此,教师需要注意提高人际关系协调能力,减少内耗,增加合力,共同营造良好同事关系。

(三) 教师与领导之间的人际关系

教师与领导之间的关系,属于上下级关系。学校中上下级关系与社会上其他部门相比,最大特点是它的平等性和融洽性。这是因为学校领导者在最基本社会角色上同其他教师是一样的,首先是教育者,其次才是领导。这就决定了学校中上下级之间在权力距离上差距比较小,在地位上相对比较平等。校长要想树立自己威信,主要依靠非权力性影响力。

作为一名教师,首先要认真完成各自的分工,尽职尽责;同时,遇到问题也要注意以适当方式与上级进行必要沟通,促进相互理解,积极寻求问题解决。领导则要尽可能做到公平公正,注意体察普通老师需求,在责权利之间注意掌握分寸,提倡团结合作,在合理范围内,以恰当方式鼓励良性竞争,避免造成"窝里斗"伤害感情,导致教师们宝贵时间和精力的浪费。

(四) 教师与学生家长之间的人际关系

学生是教师与家长建立人际关系的纽带,良好的亲师沟通,有利于相互配合,更好地理解和教育学生;如果这层关系处理不好,则可能给教师、家长和学生带来更大压力。由于学生家长各有特点,个性差异很大,在社会上所处的角色不尽相同,要想与所有家长保持积极良好关系,这很考验教师的协调沟通能力。但无论是对待哪一类型的家长,教师基本应做到以尊重和接纳态度,耐心倾听,通过平等交流,了解学生在家庭中的情况,力争在家校配合下,收到积极正向教育效果。

(五)教师与自己的亲友及社会其他成员之间的人际关系

一般来说,教师主要工作范围在学校,但也是社会中一员,也要处理自己与亲人朋友的关系,在个人生活中也要面对各行各业的人。家庭本来是私人生活空间,由于教师职业特点,有时很难清楚区分工作与生活时间,不像有些行业8小时之内工作,8小时之外就可以完全放下工作角色回归生活。教师可能随时接到家长电话,有什么特殊情况需要协助,也可能在放学后遇到自己班上的孩子打架,这时仍需要进行必要处理。有些本应属于自己作为家庭成员的时间,可能也会被占用,对家庭的付出可能会不足。这就需要注意协调家庭成员之间的关系,争取得到理解,在适当时候给家人以心理上的补偿,以免久而久之家庭成员因此而起摩擦。可以说,协调好家庭关系,对于教师来说相当重要。有家庭成员支持,带着良好心情走出家门去工作,少了后顾之忧,工作起来就会心情舒畅。这种积极精神面貌对工作有促进作用。作为教师,还要注重社会舆论评价,人们期望教师"学为人师,行为世范",人们可以原谅一个普通小区居民生气了甩出几句脏话,但如果知道某个人是教师,即使不在工作场合,也希望他能注意形象,表现得更有修养,而难以接受做教师的人在日常生活中无所顾忌地以负面形象出现。

总之,教师在工作与生活各个层面都要注意为人师表。教师的人际关系质量,是其职业道德素养的体现,也是其工作能力的体现。教师之间良好人际关系是形成稳定而团结协作教师队伍的关键,而师生间关系,则是关系到教学质量最直接、最有影响力的因素。俗话说,磨刀不误砍柴工,教师在处理好各种关系上花费一些必要的时间和精力,会让工作和生活运转得更顺畅,可以促进提高教学质量和水平,并能体会到更多工作与生活的乐趣。

当然,从另一个角度来看,在人际交往方面理想与现实也要注意接轨。如果每个老师都是人际沟通中的高手,那再好不过。但高手也是从新手阶段过来的,特别是新教师在成长道路上不可能一下子做到处处得心应手,所以对新教师不应苛求。新教师如果感到人际交往有阻力、有困扰也是自然现象,需要多一点耐心,多花一些时间积累经验,积极寻求问题解决的办法和技巧。

第三节 教师人际关系调适的艺术

我国自古以来,就很强调和谐人际关系。孔子认为"不学礼,无以立",重视交往中要有适当礼节,重视讲规则、守秩序的关系,重视通过教化来形成这样的社会风气——人人自觉遵守"礼"的规范。孔子还特别强调学习与交友的关系,认为"独学而无友,则孤陋而寡闻",与人交往可以增广见闻、促进学习。美国教育家杜威提出"教育即生活"的观点,认为各种人际沟通过程都会对教育具有影响作用。现代心理学研究认为,良好的教师交往可以使教师获得心理上的满足,可以使教师在愉悦环境中完成教育教学活动,可以使教师在与同事、领导、同行和学生家长等交往中促进自身专业发展,可以使教师在与学生日常接触中对学生知、情、意、行进行直接或潜移默化的影响,促进学生全面发展。

可是,现实中有不少教师对人际交往重要性认识不足,有的教师甚至存在不同程度人际交往障碍。有的不善沟通,开口就得罪人,动辄得咎,社会适应不良;有的在遇到挫折时,往往认为是别人不理解自己、看不起自己、老跟自己过不去;有的常感叹自己怀才不遇,领导有眼无珠,不重视自己,产生失落感、冷漠感、无望感、不安全感,怨天尤人;还有人会表现为多疑,对人怀有敌意,看问题主观、偏执,甚至导致人际关系恶性循环。有人因而感叹,做教师要面对那么多不同学生和家长,众口难调;面对同事和领导,又要合作又要竞争,要处理好这些关系,实现自己的教育理想,实在太难了。

"天下难事,必作于易;天下大事,必作于细"。教师该如何建立良好人际关系,如何协调几种主要人际关系,在工作中注意沟通艺术,保持心理健康呢?

一、教师上下级关系的协调

教师作为集体中一员,如何处理好与领导的关系,是值得重视的问题。有人形象地比喻说:正如乐队演出时必须有一个指挥,协调各声部之间的关系,乐手们听从指挥并在各自位置上展现才艺,才能奏出和谐乐章,学校也同样上下级之间、同事之间通力合作,各项工作才能正常运转,发挥良好功能。

(一)岗位分工不同,工作目标一致

在学校里,校长与教师既是上下级关系,又是平等的教育同行关系。从学校管理角度来说,校长与教师是领导和被领导关系;从学校基本职能角度看,校长与教师有着同样角色身份,都是教育者。从这个意义上说,教师与校长是为着一个共同目标走到一起来的。因此,教师与校长应该建立起良好人际关系。校长对教师要关心、爱护、尊重、信任,教师对校长也要尊重、支持、理解、信赖。这样才能促进学校工作发展。

(二)相互关心理解,满足合理需要

从校长角度看,为建立良好上下级关系,必须了解教师需要。而教师要与领导者保持良好关系,也同样应该了解领导需要。其中,领导与工作相关的需要有以下特点。

一是自尊需要。每个人都希望受到别人尊重,作为一名领导者,往往为学校、为教师集

体的事操心费神更多,压力更大,被理解被尊重的需要也就更突出。所以普通教师一般都比较注意表达对领导的尊重,尽量支持领导工作。一般而言,对领导有什么意见或建议,单独找领导谈效果更好。一般来说,即使感觉有委屈,就直接表达对领导的不满或当面顶撞,采用当众让人下不来台的做法,很容易使集体气氛紧张,不利于静下心来分析商讨事情经过,以及相应对策。如果能先试着进行单独交流,在了解一些背景细节之后,会发现有些事是可以理解的,或者,也有可以化解的方式,或找到替代的做法,而不用打扰到更多人,不必让其他教师卷入其中。即使发生了不顺心的事,在与领导交流时,也不要只顾谈缺点和不足,如果能先对领导的努力和工作成绩表达充分肯定和承认,会更有利于建立关系,营造良好沟通气氛。

二是成就的需要。凡是有事业心的领导者都希望在工作上有更大成绩,在办学水平上有新提高。作为普通教师,如果能在工作上做出成绩,符合学校发展方向,会成为领导在学校工作中的得力助手,教师也会离自己在教育事业中的梦想更近。为此,最基本的首先是尽心尽力做好与教学有关的分内事;其次,还可以在学校管理、教育科研或教学改革方面,主动多做一些事情,提出一些可行性建议,从建设性的积极态度,为学校分忧;第三,如果能够积极进行教研工作,取得相应科研成果,积极参与优质课评选,以及各级科研论文交流会,在各级刊物上发表论文等,都能起到为学校发展创造条件的作用,并得到领导重视。

三是交往需要。领导也有普通人的一面,也需要朋友和友谊。普通教师知道领导工作很忙,没有重要事情不会随意打扰占用领导时间,并且交往时通常会有尊重的态度。在工作中,因为身份地位不同,往往会有距离感,但在一些日常交往中,有机会交流时,教师可以自然地与领导谈谈生活中的兴趣点,聊个家常,以平常心与领导自然相处,不因为对方是领导就不愿或不敢去接近。在正常交往中发现有共同志趣、爱好,与领导的关系会更自然融洽。况且,无论是有相似还是互补的性格特征,都有可能成为交流中的积极因素。

> 【走进校园】
>
> ### 一位基层教师的心事
>
> 在一次心理咨询中,有位女老师思静,谈起了最近的烦恼。她在一所中学工作已经好几年了。思静是一个在教学中很负责,对待学生很热情的好老师。她认为一个老师只要做好本职工作就足够了。她教的功课成绩挺不错的,她也很受学生欢迎,但就是最近有关提拔的事,让她心中有了疙瘩。
>
> 她说:"要说这件事也不算什么大事,其实是领导一句话的事,本来认为自己很有可能,可实际落了空。"这让她难免有些情绪。既然这件事是领导决定,我就问她:"平时与领导的沟通如何啊?"她说:"还好吧,平平常常,也没什么麻烦。当然,

平时我就看不起一些人与领导态度那么热情,像是讨好似的。比如说,下雨了,虽然并不太大,领导的家也不太远,但有的老师就会将车开到领导身边,停下来请领导上车,送领导到家门口。其实又并不是顺路,至于嘛!"她认为那样做有巴结领导之嫌。而自己平时很少主动与领导交往,甚至遇到领导总是能绕道走就绕道走。偶尔领导来教师办公室看看,想交流一下了解情况。她看到很多老师会起身热情迎接,介绍情况,而她通常是坐在那儿不说也不动,冷眼旁观那些人的"表演",并且认为自己这样做才是最有尊严、最正派的。但在她的内心深处,是非常希望领导能欣赏自己的。

最近,一位主任调动走了,新的主任有三个潜在人选。在这所不大的学校,这样的事以往都是领导直接任命。思静认为从年限资历和出色的教学成绩上看,理所应当是自己。但没想到后来是一个教学同样优秀,比自己还少两年工作经验的年轻人被任命了。虽然,她知道那个新上任的同事是很能胜任的,但仍然感觉很不平衡,很想找领导质问一下,但又难以开口。

思静说:"自己当不当主任无所谓,但总感觉面子上有点过不去。本来也并不是太想操那么多心,但感觉毕竟候选的人中,自己年龄比其他人大了几岁,这个机会,很自然地应该轮到我了。领导总要先问问我想不想当吧!如果请我让出来的话,我也不是不能让出来,有些很想当这个主任又能胜任的人,他们愿意操心,这没什么不可以的,但至少要在我这里客气一下吧?"

经过心理咨询中的心理换位思考技术,思静觉察到,正是自己在长期交往中有意淡化领导、疏远领导的做法,造成了与领导更大的人际距离,而且领导来了解情况时,自己也不热心交流,很容易给人一种只顾自己分内教学工作,无意参与一些管理方面事务的印象。后来,到了领导选择主任时,其结果也就可想而知了。这么一想,思静才意识到,现在这个结果,正是长期以来自己的做法带来的自然而然的结果啊!说不定人家还认为,不安排你当主任,不用在一些管理方面多操心,正是考虑你的特点,照顾你喜欢教学不喜欢行政管理的个人偏好呢!这么一想,气也就顺多了。

(三)争取领导理解和支持

无论是进行教学改革创新,还是开展一些班级活动,经常需要创造条件,获得领导理解和支持。那么,怎样争取领导支持呢?具体说来,要在尊重领导基础上,积极配合学校工作,有想法或建议要主动汇报,积极交流,及时沟通。一个教师只有尊重领导,对学校有关的安排部署积极配合,通过积极沟通让领导理解自己的想法对学校教育教学目标有利,说明其中的关系,就能得到领导更多支持。相反,如果不注意沟通,只顾按自己想法行事,心想只要自己明白是为了学生好就行。这虽然本来也是为做好工作,却很可能会给人一种我行我素、一意孤行的印象,甚至可能被误以为违反校纪,跟领导对着干,这样的事就很难得到支持。

【走进校园】

为什么我们照着做却被扣了分

有一天下了大雪,一位语文老师想带学生们写观察作文,花一节语文课的时间,直接将学生们带到校内的花园中进行观察体验,第二节回到教室写作文。没想到负责纪律检查的人因看到有一节课学生们没进教室,给记了扣分。这位老师很生气,找领导评理,领导表示不知情,认为按规定扣分是对的。这位老师感觉很委屈,因为曾经在经验交流会上听到另一个学校也有类似做法,人家带学生去了校外面的公园,占用了半天时间呢!不但没有扣分,反而因为学生的观察作文写得生动,还获得好评呢!

作为一名老师,对这样的事到底应该怎么看呢?我们细加了解会发现,确实有位全国优秀班主任任小艾在她的一场报告中讲过在冬天的第一场雪带学生外出上观察课的事。她在做语文老师之初,想有所创新,看到每年的第一场雪,学生本来就兴奋得坐不住,正好语文课本来也准备设计个场景写观察作文。但开始实行的时候也遇到过麻烦。那节语文课直接让学生到室外玩了堆雪人、打雪仗,但其他班级受到影响,学生们提出质疑:为什么他们可以在外边玩?在室内的班级老想往外边看,他们不知道这个班本来是语文课,还以为是违反纪律,只是因为下雪就没人管了呢。事后费了不少努力才将此事平息下来。第二年,这位老师改变做法,事先与领导沟通了一下,说明了这样的设计与教学的关联,介绍了特别的教学方案,协调了路程和时间,调好了课,地点选择在一个僻静的公园,争取到了支持,才去做的。这样一来,自然可以由校长负责向负责纪律和保安的工作人员解释,也就可以避免后来的冲突或尴尬了。任老师将整个过程向学生们作了介绍,并与学生们约法三章:第一条,要求学生们不能只顾玩得痛快,首先要注意安全。第二条,到了公园,还要有主题与雪有关的诗朗诵,回来要认真写文章;第三条,因为每年的初雪以最独特的形式,已经最充分满足了全班同学的赏雪玩雪要求,所以,这个冬天随后

> 再下多少次雪,可都要收住心,认真听课。如果这些做不到,则以后每年的特别初雪活动,就取消。这是与同学们约定的条件。结果,这个团结的班集体,很成功地开展了初雪活动,并且后来再下雪也能收心学习。而且,室外别的班级上体育课玩得再高兴,这个班的学生也可以静下心来认真学习,在课间活动时才出去玩,并且在安全方面也做得很到位。
>
> 可见,要想得到领导的支持,就要注意让领导了解情况,对一些现实需要和问题及时汇报,有了好的对策建议及时提出,这样,领导才能有所准备,做出必要的协调,才有可能明确态度,对教师工作给予必要支持。

我们看到,当教师积极向领导汇报自己工作情况与需要解决的问题,并把自己一些初步思路或较具体建议提出来,请教领导的意见,这样领导有了选择和决策的参考依据,事情就比较容易得到理解,也就为顺利开展工作作了必要铺垫。假如领导一时没能给予支持,就立即情绪化地冲动赌气,表达不满,或者在背后发牢骚、说怪话,难免会造成负面影响,上下级关系会变得紧张,同事之间的团结也可能受影响,无形中会增加进一步沟通的阻力,继续争取领导理解支持也就更加困难。所以,更理性的做法是多一点耐心,可以换个角度或等待时机再去争取,在平时则要继续认真对待工作,争取做出成绩。

二、教师与同事关系的协调

协调好与同事的关系,是教师顺利工作、开心生活的重要保证。为此教师要注意下列几点。

(一) 教师与同行之间要积极主动交往,态度诚恳

有许多人尽管渴望有亲密友伴,但却常常忍受孤独的折磨,因为他们在社交上总是采取消极被动的退缩方式,总是等待别人来首先接纳他们。而一名从事教育工作的人,要有能力主动同别人建立良好人际关系,做交往的主动者。多尝试与不同人打交道,会使我们不断提升自己的交往能力。随着成功经验越来越多,会伴随着自信心的提升,人际关系处境也会越来越好。这样,在面对不同类型的学生和家长时,能更加自然交流,从容应对各种特殊情况。

实事求是、态度热情,往往给人一种信赖感、亲近感,这有利于交往的继续深入;反之,如果言不由衷转弯抹角,态度冷淡,则给人一种虚假、冷淡的感觉,交往很难再深入下去。一般情况下,交往双方总是先接受说话的人,然后才会接受对方陈述的内容。要表达出自己的诚

恳之意,应注意交流中的互动。交往中,主动表现自己固然重要,但做一个耐心的听众,鼓励别人多谈他们自己,同样不可或缺。不要动不动就垄断话题,自说自话,要注意适时做一个忠实的听众。

(二) 教师与同行要相互支持,相互尊重

我国著名教育家叶圣陶指出:"教师之间要团结无间,互相配合。"首先,要相互尊重,千万不要在学生面前贬低其他老师;遇到非原则性问题,一般来说要及时"补台"而不是"拆台"。其次,同一学科的教师要团结互助,互相学习,新老教师之间可以通过拜师、结对子、确定指导关系等方式进行传、帮、带;不同学科也可以借沟通情况、课题协作、专题研究等方式,齐心协力做好工作。

教育目标不可能只靠一两个最优秀的教师来完成,必须依靠整个教师集体力量才能正常达成目标。无论是一个学生的教育,一个班的班级建设,还是一所学校的校风,都不是仅凭个人力量就能实现的。只有教师集体同心协力,才会使整个教育过程顺利开展,取得更好效果。所以,作为一名教师,一定要有集体观念,在处理同事关系时做到相互配合、顾全大局。否则就可能出现一些问题。例如,某学校评估导向是强调竞争有余而合作精神不足,结果出现了各科教师各自只顾强调自己所任学科的重要性,互相争课时、争自习,竞相多留作业,或者在教学经验、参考资料和方法、技巧等方面互相保密,各自为战的现象。

(三) 特别的关心给特别需要帮助的人

当一个人遇到坎坷,碰到困难,遭到失败时,往往内心最为敏感,最需要关怀和帮助,这时哪怕是一个笑脸、一个体贴的眼神、一句温暖的话语,都能让人感到温暖。患难识知己,逆境见真情,当别人遇到困难,陷入困境时,能伸出援助之手,帮助困难者,安慰失意者,则可以很快赢得人心,建立起良好人际关系。如果对别人漠不关心,麻木不仁,小心吝啬,怕招引麻烦,交往很可能因此而中止。

(四) 求大同存小异,及时化解矛盾

在持续交往中,难免会遇到冲突。如果一出现问题,就变得怒火中烧,或话里有话、连讽带刺,只会使人感到不愉快,而并不利于解决问题。一般情况下,积极的做法是,选合适时机用适当方式进行沟通,力求化解冲突,及时消除误会。

教师劳动既具有较强个体性和创造性,又具有合作互补的特点。不同教师在教学方法和教学风格上存在着普遍差异,不同专业的教师术业有专攻,教学风格也各具特色,在效果上也各有千秋。教师们的付出往往会赢得学生们的尊敬和喜爱,而教师自己也不断从中感受到自己存在的价值,这是教师自我肯定和自我欣赏的基础。但是,如果因此而不能客观评价自己和他人,看不起别人,轻易否定其他教师的教育教学成绩,讽刺、打击获得各种荣誉的

教师,夸大他们的缺点和不足等,这就陷入了所谓"文人相轻"泥潭。如果任由互相轻视、贬低的不良习气漫延,会影响同事之间的团结,不利于相互借鉴,共同提高。

要克服这样的问题,需要注意以下几方面。

第一,要辩证看待自己已有成绩。一个人不论达到多高水平,也是山外有山,天外有天,学海无涯,学无止境。要做到谦虚谨慎,戒骄戒躁,不要浅尝辄止,故步自封。

第二,要看到自己的成绩绝不是单凭个人努力所取得的,其中凝结着领导关心、同事帮助、老教师无私传授、学校创造的条件,因此,不能把成绩全部记到个人头上。要想继续进步,就要虚心向优秀教师学习,善于取他人之长,补自己之短,这样才能百尺竿头,更进一步。

三、建立良好师生关系

要建立良好师生关系,需要了解受欢迎教师具有的特点、教师协调师生关系的具体做法以及教师面对师生冲突的正确解决方法。

(一)受欢迎的教师的特点

1. 民主的领导方式

教师对学生的领导类型可分为三种,即专制的、民主的、放任的。心理学有关研究显示,民主型领导方式的师生关系,最有助于形成良好师生关系,可以培养学生乐观、自信、合作等人格特征,对于师生心理健康均有积极影响。

2. 良好的个性特征

最受学生欢迎的是有以下性格特征的教师:热情的态度、亲切友好、能理解学生,善于激励学生,富于想象力,对工作负责、有条不紊。这些特点受中小学生欢迎,特别是小学生欢迎。

心理学家研究发现:第一,最不被儿童爱戴亲近的教师,是教学态度和教学技能差的老师,如经常训斥、做事武断、态度偏执;第二,从学生性别差异来看,有些类型的教师特别容易受女生爱戴亲近,这类教师往往指导时态度很热心,比较重感情,但他们有时也计较一些琐碎小事,管教严格,所以可能会被一些男生疏远或反对;第三,从共性特点来看,能受到男女学生共同爱戴亲近的教师是教学水平高、胸怀宽广,富有创造性活力,能与学生一同游戏一同学习的教师。

3. 教师的专业能力

研究表明,学生对于能力比较高的教师所教内容更容易感兴趣,学习态度更积极,并且认为所学功课并不太难,对学习有信心,感觉学习有成效。如果教师不但有能力,而且有热情,则更受学生欢迎。但能力比较低的教师,会引起学生很多消极感受,学生们不仅容易感到功课较难,学习兴趣也会减少,感觉学习效果不佳。因此,对这样教师的印象也就打了折扣。越是高年级学生,越看重教师专业能力。

4. 教师对学生的理解

对学生有着较为深入理解的教师,更受学生们喜爱。相反,师生相互隔膜,彼此不能真正理解,则容易产生误解与冲突。有些学生认为自己热爱的老师几乎与亲人一样了解自己,有的学生甚至还认为自己最热爱的老师比亲人还了解自己的内心。

(二)如何协调好师生关系

有一张美丽的卡片被一位教师放在桌上,上面写着这样一段耐人寻味的话:"失败,是因为欠缺耐心;冷漠,是因为欠缺热心;孤独,是因为欠缺真心;无谓,是因为欠缺关心;逃避,是因为欠缺爱心;沧桑,是因为欠缺童心。多一点耐心、热心、真心、关心、爱心、童心,愿你快乐生活每一天!"这充满哲理的祝福语,可以给我们生活以有益启示。在谈到如何协调师生关系时,很多优秀教师的成功经验中,都会提到要有"五心"作为法宝:爱心,耐心,公心,诚心和童心。

1. 师生交往中多一点"爱心"

教师首先要有一颗热爱学生、热爱教育工作之心,愿意理解和亲近学生,才能融入学生学习和生活中,才会真正走进学生内心世界。

2. 师生交往中多一点"耐心"

任何一种良好行为习惯形成都不能一蹴而就,学生积极学习品质的形成也不是一朝一夕的事。面对成长中的孩子,我们要多一点宽容,多一点理解,多一点耐心。要有从容心态,适当给学生以成长时间和空间。拔苗助长式的帮助,恨铁不成钢式的急躁,往往适得其反,欲速不达。如果因为内心急躁,对学生动不动就横加指责,不但不能促进学生发展,反而会有损师生关系,导致师生心理健康问题。

3. 教育过程中教师要有"公心"

教师只有以公平态度对待每一个学生,才能得到学生内心认可和尊重。在公平公正的教师那儿,学生们愿意说出自己的心里话。教师不能带着成见去评价学生,要尽可能避免受偏见影响而委屈误解学生。在男女生问题上、先进和后进生问题上,以及学生不同家庭背景等问题上,都是学生容易感觉放大的问题,学生们会更期待教师的公正对待。

> **【走进课堂】**
>
> **教师的批评与关切**
>
> 　　有一天正下大雨,有好几位男同学来晚了,跑进教室时,已经淋得像落汤鸡。某老师严厉地批评了来晚的几位同学,指责他们这样的状态怎么能好好学习。但就在这时,这门课的课代表恰巧刚到门口,喊了一声"报告",老师却用关切语气问:今天这是怎么啦?怎么这么大的雨,却只打了一把挺小的伞?这引起学生们一阵嘘声,有的同学小声议论说,原来就连这脾气大的老师也是可以有好脸色、有耐心的,但要看是对什么人啊!一连好几天同学们还不时提到这件事,并且引发出对一些类似事件的怨言,有关师生关系中的公正问题更多显露出来。可想而知,课堂就更难管理了。其实,只要这位老师能表现出一点博爱态度,不但关心课代表,对其他同学雨天上学路上的困难有所体贴,分一点关切给其他同学,师生关系当有积极提升。

4. 师生交往中教师要有"诚心"

孟子曰:"诚者,天之道也,思诚者,人之道也。"教师在师生交往中要在"诚"字上下工夫,用诚心去做人去做事,而不只是摆摆样子。中小学教师与学生是长期而密切的交流关系,只靠一时"作秀"打动不了学生,要真正放下架子,到学生中去,与学生真心交流,赢得学生信任。

5. 师生交往中教师要有一颗"童心"

童心,表现为淳朴、真诚、自然、率直,这些是成为一名好教师应具备的品质。陶行知先生曾说过:"我们必须变成小孩子,才配做小孩子的先生。"作为一名教师,尤其是中小学教师,工作对象是不同年龄段的儿童,更应该保持一颗童心。教师童心要以爱心为基础,离开了爱的情感,教育就无从谈起。所以,要用爱心贯穿教育教学工作始终,要能"蹲下来"跟孩子们对话,要能从孩子角度去理解学生,帮助他们解决问题。当我们带着充满爱的童心走在学生中间,走进学生心灵,才更能感受到爱学生的幸福和被学生爱的快乐。

> **【走进校园】**
>
> **教师要有一颗童心**
>
> 　　在一节"芝麻开花"课外兴趣活动中,我看见一名小同学在聚精会神地画画。你看她,这里添一笔,那里加一划,忽而拿起红笔涂,忽而拿起绿彩抹,画着画着,画

面上便立刻有了新的创意。看着,陶醉着,你便会感受到她那颗纯净若水晶般的童心,并为之感动。你的心也会随着她欢跳的画笔,徐徐漾起一种甜甜美美、清清纯纯的心绪,感觉自己仿佛回到那金色的童年。童心似花,童心是诗,童心如梦。其实,人生许多快乐都是童心给予的。多一份童心,就会多一份快乐。

孩童时代,天真幼稚使他们活泼、勇敢、顽皮;好奇使他们施展出异想天开的翅膀;幻想使他们在神奇的童话王国获取无穷的精神财富。童心亦即赤子之心。童心就是心里想什么就说什么就做什么;童心就是以赤子之心度他人之腹;童心就是没有阴谋、没有算计;童心,天真无邪。我们每个人都曾拥有童心,享受童心带给我们的快乐。那么,我们应该好好地珍惜,让童心在我们的生命中保持得长久一些。

教师身处孩子的世界,更需有一颗童心与孩子的心相映。作为教师,不可总是高高在上,不可端着一副"传道解惑"的架势,要"蹲"下来与孩子平等交流。教师的童心,应该是完全真实的、未加琢磨的童心;教师的童趣,应该是一种发自内心的、完全纯粹的童趣。蹲下来跟孩子对话,就是走出成人的自负自大跟孩子交心,那是一种崇高的境界,一种情怀。让我们用一颗火热的童心,哺育祖国的花朵,关爱孩子的成长!

(三)协调师生冲突

1. 师生冲突的产生

师生关系是管理与被管理的关系,这种管理与被管理的关系本身就是一组矛盾,处理不好就会发生冲突。如有些学生上课不听讲,违反课堂纪律,不交作业,甚至做一些影响集体荣誉的事,教师就要对其批评、指责。但如果方法不当,容易引起师生冲突。

2. 师生冲突对师生双方的影响

师生冲突如果处理不好,可能会影响到学生学习积极性,也可能会影响到教师工作热情。对于学生而言,师生冲突会造成学生情绪紧张和注意力分散,无心关注学习内容。尤其当教师与班级中有影响力的学生发生冲突时,很容易引起学生群体卷入,师生都可能无法专注于课堂教学内容。师生冲突对教师本身也不利,影响教师威信,课堂教学注意力受干扰,教师情绪会受到影响。如果师生经常处于情绪紧张、不安、激怒状态,不但影响学生身心健康,同时也影响教师身心健康。师生之间有时可能有误会或冲突,这可以理解,问题发生了并不可怕,关键在于处理是否得当,这要看教师化解冲突的能力水平和艺术技巧。

3. 师生冲突的解决

解决师生冲突关键在教师。教师建立良好师生关系的基础,是用民主态度对待学生,热情、耐心帮助学生。这也是防止师生冲突的重要前提。在解决师生冲突时不能放弃最基本的原则,一方面,教师要考虑学生感受,不能一意孤行,另一方面,也不能无原则让步,或简单屈从于冲突带来的压力,放任不管。没有基本原则立场的教师,难以真正受到学生尊重和爱戴。

如果师生已经发生了冲突或误会,教师要冷静思考,主动沟通,检查回顾是否自己存在问题,及时取得学生理解支持,防止师生冲突加剧,造成不可收拾的后果。在冲突后教师应当对自己的工作进行反思,找出师生冲突的症结和自己思想方法与工作技巧上的不足。不能采取强制的做法。要帮助、引导学生客观分析师生冲突产生的原因,共同找出解决问题的办法。

【走进校园】

在一次小小的误会之后

一个中学生在《我最好的老师》作文中,讲到这样一件小事。

吴老师中等身材,留着一头乌黑亮丽的长发,还有一双会说话的眼睛,她不但教学方法独特,是一位讲课很好的老师,还具有实事求是、敢于认错的品质。

记得有一次,老师叫我们在多媒体电脑屏幕上抄一些重点内容。因为我有近视,看不清屏幕上的小字,我想叫坐在边上的同学借我抄。我刚转过头,老师就把我叫住,让我回答问题,可屏幕上的字我一点儿也看不见,只好呆呆站在那儿,嘴里什么也说不出,心中后悔当初没有好好保护自己的眼睛。这时又听到老师在说我:没学会,上课还在乱讲话,不好好听。当着同学的面被老师这样批评,我觉得非常羞愧,同时又有几分委屈,很想为自己辩解,又没能说出口,只是任眼泪像断了线的珠子滚下来。此时,我觉得这个世界很没有人情味、很冷血,让一个弱小的心灵受到委屈,没有解释的机会,这个世界太冷酷了!下课后,老师把我叫到走廊里,亲切地对我说:"你刚才为什么在哭呢?"终于有解释的机会了,我委屈地说:"老师,我刚才并不是乱说话,是你误会了我!"听了经过,老师明白了。上课铃又响了,老师早早就走进了教室,她当着全班同学的面,将目光转到我的身上,对我说:"小敏,对不起,刚才那节课是我误会了你,其实你并不是随便说话,让你受委屈了,对不起!"几句话一下子把我心里的怨气洗去了,我一下感觉舒服多了。

或许别人看来这不过是一件小事,但对于我来说,却很重要。从老师后来的细心询问中我感受到了关心,她有错必改的精神,让我从内心更敬重她、感激她了。

四、教师与家长沟通的技巧

教师和家长的沟通是一种双向沟通,孩子们的健康成长是双方共同关心的最重要的事,教师需要了解孩子的一些背景情况,争取得到学生家长的积极有效配合。教师可以通过各种途径,加强与家长的联系。

(一)与家长约定时间单独面谈或电话沟通

个别学生的事情可单独时间电话沟通。优点是方便快捷,可以及时得到反馈。但有时可能因为老师有课不方便接听家长电话,或家长办公不方便随时接听老师电话。所以,要与家长们有个基本约定,什么时候可以通电话,什么时间要避免电话影响,争取沟通顺畅。

(二)采用家校联系手册进行交流

联系手册中一定要注意关于学生正面事情的记录占更大比重,不能只写存在的问题行为。有些老师只注意报告学生问题行为,手册成了"过失记录本",这样不利于正向关系的建立。每个学生平时都有表现正常的,或者是比较好的地方,要注意经常提及这些积极因素。同时指导家长不但记录可能存在的问题,特别要将学生在家时的积极表现多记入联系手册,这样教师和家长都能及时把握该生基本情况,注意到学生的正向资源,有利于学生得到积极关注和必要督促,顺利完成各项作业,及时改正缺点,不断成长。

(三)建立与家长们的电子沟通平台

一些共性消息可通过电子平台如微信、短信、邮件等与家长群体进行沟通,省时省力高效。

教师可以及时告诉家长自己对学生的观察与了解,向家长了解学生在家里的行为和学习情况,这样不但可以早发现问题苗头,还可以了解积极改变的契机。在此基础上,及时调整学校教育内容和方法。

【走进校园】

班主任与家长交流经验例谈

半年前,班上转来了一个新同学小军。已经上小学了,他还像幼儿园中的小宝宝那样,很好动,坐住的时候很少,经常乱跑;说话不好好说,口齿不清楚,要连想带猜,才能勉强明白他是什么意思。而且,小军的脾气很任性,要是不合他的心愿,动不动就会哭闹,一不如意还可能发生打人的情况,小同学们只好尽量让着他,顺着他……他就是这样一个让人累心的孩子。经过几个月接触了解,老师发现其实他的智力并不差,主要问题还是在家庭教育中放任得多而基本规则约束和引导少。班主任老师想,怎么和这样的家长进行交流,好让家长与我们配合,达成教育影响上的一致呢?我们知道这样的家长常常有两种心态:一是过度防御之心,因为孩子在外面闹乱子多了,家长时常听到人家来告状,感觉太丢面子,再一听人说起孩子的问题,很容易陷入自我防御,一副满身盔甲的样子,让他人没法触及内心;另一方面,自己的孩子自己通常也是有数的,不论嘴上怎么解释,内心往往会有强烈的自卑感,从儿子有问题的表现,联想到自己教育的失败,所以在面对老师和其他家长时,往往感觉抬不起头来。很显然,如果用生硬指责的态度,就很难打开家长的心门了,应当讲究一些沟通的艺术性。为此,班主任思考了许久,终于找了个机会,与小军的妈妈开始了深入的交流。

后来,在班主任工作研讨交流会上,他将自己的经验作了如下整理和分享。

1. 找准时机、注意场合

每个人都有爱面子心理,当孩子取得优异成绩时,做家长的从心底愿意让朋友们都知道,但当自己的孩子出错或是表现不佳时,家长又从心底希望大事化小,小事化了。所以与一些特别调皮捣蛋甚至"有名"的孩子家长交谈时,一定要注意交谈时机,切不可在上学或放学人多时进行。进出的家长很多,会带来很大心理压力,家长只想快点结束这样的谈话,交谈也就难以深入。所以要尽量避开另外的家长,空间上也要相对隐秘,有一个安全的心理氛围。就如今天,虽然我心中已有打算要找 L 妈妈谈谈,但在家长会现场并没有提及,而当其他家长都离去之后,我留住了她,才开始了我们的交谈。

2. 耐心倾听,尊重家长

老师在与家长的交谈中,一定要放平心态。先不要急着表明老师自己的观点,而要从容一点,请家长多谈谈自己的想法和她的家庭教育。要让家长感受到老师的真诚、真心、真意,那么家长回馈老师的也只能是真情实意了。认真倾听家长想法,让家长感觉到充分受尊重,有了安全感,也就会更真实地谈到具体情况,在全面了解情况基础上,分析问题,挖掘与解决问题有关资源。

3. 看到希望,提出建议

老师必须明确表明自己的态度,将孩子的优点在他的父母前挖掘出来,告诉家长你的孩子在进步、哪里进步了,让父母清楚地感受到他的孩子在老师眼中是有希望的,唤起父母心中的爱。当小军妈妈听到了班主任提到的几件小事,并肯定了孩子的闪光点和潜力后,只见她露出了第一次微笑,原本绷紧的表情一下子缓和了很多。不但要先与家长谈谈孩子的优点在哪里,还要问一问孩子在家中有过哪些好的表现。这样,关系建立起来就顺利多了。

班主任老师说,有些父母在教育自己的孩子时,随意性很大,平时自己的一些言行也不太注意对孩子是不是有负面影响,后来发觉孩子的问题时,很容易焦虑,有可能忽略前提铺垫工作,而急于求成。如在与小军妈妈交谈中,就发现在家里,当小军有不合理要求时,家长往往起初并不同意,他就开始哭闹,为息事宁人,家长总是妥协,反复如此之后,小军就找到了对付家长的办法,遇到一点不顺心的事就躺在地上大哭、打滚。小军妈妈恍然大悟,问怎么办才好。这时,有经验的班主任结合自己多年的经验建议道:"不是原则的问题一般不要轻易说不,一旦说不,请坚持;如果是原则、规范的问题,则一定要坚守,让孩子看到父母的坚定,当孩子无理取闹时,可以采用冷处理,孩子情绪稳定后,再耐心谈话说说为什么,有时,也可让它自然淡化。"当听到这样的建议后,小军妈妈感觉很有道理,说:"好,我回家试试,谢谢老师。"后来,小军在家长和老师密切配合下,自我控制能力明显增强,随意和任性情况变少,成长得很快。

(四) 认真组织家长参加家长会和家校活动

家长会作为学校、家庭双方相互交流教育思想、共同寻找教育方法的重要形式,越来越被教师和学生家长所重视。一般来说,中小学校每个学期至少召开一到两次例行家长会,与家长们见面交流,让家长比较全面地了解学校教育目标、教育内容、教育方法和教育改革情况等,同时可让家长对学校教育、教学提出自己的看法和建议,这样的沟通使学校教育和家庭教育走入同一轨道,对学生成长十分有利。教师也可专门举办特别的主题家长会,进行家长教育讲座,逢节日开展家校联谊活动。

有人感叹说:当教师难,当班主任更难。一个班级几十位学生、一百多位家长,众口实在难调。如果沟通不畅,教育工作难正常开展。但是家长会"千篇一律"的议程也让一些家长厌烦,甚至出现家长逃避家长会的情况。在一些学生眼里,家长会就是"受难日"。因为家长和老师一碰头,交换了"情报",接下来孩子在家就要吃苦头。有的老师担心向家长汇报了孩子的不足,家长回去把问题夸大,对孩子拳脚相加,这会使孩子认为老师是告密者,对老师失去信任。如何让家长会真正发挥积极作用呢?

1. 会前做好准备工作

家长会要有计划,主题明确。本学期要召开几次家长会,每次家长会要解决什么问题,教师要有通盘打算，避免盲目性。班主任主动与任课老师、本班学生谈一谈，希望和家长就哪些方面在会上沟通。例如，初一第一学期第一次家长会的主题可以定为"如何度过从小学到初中的过渡期"。还可以针对学生学习习惯、生活习惯、青春期心理辅导等方面的问题，在不同阶段分别召开相应家长会，有了主题聚焦，会使家长会开得深入，容易收到成效。

在家长会前一周通知会议开始时间、持续时间、地点，咨询能否到会。事先要安排家长座位，在座位上贴上学生姓名及学号，给家长发放成绩通知条，安排班委成员找个别家长汇报学生情况，安排签到人员及引领人员，同时播放学生在校时间的照片、视频及优秀作品，让家长从更多方面了解班级情况。

班主任要提前与发言的任课教师共同准备在会上要交流的内容，对近期关注的焦点问题适当沟通一下，避免班主任和任课教师的解读"各执一词"，使家长无所适从，并要考虑这次家长会与上次家长会所讲内容的衔接。

2. 会中要体现对全体学生和家长的尊重与关心

家长会的目的是老师与家长沟通，为的是达到积极教育效果。如果片面将家长会搞成只针对高分学生的"颁奖会"，或针对低分学生的"批斗会"，这就使家长会变了味道，很难收到应有效果。家长会时间有限，有的班主任会将一些共同关注的问题和有关材料，印发给家长；同时，注意收集一些反馈意见，并在总结经验基础上提出下一阶段努力方向，以及相应教育建议。然后，要在友好、愉快氛围中结束会议，使学生家长高兴而来，满意而归，为下次会议打下良好基础。

3. 会后要做好与学生的交流工作

家长会后，班主任可以再召开一次与家长会内容相照应的班会，肯定学生们在家的优秀表现，表达对一些特殊表现的理解，而对于发现的问题则要求进行改正，谈出思路，留下正向期待。这样，有助于消除一些学生"恐惧"家长会的心理，真正起到开家长会所要达到的教育作用。

班主任还应提示家长在会后注意教育方式方法。首先，应当对孩子客观描述家长会的内容，让孩子了解家长会的全过程；尽量做到客观、真实转达家长会上的所见所闻；其次，帮助孩子分析最近哪些方面有进步，哪些方面还存在不足，并找出原因；最后，要孩子根据自己的薄弱环节制订出下一阶段的成长计划，并积极关注所取得的成效。

总之，教育教学离不开家长与老师的共同努力。一次成功的家长会，是一次教育的升华，会成为一种动力，使教师增强教育信心。教育是一门艺术，掌握了与家长沟通的技巧，才能让我们的教育行为有效化；掌握了与家长沟通的技巧，就可以减少与家长之间的误会；掌握了与家长沟通的技巧，在沟通的同时也就多了一份教育带来的享受。

本章小结

教师人际关系,主要指教师在学校教育教学工作中通过直接交往而建立起来的人与人之间比较稳定的心理关系。这种关系对教师个人和群体,乃至整个学校风气及各项工作都会产生一定影响。教师人际关系具有教育性和示范性,具有制度性和责任性。

教师工作中最主要关系是师生关系。师生关系影响师生间教育信息传递,影响师生间情绪心理。因此,良好师生关系对教师顺利开展工作及提高教学质量具有重要作用。

教师如果能与学生和家长、与领导和同事、与亲人及社区成员建立良好人际关系,这不但会关系到工作成败,也直接影响到教师和学生身心健康。良好人际关系有助于个体获得需要的满足感,可以提高教师社会化水平,提高人们的工作情绪、劳动效率,可使人保持愉快心境,增强应对挫折的能力。

教师要协调好各种人际关系,包括上下级关系、与同事关系、与学生关系、与学生家长关系。教师更要处理好师生冲突,防止师生冲突造成有害影响。教师还要掌握与学生家长沟通的技巧,家校联手,教育培养好学生。

思考与练习

1. 谈谈人际关系对工作和身心健康的意义。
2. 在以往的人际关系中,你有哪些成功经验?请与你的同伴相互分享各自的小故事。
3. 你以往人际关系中,有什么负面经历?与同伴谈谈那件事,并分享一下现在你怎么看那件事,听听同伴有什么反馈。以后再遇到类似情况,有什么新的处理办法?
4. 当你成为一名教师,你准备如何有针对性地协调与领导和同事的人际关系?
5. 结合你的做学生或做实习老师的经验,从正反两方面举出实例,谈谈如何处理好与学生的关系。
6. 结合你的所见所闻,谈谈教师应如何处理好与家长的关系。

参考文献

[1] 张雯,刘视湘.艺术心理辅导实务[M].北京:首都师范大学出版社,2015:226—250.

[2] [美]阿伦森.郑日昌,张珠江,等译.社会性动物[M].北京:新华出版社,2001:280—320.

[3] [苏]瓦·阿·苏霍姆林斯基.杜殿坤,编译.给教师的建议[M].北京:教育科学出版社,1984:116—118.

第九章　教师教学中的心理健康

学习目标

1. 理解教师的教学观和学生观。
2. 掌握教师课堂教学积极心理学原则。
3. 学会教师培养学生创新能力与创造性的方法。

【案例分析】

"老师,我能不用书中的原话吗?"

在学习《两条小溪的对话》课堂上,老师让学生按照课文内容分角色表演。这时,有一位学生发问了:"老师,我能不用书中的原话表演吗?"老师和蔼地问:"这是为什么呢?""因为书中的原话太长,我背不下来,如果拿着书表演,又不太好。"孩子说出了原因。"你的意见很好,用自己的话来表演吧,还可以把你对课文内容的理解灵活加进去。"老师高兴地抚摸了一下孩子的头。结果证明,这个孩子表演得非常出色。

在这个课堂案例中,教师理解和尊重了学生的观点,让学生真正感到平等和亲切,教师和学生之间形成了平等的师生关系,教师从过去的知识传授者、权威者转变为学生学习的帮助者和学习的伙伴,并鼓励学生发挥创造力,对课文内容进行一定加工创造,调动了学生学习的积极性和主动性,培养了学生的兴趣,使师生双方以积极的态度投入教学或学习过程中去。

第一节　教师的教学观和学生观

"同学们,今天我们共同学习第一课。"

这是我们常常听到的教师课堂开场白。这句开场白虽然简洁,听起来也觉得不新鲜,但还很亲切。"共同学习"嘛,老师跟学生处于平等地位,教育思想可嘉。可是深入课堂从头到尾去听一听看一看就可以发现,在实际的课堂教学中,大多数仍然是教师的"一言堂",所谓的"共同学习"其实有名无实。

而有些教师就可以做到与学生"共同学习"。有一位教师教"你必须把这条鱼放掉",在板书课题时有意漏写引号。板书后问:"老师这里写的与课本上有什么不同?"学生打开课本,认真看后齐声说:"少了引号。"

老师问:"这里为什么要加引号?"

学生答:"这是引用一个人说的话。"

老师进一步问:"你们看到这个题目,会想到哪些问题呢?"

学生纷纷举手发言:"这话是谁说的?""这是一条什么样的鱼啊?""为什么一定要把它放掉?""有没有放掉?"……

在肯定了学生积极动脑、大胆质疑之后,老师紧接着说道:"很好!这些问题课文都作了回答,现在请大家阅读课本。"接着,同学们都兴趣盎然地读起书来。

这个案例揭示了好的导语对于诱发学生学习兴趣的重要性,但在更深层面揭示的是教师是如何看待学生的,即教师的学生观。第一个导语中虽然说是"共同学习",但是在教师眼中,教师的任务就是教授知识,学生的任务就是学习课本上的知识,因此,课堂也就成为教师的"一言堂"。在第二个导语中,教师将学生看作是主体的人、会思考的人,因此,教师能够根据课堂内容设计导语,并激发了学生的学习兴趣。

教师的教学观和学生观在很大程度上决定了他们对教学过程中的具体事物和现象的看法,影响到他们在教学中的决策和实际表现,进而影响到学生的学习。树立正确的教师观和学生观有利于培养学生的创新精神和创造性。

教学观念对教学活动起着指导和统帅作用。教师的教学观和学生观一经形成,就会在他们的头脑中形成一个框架,影响到他们对教学过程中的具体事物和现象的看法,影响到他们在教学中的决策和实际表现,进而影响到学生的学习。要提高教学质量和效果,首先需要转变教师的教学观,这已经成为普遍的共识。

那么什么是教学观,什么又是学生观呢?

一、教师的教学观

了解教师的教学观,才能使教师明了自己是带着何种念头走进课堂的。正确的教学观促使教师采取恰当行为,促进学生健康发展。错误的教学观,导致教师采取不恰当行为,妨碍教学,伤害学生。

(一)教学观的含义

教师对教学本质及过程的基本看法称为教师的教学观。教学观是一种观念,教师一旦形成某种教学观,就会表现出相对稳定的教学态度和行为。教师的教学观会直接影响其在课堂中的语言及行为表现,进而影响到师生关系以及学生的学习效果和成绩。因此,在教学过程中,教师必须树立正确的教学观,积极正确引导学生学习,进而实现学生学习的最优化。

(二)教学观的类型

关于教学观的分类有很多种,但多数只是名称不同,实质内容相同。主要有以下几种。

1. 传授观

传授观认为,教学的本质是将知识和技能从教师或其他外在于学生的地方向学生传送。教师是中心,学生只是被动的接收者。

2. 应试观

应试观是在我国教育中一直占据重要地位的一种教学观。这种教学观认为教学就是训练学生做好参加考试的准备,教师是训练者,学生是被训练对象。考试成为指挥教师和学生行为的指挥棒,决定了教学的内容及手段。

在传授观和应试观中,教学是一个单向过程,学生均处于被动地位,外在因素成了决定教师教学过程的主要因素,学习结果和教学目的表现为知识量的积累或考试分数的提高,可以归类为"灌输式"倾向,见图9-1。

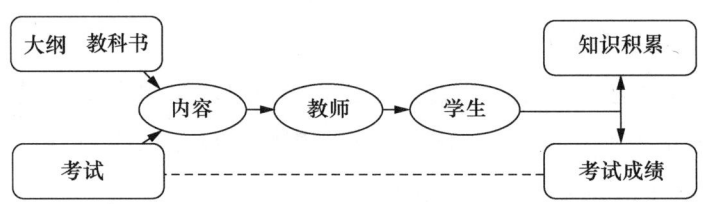

图 9-1 灌输式教学思想倾向的教学过程

3. 能力观

能力观主张教师在教学过程中把教学目标定位在发展学生能力、帮助学生学习和鼓励学生改变对世界的看法。能力观认为能力不能通过简单单向传递方式来获取,必须由学生本身发展起来。因此,在教学过程中,教师的教学内容应与现实世界以及学生生活经验紧密联系,帮助学生学会学习方法,达到能力发展的目标。

4. 态度观

态度观认为教学不仅与学生的知识积累或能力发展有关,更重要的是激发学生的学习兴趣,使学生树立起一种正确的学习态度。教学内容不仅是学科知识,还包括通过教师行为和师生互动表达出来的潜在信息。

5. 育人观

育人观注重学生品格表现方面的成长,强调教师示范作用,希望通过课堂教学,学生不仅能获得知识,还能学会如何做人。因而,在教学过程中教师要营造良好学习气氛,通过潜移默化和相互激励的方式对学生进行教育,做学生的良师益友和榜样。

上述后三种教学观,在教学过程中,学生处于主动地位,教师只对学生的学习起辅助或示范作用。在育人观中,教师教学目标多元,教学方式多样、互动、开放,教学内容不仅局限于教学大纲、教科书或考试说明所规定的内容,不止是学科的知识技能,还包括生活中的问题,包括学习、探究和解决问题的方法,包括透过教师示范作用表现出来的正确学习态度和品格行为。这三种教学观可以概括为"互动式倾向",如图9-2所示。

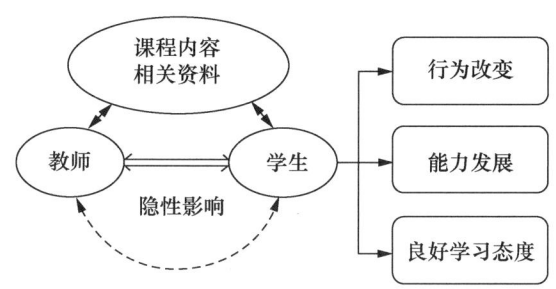

图 9-2 互动式教学思想倾向的教学过程模型

另外有学者通过对比研究13个有代表性的研究报告后指出,人们归纳出各种各样的教学观中有许多仅仅是冠名不同,内在含义相近甚至相同,可以进一步整理归并。通过分析,将人们在研究中发现的教学观归纳为五种:传递信息的教学观、传递知识结构的教学观、师生相互作用的教学观、帮助学生理解的教学观、促进学生概念转变的教学观[可默泊(Kemeber),1997]。

表 9-1 教师教学观的类型

维度	传递信息	传授结构化知识	师生相互作用	促进理解	概念变革
教师	呈现者	呈现者	呈现者、指导者	促进者	变革代理者/发展者
教学	传授信息	传授结构化信息	相互作用过程	帮助学生学习的过程	个体和概念发展的过程
学生	被动接受者	接受者	参与者	教师负责学生的学习	教师负责学生的发展
内容	课程规定	教师安排学习材料次序与结构	教师规定	由学生在教师的框架内建构	由学生建构,但概念可以变化
知识	教师拥有	教师拥有	学生在教师框架内发现	由学生建构	社会建构

这五种教学观按照对学生和教师在教学过程中角色和地位的认识差异,从强调教师为中心过渡到强调学生为中心。前两种教学观共同点是强调教师和教学内容,属于以教师(或教学内容)为中心的教学取向;后两种教学观共同点是强调学生主体地位和学习过程,属于以学生为中心的教学取向;第三种教学观介于两种取向之间。

(三)教学观的影响

教师教学观产生的影响主要体现在教师通过课堂教学对学生的影响,包括对学生课堂表现、学习风格、创新精神和创造性以及心理健康的影响。

1. 教学观与学生的课堂表现

如果教师在课堂中奉行"灌输式的教学观",那么在教学过程中,其倾向于滔滔不绝地讲解,而要求学生接受为主,并不给学生发挥的空间,课堂俨然成为了教师的"一言堂"。学生在这样的课堂上也不会积极发言,只是听讲、做笔记,课堂气氛显得很沉闷,可以说是"万马齐喑"。而教师如果能积极引导学生,激发学生学习兴趣,与学生进行良好互动,营造良好课堂氛围,则学生也会变得积极活跃,从而展现出积极的课堂表现。

2. 教学观与学生的学习风格

研究表明,教师的教学观对学生学习风格形成具有显著影响。当教师持信息传递(灌输式)的教学观时,更可能使学生采用再现导向的学习风格进行学习;当教师持促进学习(互动式)的教学观时,有利于促使学生采用意义导向的学习风格进行学习,这将进一步有利于学生提高学习质量。

3. 教学观与学生的创新精神和创造性

"灌输式的教学观"以传授知识为主要手段,以学生的测试分数为主要目的。持这种教学观的教师认为课堂教学是一个单向的过程,不要求学生的创新发挥,因此,不利于学生的创新精神和创造性发展。"互动式的教学观"以学生为主体,重视学生的潜能,尊重学生提出的建议,因此,有助于学生创造性思维的发展。

4. 教学观与学生的心理健康

学生是发展的人,是主体的人,是有自己独特个性的人。"灌输式的教学观"以教师为主体,将学生视为接受、存储知识的容器,压抑了学生个性发展,不利于学生心理健康。而"互动式的教学观"以学生为主体,始终关注学生个性发展,因此,有利于学生心理健康。

(四)如何树立正确的教师观

1. 改变教学观念,引导学生主动参与

叶澜说:"没有学生的主动性,教育就可能蜕变为'驯兽式'的活动。"教学过程不只是教师执行课程计划,进行"修剪塑造"的过程,还是学生主动学习、积极建构知识的过程。教师要充分发挥主导作用,积极为师生交流创设良好的氛围。

2. 改革教学方法,教会学生主动探究

在教学过程中,教师要注重启发与诱导,善于采取观录像、讲故事、临现场等形式,运用发现法、情境法、暗示法、讨论法、点拨法等新颖的教学方法,通过先进的教学媒体激发学生的学习兴趣。

3. 改善教学模式,使用开放型教学模式

在教学活动中,教师要尊重学生在课堂中的发言权,尊重学生的个体差异性,采用多种教学方式激发学生创造性思维的拓展,允许他们对教学内容有根据地批判和质疑,培养学生自主学习能力,激发学生求知欲,指导学生形成良好学习习惯,掌握学习策略。

4. 改进教学手段,应用现代教育技术

现代信息技术已渗透到社会各个领域。多媒体教学和计算机辅助教学已在课堂普遍使用,教师必须努力适应和使用现代信息技术。

综上所述,我们应该树立同时以教师和学生为主体的学生观。教师在课堂教学中是引导者、指导者、服务者。教师要协调好自己的角色。学生在课堂教学中是学习的主体,但是学生还处于快速发展时期,还不是成熟的人,因此,在很多方面都需要教师的引导。

二、教师的学生观

教师的学生观,决定了教师头脑中对学生的看法。只有正确的学生观,才能使教师正确看待和对待学生,采取恰当的教育教学行为。

(一) 教师的学生观含义

教师的学生观是指教师在教学过程中如何认识学生和对待学生的基本态度。随着教育不断改革,教师的学生观也在不断发生变化。现代学生观认为,在教师心目中,学生应是学习的主体,同时,学生也是有潜力、不成熟的人。只有教师不断改变自己的学生观,才能使学生的思维得到更好发展,从而使学生拥有创新精神。

(二) 新时期教师的学生观

1. 给予学生充分自由

教师在教学过程中,要注重培养学生的独立性和自主性。在学习内容上,教师应给予学生选择的自由,鼓励学生选择自己感兴趣的内容,然后教师给予引导,以促进学生学习。

2. 适应学生发展

学生是发展中的人,是发展变化的个体,教师在教学过程中要努力创造有利于实现学生全面发展的环境与条件,遵循青少年身心发展规律,促进每一个学生全面、自由和充分发展。

因此,在教育工作中,教师需要运用教育的力量去帮助学生渐渐走向成熟,尽可能为学生发展创造各种条件,以保证每一个学生都获得成功机会。

3. 尊重学生的合法权利,师生关系平等

教师应充分尊重学生的个人隐私,尊重学生尊严与人格,平等对待所有学生,保障青少年依法享有各项权利。在人格方面,师生需要建立平等关系,学生感受到自己价值所在。这样才能营造良好学习氛围,有利于学生学习。

(三)教师如何树立新的学生观

1. 教师要加强现代教育理论学习

一名合格教师不仅要有扎实的教学知识和教学经验,同时还必须有先进教育理念。在教学过程中,教师要树立创新意识,不断学习新的教育理论,不断改进教学方法,做到将新教育理论与方法相结合,从而促进学生学习,达到理想教学效果。教育教学活动必须遵循理论与实践相结合原则,理论只有与实践相结合才能迸发出巨大力量。

2. 学会尊重、理解学生,建立新型平等师生关系

教育首先要尊重人,尊重人的生命、需求,尊重人的精神世界,尊重人的个性和差异。在教育教学过程中,教师需要别人尊重,同样,学生也需要得到教师尊重。教师应注意学生学习各方面的差异,做到因材施教,与学生互相理解,进行良好沟通,将学生当作教育教学的主体去尊重和爱护,这样师生关系就会更加和谐。

教师也要不断适应社会发展,学会与学生平等相处,努力为学生提供自主、合作、探究的学习机会,创设平等、民主的学习氛围和良好心理环境,这样,教育教学效果会更加理想。

3. 学会欣赏学生,并对其进行积极引导、塑造其成功心理

学生获得成功、享受成功同时产生愉悦心理,会有利于激发其智力潜能,言行更有智慧,获得新的成功欲望,达成成功心理。在课堂学习中,学生能否获得成功很大程度取决于教师主导性的发挥。课堂上教师应努力为学生创造成功条件,为不同层次学生制定不同学习目标,精心设计练习题,让每个学生都能得到适当练习。教师在教学中要及时发现学生的进步,哪怕是微不足道的进步都要加以肯定,使学生充分获得成功体验,享受成功喜悦。

在教育教学过程中,教师要用发展眼光看待学生,充分相信学生潜能,鼓励他们不断发掘自己潜力,学会欣赏学生各种天分。处于学习期的学生可塑性很强,他们需要教师积极引导,教师要明确每个学生都有自己的特点和个性,发现每个学生闪光点,尊重学生个性,注重学生个性化发展。

经济社会发展新时期还会有新问题、新挑战,这要求教师要因时而变、因势而变,不断创新教学方法,树立科学学生观。努力把学生培养成能适应新时期、新变化、新挑战,能够满足

时代发展需要的新型人才。

教育观和学生观是教师对教育与学生的最基本看法和认识,是教师世界观、人生观、价值观在对待教育教学、学生问题上的集中反映。它支配着教师所有教育行为,并决定着他们在工作中的态度方式。教师树立了什么样的教育观和学生观,对学生当下甚至将来的发展具有非常大的影响。因此,在教育教学过程中,教师要树立积极正确的教育观和学生观,促进学生全面发展。

【案例分析】

一项国际性调查评估显示,在全球21个受调查国家中,中国孩子计算能力排名第一,想象力排名倒数第一,创造力排名倒数第五。

来自英国德文郡市布莱克沃顿的一群8至10岁的小学生,曾创造过一项科研"传奇"。在伦敦大学学院的博·洛托博士指导下,这25名小学生对大黄蜂的觅食行为进行了观察,设计了对比实验,发现大黄蜂学会了判断两种颜色的组合模式。都说这是一个令人惊异的发现,因为以前研究人员只知道蜂类有很强的空间判断能力,而小学生发现了它们还具有观察和学习颜色的组合能力。这项研究成果发表在了久负盛名的国际学术刊物《生物学通讯》上。据称,这是国际学术刊物第一次正式发表主要由小学生完成的研究论文。这听起来有些不可思议,因为《生物学通讯》刊发的主要是美国、英国著名教授的评论文章。

在这个案例中,我们的关注点更应该集中在事情的过程和结果背后的根源。

第一,我们必须为学生提供进行探索和发现的机会,建设有利于发现和创造的环境氛围。正如布莱克沃顿小学校长说的,与论文相比,更让他们感到自豪的是真正参与科学探索的过程,而不是被动接受知识。真正的科学探索是无法预料结果的,重点是有没有探索机会和如何经历过程本身。

第二,要让学生体会到观察、探索过程的乐趣。在孩子们看来,观察更像是他们与大黄蜂之间的一场游戏,在游戏中,他们处在自在的状态,而且还设置了游戏规则、对比实验。在积极情绪体验中,学生才会产生不断探索、不断创造的动力。

第三,教师在学生进行发现问题、探索问题以及创造性思维成果过程中,要扮演好指路人角色,在学生思考过程中给予恰当引导和鼓励。这个案例告诉我们,学校教育不能只灌输给学生已有的知识,而应该为创造力的培育提供合适的空间,提供鼓励发现、鼓励创造的氛围,激励学生勇敢快乐地探索未知。

第二节 教师课堂教学积极心理学原则

课堂教学是教师教和学生学的有机结合,在教学过程中,只有教师保持良好心态,积极引导学生,才能使学生学习更加有效。积极心理学在心理问题预防、良好人际关系构建等方面发挥重要作用,同时也对课堂教学起着重要作用。

积极教学是对传统教学的反思,强调教学不只是对学生纠正错误、改造问题、克服缺点,教学主要是发掘、研究学生的各种积极品质,并在实践中进行扩展和培育。教育就是要创建一种教学环境,让学生充分发挥主动性、思考能力及热情、勇气、坚强等品质,而不是给予过多约束和控制。另外,积极教学目标是把所有人尽可能培养到一个他可能达到的理想状态,这一理想状态并不是一个统一的客观标准,而是依每个人多方面因素影响的各自可能达到的动态理想状态。

一、积极心理学

积极心理学是一门从积极角度研究传统心理学内容的新兴科学。积极心理学以塞利格曼和特米哈伊(Seligman, & Csikzentmihalyi)2000年发表的论文《积极心理学导论》为标志。它采用科学的原则和方法来研究幸福,倡导心理学的积极取向,研究人类的积极心理品质、关注人类的健康幸福与和谐发展。

(一)积极心理学的定义

美国的希顿和劳拉·金将积极心理学定义为"积极心理学是致力于研究人的发展潜力和美德等积极品质的一门科学"。

积极心理学是以幸福感和快乐感为核心的积极情绪体验的研究,是以乐观、智慧和勇气为特征的积极人格特质的研究,以建立积极的家庭、学校和社会系统为主体的积极社会组织系统的研究。

积极心理学的基本内容包括:积极情感体验;积极人格特征;创造力和培养天才。积极情绪体验是一种积极主观体验,会使人产生某种接近的行为倾向。积极情绪扩建理论认为:人的积极情绪如兴趣、爱好等都有扩建人们的思想和行为的能力,从而使个体以后的行为变得更有创造性和建设性。积极的人格特质能激发人的潜力,帮助人们克服困难、建立良好人际关系、提高人们工作和学习效率,使人获得幸福感。

(二)积极心理学的基本思想

1. 积极观

积极心理学主张用积极眼光看待社会成员,用积极态度看待问题,倡导心理学应转向对人积极方面的研究,应当从每个人现有实际能力和潜力出发,用积极、发展眼光来看待每个人的潜能和力量,从而发掘和培育人类的积极潜能和力量,以此提升个体的自我发展能力,促进人的积极全面发展。

2. 幸福观

积极心理学把帮助人们追求幸福生活作为自己的价值追求,来提升个体主观幸福感,从而不断提升个体幸福感指数。

3. 发展观

积极心理学着重于对有心理缺陷和弱点者在自救问题上,通过发挥人的积极力量和品质,不仅帮助人们研究解决问题,而且培育和增强人的积极品质,达到预防心理问题的效果,进而促进人心理积极健康发展。它强调以实际或者具有建设性的力量为出发点,帮助人们养成积极乐观心态以应对各种问题和挑战。

二、教师课堂教学积极心理学原则

教师教学原则可以从两个角度分析:一个角度是从教学技术和教学艺术角度谈教学原则,这个角度是传统角度和传统观点;另一个角度是从积极心理学维护学生心理健康角度谈教学原则,这个角度是这门课重点关注的方面。

(一)从教学技术和教学艺术角度看教师的教学原则

1. 直观教学原则

直观教学包括实物直观、影像直观、语言直观、知识直观等。

实物直观是指在教学过程中,教师通过实物进行教学,直接将对象呈现在学生面前。

影像直观是指运用各种手段,包括图片、图表、幻灯片、录音等多媒体技术进行辅助教学。

语言直观是指教师运用自己的语言、借助学生已有的知识经验进行生动比喻、形象描述,强化学生感性认识,达到直观教学的效果。

知识直观是指新知识如果是建立在学生已有知识与经验基础上,通过已有知识与经验的延伸、拓展、联想得来的,则这样的知识形成过程更容易让学生接受。

直观教学原则能帮助学生理解抽象的、复杂的概念、规律与原理,更好地培养学生完整的思维能力。

2. 问题教学原则

问题教学原则是基于启发式教学原则提出来的,是对启发式教学原则的具体化,它是指在教学过程中,应围绕问题的发现、提出、分析、解决过程来进行,从而启发学生积极思维,调动学生学习积极性,充分发展学生创造性能力与创造性人格。

3. 合作教学原则

在教学过程中,合作使每个学生都有参与机会,每个学生都能在参与中体验到学习的快乐,获得心智发展。教师作为学生学习过程的组织者、引导者、帮助者,要与学生彼此欣赏,共同分享各自经验与观念,从而丰富教学内容,实现知识共享,使学生在合作中不断进步。

(二)从积极心理学维护学生心理健康角度看教师的教学原则

1. 积极情绪原则

积极情绪原则是指教师教学要使学生经常感受和体验各种积极的情绪情感,如新奇感、趣味性、愉悦感、轻松感、兴奋感,以及被老师关注、关心和关爱的满足感。这样可以使学生对学习和教师形成积极态度。这一原则满足了学生多种心理需求,如安全、归属、求知、审美、自尊等需求。依据这个原则,教师可以做以下一些工作。

(1)教师要具备积极情绪状态,以自己的积极情绪状态去感染学生,让学生体验教师对教学的满腔热忱和对本职工作的高度责任心,让学生沉浸在师爱的融融温情中,由此使学生对所学科目产生喜爱的情感。特别是对处于年幼阶段的学生,教师的积极情绪感染更能起到意想不到的效果和作用。

(2)教师教态要亲切、热情、和蔼可亲,所使用的教学语言生动活泼,富有幽默感、可接受性和浸透力。

(3)教学方式丰富多样,富有趣味性。

(4)创设团结互助、好学上进的班级风气,塑造不让一个学生掉队的班级精神,师生之间、生生之间互相尊重,人格平等,成为目标一致、同心协力的真正班集体。

2. 体验成功原则

成功体验是影响学生自我效能感的核心要素,也是学生学习动机形成与增强的重要条件。"成功是成功之母"指的是不断的成功体验带来更加强劲的追求成功的行动,进而取得更多成功的结果。成功体验既是学习取得良好效果的正反馈,又是对曾经的学习行为的事后强化。"失败是失败之母"是指有些学生为搞好学习坚持不懈努力而感到成效甚微,因而降低学习动机甚至放弃努力,最终导致失败的结局。要防止学生厌学,减少"学困生"数量,就要贯彻教学的体验成功原则,要求教师做到以下几点。

(1)按照"跳一跳摘桃子"标准确定教学目标,使学生经过努力可达"最近发展区"。教学目标要依据学生个别差异,设置适当弹性标准,真正做到因材施教。

(2)教学活动要为每一个学生提供体验成功的机会。教师要杜绝对绩优生积极反应、对中等生忽略不计、对"学困生"过分敏感的偏向。教师应多些耐心、多些关注、多花些时间和精力指导那些需要更多帮助的学生。

（3）教学评价要具备"鼓励性"，教师运用多元化标准，发现和展示每个学生的优点和长处，鼓励学生之间相互学习对方的长处。同时，引导学生发现自己的点滴进步，鼓励他们每天进步一点点，增强他们的信心，使他们形成积极自我概念。

3. 合理负担原则

学习负担过重一直严重妨碍学生身心健康，对此，社会、学校和家长都有责任。学校规定的学生课业和学习时间过长，家长安排的学生课外学习的种种活动，导致中国孩子过重的学习负担。教师可以直接改革教学，间接影响学生家长解决这些问题。

（1）教师教育教学观念改变是前提，提高教学技术技巧和艺术是关键。教师应向课堂要效率，当堂完成教学目标，提高教学质量，不把希望寄托在课堂之外。注重学生课外机械练习、盲信题海战术，是教学无能的表现。

（2）教师设计考试次数要合理，布置作业数量要有控制。

（3）召开家长会，加强家校联合，促使家长与学校保持一致。教师不鼓励家长额外给自己的孩子增加学习负担，争取家长的支持与配合。

4. 民主自治原则

教师教学观和师生观影响了教师管理学生的方式和师生关系处理，影响了课堂心理气氛。教与学师生共同参与，师生关系平等。教师要实行教学与管理民主，应到以下几点。

（1）教师增强民主意识，实行民主化课堂管理。学生可以对教学内容、教学方法发表见解，教师真诚倾听，及时改进教学。这可以培养学生的参与意识和合作态度。

（2）师生协商课堂行为规范标准，教师的要求尽可能取得学生认同，然后实行。

（3）课堂教学与管理，以积极引导为主，以消极限制为辅。教师对课堂偶发事件和突发事件，要运用教育机制及时合理妥善处理，避免激化矛盾，防止师生冲突发生。

（4）恰当运用集体舆论，合理采用集体压力解决疑难问题。

这些原则的实施，有助于在课堂形成积极交流互动、配合默契、热烈宽松、愉快有序的理想氛围。

三、积极心理学对教师课堂教学的启示

随着经济社会迅速发展，各种压力出现，学生课堂学习也时常表现出精神涣散、注意力不集中等现象，其心理健康、价值观形成都会受到影响。就现阶段课堂教学现状来说，积极心理学的引入有着极为现实的意义，在具体教学过程中，教师应适当对学生进行有效心理干预，帮助学生、引导学生形成正确的世界观、价值观以及情感等方面的观念。

(一)构筑"以情感人"的教学平台,激发情感体验

首先,教师要以积极情绪情感感染学生,要有亲和力,在课堂教学中充满热忱。以高昂、快乐的情绪带动学生。让学生在课堂上有积极主观体验。教师要学会塑造积极人格特质,善于发现自己身上的积极品质,学会用自己的美德与优势去积极工作、生活,体验快乐。

其次,教师要善于移情。教师在课堂教学中,要从学生角度去领会教材,体验学生心理和需求,在切实满足学生发展积极需要基础上,唤起学生体验,调动学生学习积极性。心理学研究表明:学生积极情绪产生积极状态的认知,能促进学习,提高学习效率;消极情绪则会使个体的认知范围、学习效率受到影响。

教师在课堂教学中,应该运用积极、开放、欣赏的态度看待每一个学生,善于发现、挖掘每一个学生的优势和优点,对学生做积极的评价,用有声语言、身体语言和眼神鼓励学生,让学生充分感受到老师对自己的期望。教师要用自己的积极言行感染学生。

(二)以情感为基点引入"情感教学模式",优化教学的同时促进积极品质的培养

卢家楣(2002)指出,"情感教学模式"主要是"诱发—陶冶—激励—调控"四个环节,通过对教学中情感因素的充分重视和有效调动,最大限度地发挥情感因素的积极作用,优化教学。

第一,创设问题情境,诱发学生的学习兴趣。教师要不断揣摩学生需求,根据学生的特点、教学内容设计学习素材,搜集典型案例,激发学生学习兴趣,不仅让学生掌握该课程的知识,还要激发学生继续探究的热情。

第二,抽象内容形象化,陶冶学生情感。教师在学生已有知识基础上,在教学中恰当地引入与教学理论有紧密关系的、形象而生动的材料,一方面能激发学生的求知欲,另一方面学生的情绪情感在想象中得以高涨,为教学中陶冶学生情感提供了丰富的资源。

第三,增加反馈,合理期望,激励学生的自信。营造良好的课堂氛围,建立融洽的教学环境。

第四,对整个教学活动进行有效调控,使学生尽可能以积极愉快的心境为主导。因此,在教学中教师要善于观察,进行有效调控,及时发现并消除其消极情绪。此外,营造积极的课堂师生关系必不可少。

(三)建立学习型组织

建立以教师为主导、学生为主体的新学习型组织。教师作为整个课堂的指挥者、引导者,要充分调动学生学习积极性,发挥学生主体作用,让学生成为学习的主人,实现课堂上教师与学生的良好互动,教学相长,构建多元、开放、包容的课堂教学模式。

综上所述,在课堂教学中引入积极心理学理念,有助于培养学生终身学习的能力。从学

习角度分析,良好师生关系有助于激发学生学习兴趣,实现学会、会学的统一;从教学角度分析,教师拥有良好教学情绪,能极大提高课堂教学质量。因此,教师应该在教学过程中,不断深入了解积极心理学内涵,并将其运用到课堂教学中去,充分发挥学生潜能,帮助他们养成积极乐观的人生态度,让学生得到全面发展,更好地服务社会。

> **【拓展阅读】**
>
> **积极心理学在心理健康教育方面的应用**
>
> 积极心理学在心理健康教育方面的应用,一方面是将心理健康教育的目标与积极心理学价值取向相结合。现今品德教育体系已将心理健康教育纳入其中,以往心理健康教育大多以问题为中心,没有实现良好的育人目标。现在以积极心理学价值取向为引导,对心理健康教育的各项要素和目标进行整合,使用积极评价目标和手段,去除消极目标价值取向,最后形成以积极心理素质培养目标代替疾病预防目标。另一方面将心理健康教育的内容与积极心理学研究相结合,使学校心理健康教育内容和形式得以拓展。积极心理学以培养积极情感和塑造积极人格为主要心理健康教育内容,并营造能够促使学生积极本性得以发展的心理外在环境。
>
> 因此,目前一些学校已经将积极心理学思想融入心理健康课程中,而心理健康教育课程作为心理健康教育的主要部分,能够更多涉及积极心理学的核心内容和提供积极课堂环境,培养学生自身主观幸福感、快乐体验、自我决定性、乐观、自尊、自信、宽容、同情、慷慨等积极的人格品质。[杨晓萍.积极心理学及其在课堂教学中的应用[J].南昌高专学报,2008,23(5):92-94.]

第三节 教师培养学生创新能力与创造性

21世纪是知识经济时代,知识经济的发展依靠新发现、新发明研究和创新,其中创新是核心,创新的实现取决于人的创新精神、创新意识和创新能力。时代向我们的教育提出了要求——培养出一大批具有创新意识和创新能力的创造型人才。教育应加强对学生创造力的培养,鼓励学生灵活运用所学知识,善于提出问题、分析问题,运用思维的发散性,创造性地解决问题,提高创新能力,进而更好地实现社会价值和自我价值,使学生有能力在日趋激烈的国际竞争中立于不败之地。

一、创新能力和创造性概述

创新是一个民族的灵魂,是国家兴旺发达的不竭动力。学校教师培养学生创造性思维和创造性,才能使学生具备创新能力。

(一)创新能力和创造性定义

1. 创造力

创造力(creative ability)即创新能力,是个体特殊能力的一种,是智力发展的高级表现形式。林崇德(1986)把创造力定义为"根据一定目的,运用一切已知信息,产生出某种新颖、独特、有社会意义或个人价值的产品的智力品质"。产品既可以指以某种形式存在的思维成果,包括新概念、新设想、新理论,也可以指新技术、新工艺、新产品。创造力可以从两个方面理解:创造力是人区别于动物的一种特有能力,是人的本质力量最集中的展现,健康人都具有创造力;创造性思维是创造力的源泉,创造力与思维灵活性、独特性与流畅性有关。创造性思维是人类创造力的源泉,创造性思维越敏捷,创造力越强。正是有了思维,人才具有无穷的创造力。

2. 创造性

创造性是指创造的属性或特性,它是对创造内涵和本质的规定。创造性应包括以下几个方面:首先,创造性具有新颖性,指人们的思维、技术或产品是前人所未有的,或者说是个人以前从来没过的;其次,创造性具有独特性,指人们的思维、技术或产品具有与众不同的性质,具有独创性特征;第三,创造性具有价值,指人们的思维、技术或产品对人们来说是有用的,能给人类或个人带来利益。创造性不仅有社会价值,而且具有个人价值。

3. 创造力和创造性的关系

通常认为,创造力即创新能力并不等同于创造性,二者紧密联系,但又有区别。马尔茨曼提出,一个人可能有高度的创造性,但不一定具有高度的创造力。创造力不仅依靠独创性,还需要具有一定的社会性。吉尔福特(Guilford)认为,独创性是有助于创造力的几种特性之一,他指出,创造力是一种更普遍的特性,它不仅包括独创性,而且还包括可塑性、流畅性以及有关动机和气质的特性。总之,一般认为,独创性是创造力的基础,也是创造力的重要特性之一,而创造力则是范围更广的概念。

(二)创造力的结构

随着心理学研究的进展,人们逐渐放弃"单维创造论",渐渐构建起了创造力系统观,使得创造力研究向"多维取向"和"聚合模型"发展。

1. 智力三维结构模型

吉尔福特认为,创造力是每个人都具有的特质。他认为思维主要有两种形式——聚合式思维和发散式思维,并认为发散式思维是创造性思维的核心,他对创造力的定义是"多种能力的组织方式"。他认为在不同领域中,创造性活动的表现方式不同,但创造力一般都来源于思维的灵活性、对问题的敏感性、观念的流畅性与首创性。由此,吉尔福特提出了6种创造力构成因素:敏感性、流畅性、灵活性、独创性、再定义性和洞察性。

2. 创造力三侧面模型

斯滕伯格提出了创造力三侧面模型理论,三侧面模型包括智力侧面、智力风格侧面和人格特征侧面,创造力由智力维度、智力方式维度和人格维度组成。创造力的智力侧面是指智力以创造性方式运用。智力风格侧面是指智力在某人思维和活动中的运用方式。他认为,这是既相互独立又相互联系的三种维度,任何创造力都是以上三个侧面共同作用的结果。由于这三种维度相互结合的程度、成分、方面以及各维度所起的作用都有所区别,从而体现出创造力的复杂多样性,以及不同的力度特征和深度特征。后期,斯滕伯格对其理论进行了深入研究和修正,提出了早期的创造力内隐理论。他指出人们存在系统的创造力内隐理论,即是一种与专家分析不同的,存在于人们内隐世界的"公众观"。

3. 创造力系统模型

特米哈伊(1993)指出,创造力与导致生物进化的基因变化过程相类似,提出了创造力系统模型。认为创造力是个体、领域和场交互作用的结果,即个人背景、社会和文化三者之间相互作用的结果。该模型表明,个体因素和文化及社会因素都会对创造力产生重要影响。

4. 国内创造力理论

董奇根据信息加工的观点,把创造力结构成分划分为获得、贮存、激活、加工、输出信息的能力及监控能力,并根据不同角度将创造力进行了划分:按照解决问题的独特程度不同,把创造力划分为初级创造力、中级创造力和高级创造力三个层次;按照创造力从萌芽到形成的动态过程,将创造力划分为前创造力、创造力、真创造力三个层次。

(三)创造过程

沃拉斯(Wallas,1926)认为,创造力的发生要经历四个阶段:准备阶段(preparation)——收集信息;酝酿阶段(incubation)——让观念在头脑中自由联结;明朗阶段(illumination)——以顿悟方式产生解决问题的思路;验证阶段(verification)——检验解决的正确性、有效性。阿马比尔(Amabile)提出了"五阶段论",认为创造性产品的产生要经历五个阶段,即提出问题、准备、产生反应、验证反应和结果。

二、创新能力和创造性影响因素

创造力影响因素包括内部因素和外部因素。内部因素主要包括个体智力水平、人格特点、创造动机水平高低、个体原有知识积累水平以及个体创造自我效能感,而外部因素主要包括家庭环境因素和学校教育、学习环境因素。

(一)影响创新能力和创造性的内部因素

1. 个体智力水平

智力是影响创造力的一个关键因素。詹姆斯和阿斯姆(James,&Asmu,2001)的研究发现,当个体尝试去更好地理解创造力来源时,智力发挥了很大作用。韦纳(Winner,2000)和伦科(Runco,1999)发现富有创造力的个体所掌握技能和智力水平的要求使他们变得更加超群。智力因素主要包括观察能力、记忆能力、思维能力、想象能力和操作能力。在这五种能力中对创造力影响最大的是思维能力。没有思维能力,观察能力、记忆能力、想象能力和操作能力不仅不能能动地作用于外部世界,而且根本就无法形成创造力。而斯滕伯格(2001)的研究证明,智力与天赋和个体的创造力之间是一种辩证关系。因此,对创新能力和创造力的培养需要在智力和创造力之间寻找一个平衡点,让两者达到稳定关系才能推动社会发展。

2. 人格特点

人格特征对创造性同样具有重要影响。根据人格的大五因素模型(The Five Factor Model of Personality,FFM),人格主要包括尽责性、开放性、外向性、神经质、宜人性这五个维度。其中神经质维度与创造性关系较大。神经质(neuroticism)是一种人格特质,反映个体在情绪上的稳定性和适应性。神经质的高分特征有:经常感受到焦虑、紧张、担忧、情绪波动大,易做出不理智的行为。而低分特征则倾向于情绪反应缓慢且较轻微,通常表现得比较稳重,性情温和,善于自我控制。研究表明情绪稳定性高的人创造力相对较好。神经质高的个体常常焦虑、紧张、担忧,这些特点可能导致他们的积极进取和奋斗精神不足,挑战性、冒险性较差,对周围事物缺乏关注,而创造力相对较弱。

认知风格是指个体在认知过程中所表现出来的习惯化了的行为模式。阿马比尔(1996)和伍德曼(Woodman)等人(1993)都指出,个体的认知风格对其创造性有直接影响。

3. 内部动机水平

相关研究表明,在学习动力方面,学生的学习动力与学生的创造性思维能力也密切相关。探索知识、升学就业、报效父母、服务社会等都影响学生的创造性。内在动机对学生创造性思维能力的培养起着非常重要的作用,学生学习的内在动机越高,其创造性思维能力就越强,反之亦然。

阿马比尔(1988)提出的创造性成分模型体现了内部动机水平对创造性的重要作用。他将任务动机作为影响创造性产生的三个关键因素之一,指出任务动机的层次和类型不仅决定了是否投入一项任务,而且影响反应的新颖性。相较动机弱的个体,内在动机强的个体更愿意投入到任务当中。内在动机对创造性的影响是:内在动机有益于创造性,控制性外在动机会削弱创造性。

4. 知识基础

相关研究表明,学生的学业成绩与创造性能力之间存在显著正相关。这提示了基本知识积累水平及基本能力素养对创新能力和创造性发展的基础性作用。大部分研究者认为,与创造相关的知识和技能是影响创造力的一个主要因素,是创造能力得以发挥的基础和原材料,在进行创造之前,人们需要知道已经取得了哪些成果、需要研究什么、如何进行研究等,如果没有一定知识和技能,就不可能取得这方面的创造性成果。

虽然一定领域的知识和技能构成在该领域创造的基础,但研究者发现,创造力与知识并不成线性关系,而是具有倒"U"形关系(萨蒙屯,1983)。

5. 个体的自我效能感

班杜拉(1994)提出了自我效能这一概念:"个体在执行某一行为操作之前对自己能够在什么水平上完成该行为所具有的信念、判断或主体自我感受。"自我效能感决定人们对活动的选择及对活动的坚持性,影响人们在困难面前的态度,影响新行为的习得和习得行为的表现。自我效能信念,影响到人们对生活的选择、动机水平、运作质量,以及是否能够抵抗逆境和抑郁。

瑞福德、曼福德和萨奇(Redmford, Mumford, & Teach, 1993)的研究表明,个人的自我效能与其创造性正相关。蒂尔尼和法默 Tierney, & Farmer, 2002)提出创造性自我效能感(Creative Self-efficacy, CSE)这一概念,指在特定情境下,个体相信自己具有根据任务要求产生具有创造力产品的能力。创造者的核心自我概念影响他们进行创造活动的努力,创造力自我效能感是个体付出创造努力、创造有价值思维产品的重要前提。总之,个体创造性自我效能感的发展与其创造力密切相关。

(二)影响创新能力和创造性的外部因素

1. 家庭环境

家庭是影响儿童创造力发展的一个重要外部因素。家庭是教育初始地,孩子接受的早期家庭教育方式是否注意儿童早期创造性思维的开发、父母是否具有创造性以及家庭教养方式是否民主对孩子创造性思维能力的早期形成起着非常重要的作用。

2. 学校教育环境

学校教育是学生获得知识的主要方式。在学校教育过程中,教师自身的素质、是否树立将学生置于主动地位的积极教学观、能否灵活运用启发式教学法以及学生是否建立起了勇于提问、勇于探索的积极主动学习方式都与学生创造力形成具有密切联系。

三、学生创新能力与创造性培养

教师在教育教学中,时时处处应该思考和着手提高学生的创造能力。仅仅传授知识只能使教师变为死板的"教书匠",使学生失去创新灵魂。要使学生能创造、会创新,教师应该做到下列几点。

(一)革新教学内容,调整教学方法

学生的主要学习方式是学校学习和课堂学习,因此,教学内容的新颖性和合理性直接关系到学生创新能力和创造性的形成。教学应创设有利于消除创造性思维障碍的各种条件。学生创造力培养需要从革新教学内容、调整教学方法着手。

1. 构建新型教学内容体系

教师应将最新科研成果和时代观念及时融入教学实践,与时俱进,使教学内容体现时代性、全面性、开放性和多元性。教师将学生视为"动态的人",引导学生用发展眼光看待客观世界,教师自身也扮演好"动态教师"角色,带领学生探索新知识。

2. 教师应采取主体参与的积极教学模式

教师要改变填鸭式传统教学模式,树立以人为本、以学生为主体的学生观,采取启发式和讨论式教学,培养学生独立思考和创新意识。利用课堂辩论、学生讲课和小组讨论、翻转课堂等方法,激发学生的求知欲与想象力,培养他们的求异思维和探索精神。

3. 进行教学内容改革

教师灵活机动地适当增加有利于学生创新能力提高的教学内容,帮助学生了解创新能力和创造性,了解其形成过程、特点以及日常学习过程中的训练方式,训练学生思维灵活性,不断激发其创造性行为。

4. 有效利用最新教育技术和教学方法

教师应通过声音、图像等多种表现形式相结合的教学方法,使知识的呈现更加形象,学生的理解更加透彻、清晰,由此激发学生学习兴趣和创新激情。

(二)尊重个体,培养独立思维风格

思维的基本品质主要包括思维的广阔性、深刻性、独立性、批判性、灵活性与敏感性。思维的独立性是创新与创造的基础,是创新教育的条件,良好的个性品质是人的创造性发展的

基础,是给社会带来新思想、新观点、新方法的源泉。

(三)搭建创新平台、引导创新学习

作为教育工作者和学生的直接关系人,教师应把握学生的兴趣爱好以及最新的想法和观点,为学生提供创新创造机遇、搭建平台,如举办发明比赛、创意竞争、创新讲座等活动,鼓励创新,为学生创新能力和创造力养成提供尽可能大的空间,对学生的创造活动给予积极正确鼓舞和引导,及时强化,并把有借鉴意义的学习和创造方法向其他同学推荐,这样不但可以鼓励学生创新学习,更可以教给学生好的学习方法,使之受益终身。

(四)积极心理学视角下学生创新能力和创造力的培养

积极心理学是心理学领域的一场革命,也是人类社会发展史中的里程碑,是一门从积极角度研究传统心理学内容的新兴科学。积极心理学主张研究人类积极的品质,充分发掘人固有的潜在、建设性力量,促进个人和社会发展。对创造力的研究一直是积极心理学研究的一个主要方面。积极心理学家认为,积极良好的心理状态对个体创造力发挥具有积极作用。

通过借鉴积极心理学思想和观点以及对积极教育模式的探索,就可以用合理方式塑造学生的优秀品质和美好心灵,促进学生创造潜能开发。

1. 培养学生的创造性人格

人人都有创造力,但表现各不相同。普通学生与所谓"天才"间并无不可逾越的鸿沟。创新能力和创造力培养最根本途径是塑造创造性人格。创造性人格有多方面特征,如坚定的恒心、执着的精神、独立的个性和坚强的毅力,在看起来毫无希望、一筹莫展的情况下,他们仍能坚持到底,坚持自己的意见。积极心理学强调积极的人格特质。斯滕伯格说,创造性智力不仅是一种形成思维的能力,而且是一种生活态度,具有创造力的人敢于与世俗对抗,不怕别人怀疑、轻视和嘲笑。

教师应注重学生意志品质以及不轻易言败精神的培养,鼓励其打败胆怯和自卑,树立坚定的信念。

首先,在教学过程中,要注重培养学生坚信真理、不断进取的精神,不懦弱退缩。求真求实,有不断探索、思考的勇气,敢于标新立异、大胆创新。

其次,要培养学生的自信,不轻易言败,不妄自菲薄,不轻易质疑自己、否定自己。一个人如果在心理上输了,就是输给了自己,就不可能在行动上取胜。行动上即使失败了,但只要热情犹在、信心不减,依然能有所收获。

自信心是创造力的动力源泉。所以,培养学生创造力从培养学生自信心着手,提高学生的自我效能感,培养学生执着追求、百折不挠的精神。

创造性的培养同样需要非智力因素——个性心理特征。创造力的形成离不开良好个性。人的个性特征各不相同,可以通过教育和培养来进行塑造。教师要帮助学生克服缺乏自信、软弱自卑、见风使舵等阻碍创造力发展的个性特点。

学校教育应在注重学生知识素养提升的同时,在有利于创造性人格养成的个性特征上对学生有目的地加以引导,努力为学生提供一个民主、开放、宽松和互动的学习氛围。在这种自由、宽松环境中,学生独特个性得以展现、智慧火花得以迸发。积极主动引导和培养个性特征可以促进学生创造性思维的发展,个体创新能力和创造力才能如一眼活泉,不断涌出智慧的清流。

2. 适当增强学生的积极情绪体验

积极情绪是积极心理学核心内容之一。积极心理学家认为,个体积极情绪体验对创造力发挥具重要作用。弗瑞德里克森(Fredrickson,1998)认为:"积极情绪是对个人有意义的事情的独特即时反应,是一种暂时的愉悦。"他提出了"拓展—构建"理论,该理论认为,某些积极情绪,包括高兴、兴趣、自豪,都具有拓展包括注意、认知、行动范围在内的个体瞬间知行能力的作用,并能构建和增强个人资源,如增强人的体力、智力、社会协调性等。

心理学研究发现,个体在积极情绪状态下能表现出更高的创造力,更有效地解决问题,更加全面地进行决策。潘仲君研究表明,如果个体处于积极原始情绪状态下,那么持久性、原创性、流畅性、灵活性等方面就有更好表现。另外,胡卫平发现学生提出创造性科学问题的能力明显受到高兴等积极情绪的影响。

在教学过程中,教师应重视情感因素和情感培养的作用,引导学生积极情感和认知的形成,将知识积累与积极情绪情感结合起来,对学生具有创造性的想法和行为给予及时肯定,让学生在整个过程中体验到更多积极情绪,促进学生创造潜能发挥。

3. 优化学习环境,营造创造力形成的良好氛围

学生作为社会一分子,总是生活在特定环境背景下,良好、积极的环境氛围有助于个体积极力量的表现和发展。积极心理学研究表明,个体创新能力和创造性的培养与学校环境和氛围发挥的作用密不可分。

作为规范化组织机构,学校是学生积累知识经验、掌握创造有价值知识产品能力的重要场所。学校对待创新的态度和觉悟、教师的期待以及师生关系对个体创新能力的培养、创造潜能的发挥起着至关重要的作用。学校应树立积极、符合时代潮流的创新理念,优化校园环境,通过校园文化建设,营造良好的、积极的学习氛围,开展多姿多彩的校园文化活动,鼓励学生创造性行为。同时,班级环境和氛围作为与学生学习发展最密切的微观环境系统,对学生创新能力和创造力的形成同样起着不可忽视的作用,班级整体氛围关系着学生勇于发现问题、主动探索、不断创造的动机水平。老师和同学提供的物质和精神层面的帮助可以开启

学生的创新灵感,为学生更好地发挥创造力提供条件。

因此,优化学习环境、营造创造力形成的良好氛围对个体积极品质、积极创造性形成发挥着重要作用,全方位营造能促使个体积极潜能发挥的优良环境是每个教师责无旁贷的职责。

4. 因材施教,设定适合学生的目标

每个学生都有其鲜明个性特点和不同思维方式、学习方式,并且各有专长。教师要善于发现每个学生身上的优点和专长,并根据每个学生的情况,给予与其能力相称的指导和要求的标准,只有这样,学生才会在学习中获得良好心理体验。只有在把学习当作是一种乐趣、一种自我成就时,学习和创造动机才会被极大地调动起来,学生学习的效率和创造力才会大大提高。反之,如果教师给予学生与其能力和特点不匹配的标准和期望,学生就会感到焦虑,以至于逐渐失去学习动力,更无从谈创造能力的提高。

教师是科学文化知识的传授者,被誉为人类灵魂的工程师。时代的发展对教师职业角色提出了新挑战:一方面,教师知识更新的速度明显加快,教师仅凭以前的经验教学已远远满足不了学生需求;另一方面,在日益开放化的社会环境里,学生人格上的独立性大大增强,他们讨厌枯燥的说教,崇尚个性,针对新的教育环境和特点,教师在知识创新和科技创新上要首当其冲作出榜样。

【走进课堂】

循环小数学习

○□○□○□○□……
○△☆□○△☆□○△☆□……
△☆☆△☆☆△☆☆……

这是一位教师的教学反思。

在进行"循环小数"这一课的教学时,创设一个什么样的教学情境呢?我苦苦思索……忽然我联想到以前教学内容中的"有规律图形",于是创设了这样一个生动的情境:我在黑板上画图,边画边问学生:你发现了什么有趣的现象?学生兴趣盎然,还没等我画完,就纷纷猜测出了我后面准备画什么图形。我故作吃惊地问他们是怎么知道的,孩子们回答:"老师画的图形总是有规律地重复不断出现。"在这样的基础上,我马上转入循环小数的学习,收到了非常好的教学效果。

【案例分析】

留言条

课前,老师在课堂上写了一则留言条。

一班全体同学:

因为有急事,我需要出去一趟。如果上课时间我还没有到,请大家自己学习写作训练中关于留言条部分的内容。

班主任:张老师
8月2日

上课铃响后,学生们看到黑板上老师的留言,都开始按要求自学。几分钟后,老师走进教室,对学生提出问题:"什么是留言条呢?什么时候需要写留言条?如何写留言条呢?"这样一来,学生自然而然领会了老师的用意,对问题也形成了自己的思考。

【案例分析】

润色课堂

儿童在游戏时达到忘我境界,他们主动参与游戏,兴致勃勃。游戏的趣味性是诱发兴趣的关键。如果将一些数学问题改造为有趣的学生游戏,会提高学生学习数学的积极性和主动性。

在学习"代数式"时,教师先用五分钟时间让学生做一个青蛙跳水游戏。"一只青蛙一张嘴,两只眼睛、四条腿,扑通一声跳下水;两只青蛙两张嘴,四只眼睛、八条腿,扑通两声跳下水",请同学们接着向下说,看谁说得又快又准,并用多媒体演示一只、两只青蛙跳水情景。学生开始积极发言,说出一些数字,然后教师可以问"那么 n 只青蛙呢?"从而引出"代数式"。下面的课堂教学也就轻松多了。

在"概率"教学中,教师设计一个摸奖游戏,拿出两个红玻璃球、三个蓝玻璃球、五个白玻璃球一起放入一个口袋中,让学生任意摸出一个玻璃球,并分别统计摸出红球、蓝球、白球的次数。学生开始积极举手要求摸奖,但摸到红球的次数很少。这时教师可以提问:"同学们,你们知道为什么摸到红球的次数少于白球吗?"课堂活跃起来。

本章小结

随着经济社会不断进步与发展,教师在教学中的心理健康问题更加得到重视。良好的教师观与学生观,能够帮助教师积极引导学生。教师作为教学活动的指导者,应帮助学生形成自主获得知识的能力,积极发掘学生的智力潜能,营造创新的氛围,激活创造性思维,激发课堂教学活力。课堂教学要让学生真正动起来,在活动中学习知识、体验情感、感悟思想、提高能力、健全人格,从而实现人的成长和发展,促进学生智力发展与人格健全的同步。教师在教学过程中,既重视知识传授,又注重技能训练,在持之以恒的教学实践中,提高学生能力和素养,助推学生群体素养的综合全面进步。随着积极心理学在课堂教学中的引入,教师在教学方法上也作出了适当调整与整合,使得教学目标多元化,教学内容问题化,教学过程探究化,让课堂更加生动,学生的学习也更加有效,同时,学生与教师的一些心理问题也得到了预防,还促进了教师与学生良好人际关系的构建。

在教育实践中,教师应加强对学生创造力的培养,鼓励、引导学生灵活运用已有的知识经验,不断发现问题、解决问题,提高创新能力,不断实现社会价值与自我价值。

思考与练习

1. 如何树立正确的教师观?
2. 教师如何树立全新的学生观?
3. 积极心理学对教师课堂教学的启示是什么?
4. 影响创新能力和创造性的因素有哪些?
5. 学生创新能力与创造性应如何培养?
6. 针对教师教学中心理健康的必要性,谈谈自己的观点。

参考文献

[1] 常保平.以人为本的课堂教学观的树[J].教书育人·教师新概念,2014,1:31-32.

[2] 杨存政,秋平.教师必须树立科学的教育观[J].宁夏教育,2005,2:25-26.

[3] 卢炳惠,张学华.论新的学生观[J].教育探索,2004,6:29-31.

[4] 向静芳.积极心理学对课堂教学的影响[J].佳木斯教育学院学报,2013,9:36-39.

[5] 张晓伟.课堂教学中积极情绪的作用及其培养[J].教育理论与心理学,2013,2:23-25.

［6］孙艳梅.积极心理学对中学教育教学的启示［J］.教育研究,2014,3:39—42.

［7］张倩倩,田良臣.基于积极心理学理论的有效课堂教学建设［J］.心理健康教育,2011,5:44-45.

［8］白建华.大学生创新能力培养探析［J］.沈阳农业大学学报(社会科学版),2005,7:188-189.

［9］王嘉艺.浅析心理学中的创造力结构模型［J］.长春教育学院学报,2009,2:26-28.

［10］范跃忠.优化教学过程培养学生创造性思维［J］.学科教育,2015,1:32-33.

［11］Fredrickson B. L. The Role of Positive Emotions in Positive Psychology: The Broaden and Build Theory of Positive Emotions. American Psychologist, 2001, 56(3): 218-226.

第十章 教师心理健康教育能力

学习目标

1. 了解教师心理健康教育能力的结构。
2. 掌握提高教师心理健康教育各方面能力的方法。
3. 了解心理健康教育的实施模式,并学会实施心理健康教育的具体措施。

【案例分析】

一个针对初中生的调查,提问和回答很有启发意义。"你了解学生吗?"90%的老师回答:"了解!""老师了解你吗?"90%的学生回答:"不了解!"核实调查结果,表明学生的回答更接近真实。初中生处于青春期,接受着多元文化又封闭自己,有话不跟家长说,不跟老师说,甚至不跟同伴说,一切苦闷憋在心里,无处诉说,无处求助。学校的心理"热线"和"咨询室"就成了学校心理健康教育的"观察窗",由此可观察学生心理状态和动向,为做好中小学生的心理健康教育找到切入点。

儿童不同年龄有不同心理特点。学前儿童主要活动内容是游戏,进入小学后以学习为主,学习成为小学生的主要任务,学生要面临不断考核、考试,对这些他们不一定能很好适应。小学生学习动机不易明确,认识发展从具体形象思维向抽象逻辑思维过渡,对直观教材容易产生兴趣。记忆与想象随生活范围扩大而发展,虽然能初步辨别是非善恶,但意志的自觉性、独立性、坚持性还很不够,自制力不强,需要教师正确教育和引导,他们才能初步形成遵守纪律的习惯。有些儿童意志薄弱,在困难面前缺乏信心、任性、执拗。小学生心理问题常以各种方式表现出来,有的表现出适应不良,行为障碍,攻击行为,如打架、骂人、偷窃、说谎、逃学、学习困难等;有的表现出神经症性障碍,如胆怯、焦虑、急躁、咬手指甲、遗尿等。这些要求教师深入了解儿童早期情况和环境影响,根据学生年龄特征,采取合理教学措施,预防由于学习负担过重或升学压力造成心理问题。

中学阶段是儿童向成年人过渡期的青春期,性发育趋向成熟。生理迅速变化,引起青少年学生一系列心理变化。他们开始意识到两性关系,男女同学关系不像小学生那样两小无猜,处处避嫌,有时互不服气,容易兴奋与冲动。他们自认为能独立但处处受约束,存在矛盾心理。他们认识、评价自己不稳定、不客观、不完全，有时过分夸大自己的能力，有时又过分低估自己。中学时代独立意向发展很快而认识能力跟不上，有时分辨不清是非。有些学生对勇敢与强暴、光荣与耻辱、美与丑、高尚品质与低级下流、自由与纪律、民主与法制、友谊与哥儿们义气、个人与集体、诚实与说谎、理想与前途等没有正确稳定的认识。独立意向表现为对社会有强烈的抗拒性。青少年学生在情感上活泼、热情、容易冲动，好感情用事，易走极端，有的学生意志力薄弱，易走入歧途。这时期要帮助学生在心理上顺利度过青春期，对他们给予深切关怀，引导他们全面健康发展。做到这些，要求教师必须具备心理健康教育能力，并不断提高，掌握各种心理健康教育的模式、策略和技巧。

第一节　学校心理健康教育中的常见做法和误区

心理健康教育是我国教育部规定的大中小学必须开展的一项教育活动。这项活动的开展以各种方式进行。因为历史的和现实的原因，我国中小学在开展这项活动时，有许多人员被安排从事这种原来他们自己并不熟悉的教育活动，因之就出现了诸多不尽如人意的做法或误区。指出这些错误或误区的目的是作为前车之鉴，为后来者指出正确可行的路径，避免类似错误重复出现。

一、非心理健康教育专业教师的做法

许多学校对学生开展心理健康教育，因为受过系统专业心理健康教育学习和训练的教师匮乏，就采取了指令学校其他教师或管理者兼职负责学生心理健康教育工作的做法。这样的教师或者按照学校传统和社会、家长的期望，或者按照德育工作的惯例，或者按照自己自以为合适的思路去开展工作，就出现了常见的一些习惯性做法。

（一）非心理健康教育专业教师判断学生心理健康的依据

非心理健康教育专业教师判定学生心理健康的维度主要包括三个方面。

第一，以学习为主的在校行为，如学习用功、乐于学习、遵守纪律、求知欲望强等。

第二，以品行为主的处事行为，如乐于助人、不损人利己、与教师相处融洽等。

第三，以心理特征为主的个体行为，包括少有逆反心理、乐于交际、不固执己见等。

非心理健康教育专业教师非常注重学生在校的外显性行为，特别倾向于以学习好坏、组织纪律性强弱作为评价学生的主要依据。教师对学生心理健康的判断实际上更多用学生一切在校不良行为的严重性为指标。教师的判断标准不系统、不明确，不同教师也表现出不同倾向的判断标准。

（二）非心理健康教育专业教师判断学生心理健康状况的特点

非心理健康教育专业教师对学生心理健康状况的判断，感性多于理性，主观大于客观。教师主要从学生"是否以学习为主"的行为为主要标准，往往凭感性经验判断学生的心理是否健康，而不是从人的心理的各个维度严格区分心理健康和不健康问题。教师虽然对有关学生心理健康标准大多数持赞成态度，但赞成态度与自己实际的内隐标准经常不一致，表现出"所倡导的理论"与"所采用的理论"的不一致性。

（三）非心理健康教育专业教师判断学生心理健康存在的问题

非心理健康教育专业教师判断学生心理健康问题时，对学生交往及良好人际关系的重要性认识不足；经常把一些道德的标准、学校规章制度的要求与心理健康标准相混合。教师持有的心理健康标准主要以学校教育目标为指导，更注重学生表现，注重学习、品德、在校行为。

第一，重视学生中打架、偷盗、说谎、性犯罪等为主的品行问题，忽视焦虑、孤独、沮丧、抑郁、自杀等心理异常的行为。前者损害的对象是他人、集体和社会，后者损害的是学生自己。后者的不健康程度大于前者，却得不到关注和及时干预。

第二，重视行为问题而忽视人格问题。逃学、打架、不合群、破坏公共财物等更受关注，自卑、敏感、依赖等人格问题较被忽视。

第三，重视外在原因，不重视内在原因及作用机制。一些教师忽略了学生个性特点、认知风格和个人需要情况等内在原因对适应不良的重要影响，只看到家庭、班级、同伴对学生问题的影响。

不少教师对学生某些不良行为问题，到底是属于思想问题、道德问题还是心理问题，认识上还比较模糊。

二、非心理健康教育专业教师经常采取的具体策略

非心理健康教育专业教师因为未受过系统的心理健康教育专业知识的学习和培训，往往依据旧有经验，采取一些策略解决学生出现的心理问题。

第一，言语疏导型策略。对学生的心理健康问题主要借助谈话、劝说等从认知上施加影响。如在考试焦虑情境中教师提出"教育他正确对待考试"，"让他不要担心考试结果"；在厌学情境中教师提出"谈话、做思想工作、讲道理"；在自我中心情境中，教师提出"教育他学会换位思考，从别人的角度考虑问题"等。

第二，责任转移型策略。把学生心理健康问题转交重要他人，或借助空间环境的迁移以改善学生现状。如在厌学、退缩行为、自我中心和攻击行为等情境中，教师提出"与家长联

系,叫家长管他","向班主任反映,由班主任教育",此外还有"交政教处处理","让他转学换环境"等。

第三,惩罚约束型策略。对学生心理健康问题以规章制度制裁,或进行情境性批评、惩罚,或限制条件阻止其滋长。如在厌学情境中教师提出"采取严厉手段",包括罚站、吼骂、留教室等;在自我中心情境中教师提出"让他碰点钉子,受点挫折";在攻击行为情境中教师提出"按校规校纪管理或处分他","以牙还牙,让他感受自己行为的影响"等。

第四,行为疏导型策略。对学生心理健康问题侧重从行为上加以影响,或对行为进行正强化,或给其行为改善创造条件。如厌学情境中教师提出"学习上降低要求,区别对待","着重纠正不良学习习惯,从最简单行为做起,严格要求";在退缩行为情境中教师提出"老师有意接近他,和他交谈","平时上课多提问他";自我中心情境中教师提出"让他与具有某方面特长的同学共同做事,认识自己的不足";攻击行为情境中教师提出"低起点要求,让他逐步改正不良行为"等。

第五,拒绝忽视型策略。对学生的心理健康问题没有教育行为上的反应,或不以为然或拒绝施加教育影响。如厌学情境中教师提出"他不愿学就不用管他了";退缩行为情境中,教师提出"他没什么问题,不需要怎么教育";攻击行为情境中教师提出"管他也没用,干脆不管"。

第六,情感关爱型策略。对学生的心理健康问题侧重给予情感上的关心理解,或给予情绪上的照顾。如厌学情境中教师提出"关心他,用感情打动他";退缩行为情境中,教师提出"关心他的生活小事","在班上给他过生日";攻击行为情境中教师提出"理解他,真诚地关心、帮助他,消除敌意,取得信任";在考试焦虑情境中,教师提出"在班上不要进行考试成绩排名"。

非心理健康教育专业教师处理学生心理健康问题的策略,是在内隐理论认知水平上提出的,教师对学生心理健康问题的判断还不到位,在提策略时并未自觉从心理健康角度去考虑,而是自发地从一般教育经验出发提出策略。这些策略从心理健康教育来看还属边缘策略,受常规教育方式和观念影响较大,受心理健康教育理论的指导不足。

三、对心理健康教育的其他片面认识和对待

许多学校在开展心理健康教育活动中还存在着一些片面认识和行动误区,主要表现为以下方面。

第一,认为心理健康教育就是搞心理测验。

第二,认为心理健康教育就是进行心理咨询。

第三,认为心理健康教育就是开设心理课。

这些认识和做法把心理健康教育的范围缩小到了专业心理健康教育教师对学生进行心理辅导的范围,忽略了心理健康教育的全员性。

第二节　教师心理健康教育能力的结构

能力是人顺利完成某种活动必须具备、直接影响活动效率的心理特征。心理健康教育能力是符合心理健康教育活动要求、直接影响心理健康教育效率的个性心理特征的综合。

一、从教师自身能力素质的角度分析

从教师自身能力素质的角度进行分析,教师心理健康教育能力包括以下内容。

第一,敏锐观察力。有效进行心理健康教育,教师必须及时准确了解学生的心理状态,力求在第一时间抓住学生的心理特点,对学生进行评估、指导。人的心理活动,只能通过他表现出的各种外显行为进行推测和分析。教师必须善于通过观察学生行为去了解学生的各种内在心理。敏锐的观察力是教师进行心理健康教育的前提。

第二,良好记忆力。观察学生行为,有利于了解学生的所作所为;良好记忆力,有利于教师与学生沟通、评价、指导。教师应对每个学生心理发展变化的信息有牢固记忆力和必要储存,做到知名、知人、知情,做到将学生姓名与本人对上号,为心理健康教育活动作出正确决策提供可靠依据,促进学生身心健康发展。

第三,灵活思维力。教育对象有很大主观能动性,教师应善于抓住学生思路,正确作出决策。要对千变万化的心理活动作出准确判断,需要教师具备透过现象看本质、透过外显行为间接推断学生心理活动规律的推理能力。

第四,丰富想象力。想象可以帮助教师预见学生心理和行为发展方向与趋势,为学生心理发展作出明确规划,预料可能出现的后果,为将来可能出现的情况采取相应措施。

第五,有效组织力。心理健康教育课能否上好,关键在于教师能否调动学生积极性;心理健康教育活动能否成功开展,关键在于教师能否有效组织学生。一切心理健康教育活动要有条不紊进行,要求教师具备有效组织能力。

第六,一定创造力。每个学生都有自己的心理活动,学生之间心理发展水平千差万别。要使每个学生的心理素质得到良好发展,在对全体学生进行普遍心理健康教育基础上,还需要针对不同学生,制定不同教育方案。这要求教师具备一定创造力,富有灵感,善于抓住教育机遇,使学生对自己的心理发展充满信心。

第七,持续监控力。教师要对自己的心理健康教育活动具有正确评价能力,及时进行调控;学会从学生表现中归纳出有价值的信息,探索有效的教育策略方法,促进学生心理健康发展。

除此之外,教师心理健康教育能力还需要教师具有良好语言表达能力、实践能力、操作能力、接受能力、归纳总结能力、把握教材能力,以及成功开展心理健康教育课的能力、顺利进行心理咨询的能力、对家长进行心理教育的能力、评估学生心理素质发展的能力、在学科教学和活动课教学中培养一般心理素质的能力等。充分发挥心理健康教育能力,教师要不断提高自身素质,完善自己的知识结构,培养对教育事业的热情与良好意志品质。

二、从培养学生心理健康的任务角度分析

培养学生变成心理健康的人,这需要教师具备完成这个任务的一些能力。这些能力包括两大方面。

(一)培养学生一般性心理素质的能力

从心理健康教育的任务来看,教师的心理健康教育能力是对学生一般性心理素质的培养。一般性心理素质培养是培养学生观察力、记忆力、想象力、思维力、意志力、创造力、交往力、情绪情感调控力,以及调整个性心理特征和自我教育能力。

(二)培养学生特殊性心理素质的能力

从心理健康教育的途径来看,教师的心理健康教育能力是对学生特殊心理素质能力的培养。特殊心理素质培养的是学生语文能力、数学能力、音乐能力、绘图能力、体育能力等,可称之为学科能力。

教师学科能力由学科心育设计能力、学科心育课堂教学能力和学科心育评价能力等构成。

第一,学科心育设计能力,是指教师在备课过程中,应用系统方法,根据心育任务和要求,结合教学内容和学生特点,确定学科心育目标,设计解决问题步骤,选择相应教学策略和教学媒体,分析评价结果的能力。教学目标是进行教学设计的依据,教学目标明确,是教师进行心理素质教育的要求。

第二,学科心育课堂教学能力,是指教师在学科教学中灵活应用心育有关原则、方法、模式,合理组织教学内容,巧妙安排教学程序,有效调控课堂,激活学生思维,促进学生心理自主构建的能力。学科心育课堂教学能力是课堂导入、讲授、提问、演示、板书、组织、反馈、结课等技能与能力的综合。要提高学科心育课堂质量,全面培养与发展学生心理素质,教师必须具备较强学科心育课堂教学能力。

第三,学科心育评价能力。学科心育评价是判断学科心育教学目标达成的有效手段。根据评价对象不同,学科心育评价包括教师对自己学科心育活动的评价和对他人学科心育活动的评价。通过学科心育评价,反思学科心育过程,可以了解教师"教"得怎样,教学是否成功,教学成功在哪、失败在哪,进而适时调整学科心育目标,改进学科心育教学。一个具有较强心育能力的教师,能根据学科心育要求,制订合理学科心育计划,选择适宜有效教学方法、策略,并在教学过程中不断主动进行自我反馈,及时发现问题和实施相应调节,减少教学活动的盲目性、随意性和不合理性,提高教学活动效率。

学科心育能力是一种特殊教育教学能力,教师具备了较强学科心育能力才能充分挖掘教材中的心育因素,全面培养与发展学生的心理素质。

第三节 教师心理健康教育能力的提高

教师的心理健康教育能力是可以通过学习、训练得到提高的。无论是刚参加工作的新教师,还是已经工作了许多年的老教师,无论是专职做心理健康教育工作,还是兼职做这项工作,要想做好学生的心理健康教育工作,教师要注意下列一些事项。

一、掌握心理健康标准规范

人的心理健康都有衡量的标准。学生的心理健康状况同样需要按照可见的具体标准加以衡量,以确定学生心理健康真实状况。我国学者对此提出一些观点,可以作为参考,综合利用。

(一)韩蔓莉学生心理健康七项标准

1. 正确了解和对待自我。
2. 有求知欲和广泛正当的兴趣。
3. 心情开朗,乐观向上,情绪基本稳定。
4. 学习上不屈不挠,不畏困难,对其他方面的挫折也有一定耐受能力。
5. 人格和谐完整,行为与学生这一阶段的年龄特征相符合,与学生这一角色相一致。
6. 与同学、教师、家长能保持和谐人际关系,并能进行良好交往。
7. 适应性良好,能很好地适应学校、班集体生活。

(二)翟宏、傅荣心理健康十项标准

1. 智力正常。
2. 情绪稳定、心境乐观。

3. 意志健全、行为协调。

4. 注意力集中。

5. 完整统一的人格。

6. 积极向上、面对现实,有较好的社会适应能力。

7. 适度的反应能力。

8. 心理特点与实际年龄相符。

9. 自我认知。

10. 创造性、成就感。

(三) 申继亮制定心理健康标准两因素

申继亮(2001)认为,以理论研究与探讨为基础,结合学生的心理发展特征的标准是教师实施心理健康教育所应持有的标准。适应(强调社会性)与发展(强调个体性)是制定标准的依据,即心理健康的评价标准既应该能够判断出学生的社会性适应状况,又能够判断出学生的发展状况,以此依据来实施心理健康教育。

(四) 综合标准四方面

1. 从统计学角度出发,利用统计学方法找出正常行为的数值分布,判定个体处于总体平均状态还是偏离平均状态,据此确定个体是否健康。

2. 从个人社会适应性进行判定,如良好社会适应能力、完善人格等方面。

3. 以个人社会行为进行判定,如能否正常与人进行交往、与人保持和谐人际关系等。

4. 从医学角度进行判定,从心理卫生学出发,没有心理疾病症状者被看作心理健康的人,明显偏离医学、心理卫生学标准者被认为是心理不健康的人。

二、提高教师的心理素质

提高教师心理素质,教师应力求做到以下几个方面。

第一,教师应该以正确的价值观看待问题。教师应学会调整心态,要实际看待教育事业的意义。教育是为了培养人才,是一种特殊劳动。教育事业既崇高又艰巨。教育过程会遇到各种各样的问题,教师应当有随时解决问题的心理准备,知难而行,对教育事业要执着。面对各种现象引起的心理问题和压力,教师要能及时调节、及时释放压力,适当放松,培养业余爱好等来舒缓紧张的神经,使身心得到调节。

第二,教师应该关心、爱护每一个学生,用爱去感染学生。富有爱心的教师,能得到学生的爱戴与敬仰。学生愿意接受自己所喜欢教师的建议,最大限度做出努力,最大限度发挥自己的才能,这对发展学生各方面能力和提高整体素质都具有意义。爱是工作动力,也是工作追求。

第三,为人师表是教师的工作原则。教师教给学生知识,还教给学生做事为人的道理,时刻起着榜样作用。教师应不断提高自己,注意言行举止,给学生树立好形象。这对学生健康成长有不可忽略的影响。

第四,善于交往,友好相处,处理好人际关系。教师要了解自我,接纳自己的优势和不足。要尊重别人,学会谦虚与自信共存。低调做人会让人更乐于接受自己;高调做事能显示自己的自信。要看到人性差别,以平常心来对待他人,己所不欲勿施于人,己所欲亦勿强加于人。不给自己定下自寻烦恼的过高目标。教师要不断调整自己扮演的不同角色,保持与社会的平衡,善于与同事、家长、学生建立融洽人际关系。

第五,教师要塑造健全的个性。教师个性对学生影响力巨大,学生与教师在一起时刻都身受教师感染。教师应时刻注意自己的行为,控制把握好自己,展示健全个性,树立良好形象。教师应通过各种方式进行自我心理测验,了解自己,正确自我评价。平时加强自我监督,避免个性偏离正常。

三、教师了解学生心理特征的能力

在日常工作中,教师了解与掌握学生心理特征主要通过以下几种途径。

第一,观察。观察是教师通过日常学习、活动、交往,有目的观察学生的外部表现,从而详细了解学生的过程。观察无法深入了解学生内隐动机、态度等心理特征,所观察到的信息要和其他方式获得的信息结合起来。

第二,调查。调查是教师通过访谈、问卷、查阅资料等途径来获得学生的有关信息。

第三,活动产品分析。教师根据对学生活动产品诸如试卷、作业、作文、图画等的分析获取学生有关信息。试卷、作业、作文、图画等会不同程度表现出学生的能力、态度、价值观、性格特征。采用活动产品分析,教师不仅分析学生的活动产品,更要注意分析产品的活动过程。学生心理特征不仅表现在活动最终产品上,更表现在产生产品的活动过程中。

第四,测量。测量是教师利用量表对学生心理品质或学生间关系进行了解,获取有关信息的方法。采用这种方式教师能在短时间内获得客观、准确信息。

四、教师心理健康教育能力培养的原则

原则是做事的参考标准,是根据事物规律提出的有利于按规律办事的准则。教师要提高自己的心理健康教育能力,可参考下列原则,不断在实践中精益求精,提高自己从事心理健康教育的能力。

第一,整体性原则。心理健康教育能力是一个整体结构,结构越完整功能越完善。在培养能力过程中,要使教师心理健康教育的意识和能力协同发展,心理健康教育能力和其他非智力因素协同发展,几种因素互相补充,促进整体发展。

第二,发展性原则。心理健康教育能力的培养是一个可持续发展过程,是由简单到复杂、由低级到高级不断完善的过程。教育者传授知识技能,受教育者接受教育、获取与领会知识,这会促进教师自身不断发展不断完善。教师心理健康教育能力水平提高是循序渐进的,培养教师的这种能力,也要稳健推行,逐步展开。

第三,实践性原则。能力形成需要理论结合实践,需要适时改进、积累经验。培养教师心理健康教育能力,要组织教师系统学习,适时参与心育实践,在教育教学活动中有意识有目的地培养学生心理素质,同时提高自身心育素质。心理健康教育能力的提高离不开实践。这要求教师在平时教育教学活动中不断探索,永不停止。

第四节　教师心理健康教育实施模式

心理健康教育实施起来有各种模式,不同模式适合不同的学生。采取何种模式,要依据国情、文化、可能性、学生心理健康状况以及教师实际能力由心理健康教育教师做出适当选择。

一、西方心理辅导模式

心理健康教育发端于西方,在西方被称为"心理辅导",到了中国才被称为"心理健康教育"。西方关于心理辅导的模式显现出多种视角,都从不同角度提出促进学生心理健康发展的具体要求。

(一)发展性辅导模式

这种模式强调对学生生活的各个方面提供帮助,目的是为满足学生四个领域的需求。

一是评估及自我了解的需求。

二是适应现实环境的需求。

三是指引现在及未来发展的需求。

四是发展个人潜能的需求。

在这种模式中,教师与心理辅导者的任务包括下列三方面。

一是提供有关个人、环境以及两者交互作用的资料。

二是帮助他们循序渐进思考一些问题。

三是使他们的各种能力运用自如,有效发挥。

这种辅导方式,有赖于咨询教师、行政人员,以及全体教师的合作。

(二)"辅导是有目的行为科学"模式

强调心理健康教育不只是心理学专业人员的业务,更应该把心理健康教育融入学生学习生活的各个方面去。认为心理健康教育应该以教师对学生的了解为出发点去指导和启发学生进行学习。

(三)"辅导即心理教育"模式

20世纪70年代初,"辅导即心理教育"观念盛行于美国教育界。莫舍和斯普林特福尔针对美国当时教育现状,在1971年指出,实施心理健康教育最迫切需要的是精心设计并有效实施,直接促进学生心理健康发展。他们将心理教育定义为教师用来影响青少年时期个人道德、美学及哲学发展的一种教育性经验。他们因此提议应该制订一种包含一系列课程的计划,重点关注人类生命周期(自婴儿期、青少年到老年期)各种不同阶段。通过让学生了解自己的发展来实施心理健康教育,这是一种知识传授模式。斯普林特福尔(1974)指出这种课程的取向是预防危机,也为促进青少年健全心理发展而设,这种课程教育性大于治疗性。这种辅导方式强调以认知的态度教导学生心理发展的一些基本原则,拓展自我了解及了解他人的直接体验。在这个模式中,个人的发展变成教育最主要目标,知识传授是目标实现的主要途径。

(四)"辅导是全员服务"模式

这是美国20世纪50年代起始的一种辅导模式,也是美国现在中小学流行的辅导模式。这种模式原名称是"折中主义和一系列服务"(Guidance as Eclecticism and A Series of Services),代表人物有斯庄(R. Strong)、川克斯勒(A. Traxler)、弗若黎驰(C. Froehlich)、达利(J. Darley)、绍恩(F. Thorne)和霍伊特(K. Hoyt)。他们主张辅导是学校学生人事服务的一部分,学校辅导工作人人有责,辅导人员要和其他人员通力合作,提供一系列服务。辅导内容为"3C":谘商(Counseling)、咨询(Consulting)和协调(Coordination)。强调辅导者综合运用各种方法和技术协助学生。这种辅导模式是一种基于学生成长的学校本位心理辅导模式。霍伊特认为辅导是"一群人的服务"。辅导的目的在于针对每一个青少年在迈向成熟的过程中所必须面临的个别抉择与难题,透过全校性的协助以使其潜能得以最大发展。这种模式强调辅导学生不能单靠少数专业辅导员的努力,而应投入全校的力量,重视全体教师的力量,视教师为主要辅导人员。学校本位辅导要求在校长的带领下,以全校教师参与的方式,共同识别学生整体的需要,并据此订出共同的目标及工作焦点,通过心理辅导活动,培养学生良好的行为,促进其健康自我形象的形成。其特色是全体教师面向全体学生。专业或骨干心理教师和政教主任、班主任及一般教师分工合作,共同承担辅导重任。这种模式更加关注早期,即对学生问题的早期发现和预防,以及对心理危机的早期觉察。

1962年霍伊特建议:学校辅导员在心理教育过程中参与三项主要工作上的时间分配应该如下。

第一,用1/2的时间与学生直接接触。

第二,用1/3的时间投入其他与辅导有关的工作。

第三,花1/6的时间收集资料、组织研究,解释与第一、二项工作有关的资料。

这种模式肯定了学校辅导与教育过程不只是需要咨询,还应该包括更多有助于学生的工作。它认为学生心理健康的责任,不能完全推给少数几位"辅导员",应该让全校人员来共同分担。这种教育模式给教师提供了较为具体的策略,指出了普通任课教师在心理健康教育中的重要作用。

二、心理健康教育实施模式

针对学生开展的学校心理健康教育实施有多种模式,这些模式各自所起的作用有所不同。教师可以结合自己的工作实际,采取适合自己工作岗位的模式,为学校心理健康教育工作做出自己的贡献,为学生健康发展付出自己的努力。学校常见心理健康教育实施模式有三种。

一是学科教学心理辅导。在学科教学中渗透心理健康教育,是素质教育的重要内容。在课堂教学中,教师充分运用心理健康教育的一切有效方法和手段,启发学生学习兴趣,端正学生学习态度,给学生更多独立思考问题与自我发展的机会,促进学生生动、活泼、主动学习和成长。

二是心理辅导活动课程。心理辅导活动课程是心理健康教育的主要途径。面对心理发展处于同一水平上下的学生,心理辅导课程要对"全体"学生实施教育指导,让全体学生心理发展得到帮助。在注重全体学生心理素质共同提高基础上,心理辅导课程也要重视学生个别心理差异,做到因材施教,促进每一个学生的发展。

三是心理健康教育的个别化。学生心理存在个别差异,他们会产生各种不同心理问题和困惑。教师要让每一个学生得到生动活泼健康发展。学生希望得到符合自己发展的各种建议。针对学生千差万别的个体而开展的心理咨询和心理辅导,符合学生个性差异需求,可以满足学生个体心理健康发展的愿望。

三、教师心理健康教育工作规范

心理健康教育工作在实施过程中有些技术性工作需要教师认真研究,具体掌握,按科学规律和规范开展工作,避免工作中出现错误和失误。一般而言,教师心理健康教育工作规范可简单总结为下列几点。

一是心理健康教育是一项教育辅导性工作,学校的研究和实验是为教育帮助学生,片面追求心理实验只会影响心理健康教育的正常实施。

二是心理测量是为心理咨询和辅导提供参考,是为教师和专业心理学工作者提供教育辅导建议,不要把测量结果作为对学生评价的唯一依据,更不应该公开心理测量的结果。

三是心理健康教育课程是活动课程,不是知识传授课程,课程活动内容和形式必须根据班级学生共性需要创造性地进行。

四是对于确有心理疾病的学生,应该通过正规转介服务,并为心理医生提供必要的情况介绍和相关资料。

五是提高教师心理健康水平,改变和改进教师教育思想和教育方法,减小影响和阻碍学生心理健康和心理发展的各种外来不利因素。

四、教师正确诊断学生

"心理诊断"一词最早出现在 M. 罗夏的《心理诊断》一书中。心理诊断是应用心理学理论和技术,是对来访者心理活动和人格特征进行评估和鉴定,目的是确定其心理变化的程度和性质。心理诊断通过观察法、会谈法、实验法、测验法和量表法来评定人的心理和行为状态。

在对存在心理问题的人进行干预时,心理诊断也被作为心理问题评估,指的是干预者通过访谈、测验、观察、个案、问卷等方法来收集当事人的信息,并运用分析、推论、假设等手段对其心理问题的基本性质加以判定的过程。一般而言,充分收集信息并有效加以分类,确定影响求助者心理健康的若干重要变量,是评估心理问题的主要目的。评估心理问题既影响心理干预目标的最终确立,也影响干预策略的选择与实施。

(一) 心理诊断的对象与目标

心理诊断的对象是健康人、亚健康人和不健康人,主要诊断对象是身心处在亚健康中的人。首先,心理诊断是通过心理症状学知识来研究非健康人的心理和行为特点;其次,心理诊断是研究心理障碍的症状和发病规律;最后,心理诊断特别强调诊断方法、技能和病因的讨论。与一般心理学寻求人类总体或某一群体的共同心理规律不同,心理诊断通常以个体为目标,探求某一个体在群体中的位置,确定个体行为与常模偏离的程度和距离。

(二) 心理诊断的主要任务

1. 区分正常精神活动和异常精神活动。
2. 寻找心理紊乱的原因。

3. 对心理紊乱状态进行分类诊断。

(三) 心理诊断的基本特点

1. 心理诊断对象是从没有任何心理紊乱到患有精神疾病之间的连续带人群。
2. 心理诊断对象的模糊性较高,推广难度较大。
3. 心理诊断与精神病学关系紧密。
4. 心理诊断的重要手段是心理测量。
5. 心理诊断要求对问题进行归类,强调结果和确定性,相对静止和孤立。
6. 心理诊断的直接目的是对心理紊乱的性质、类别、程度作出判断,并探索心理问题的原因。

(四) 心理诊断的基本方法

1. 定性诊断

对心理问题进行定性诊断就是确定心理问题的类型。

(1) 一般习惯性定性诊断程序

第一,判断是否患有精神病。若有精神病,则不属于心理咨询的范围,学校心理健康教育对此无能为力,应及时转介专科医院治疗或由精神病医生来处理。

第二,若排除精神病,则考虑是否神经症和神经症性心理问题。神经症和神经症性心理问题是心理咨询中常见的心理问题,对其诊断和咨询是心理咨询师的基本能力。

第三,若不是神经症,则考虑是否生理心理障碍。

第四,若不是生理心理障碍,则考虑是否人格障碍。

第五,若不是人格障碍,则要考虑是否严重心理问题。

第六,若不是严重心理问题,则考虑是否一般心理问题。

第七,若不是一般心理问题,则考虑是否认知、情绪、体力等的波动。

第八,若不是波动,则考虑是否由于躯体疾病引起的心理反应。若是,则首先治疗身体疾病,一旦疾病得到控制,心理反应也就随之得到缓解或改变。

(2) 经典定性诊断程序

首先,利用典型行为进行定性诊断;其次,依据求医行为进行定性诊断;最后,从自知程度来进行定性诊断。

(3) 观察法

观察法分为自然观察法和控制观察法两种类型。观察内容包括外表、行为、语言特点、思维内容、认知功能、情绪、灵感与判断等。

2. 定量诊断

对心理问题进行定量诊断就是对心理问题的严重程度进行量化。量化主要利用心理测验工具对学生进行心理测量。

(1) 心理测量的分类

根据功用划分为智力测验、人格测验、神经心理学测验等；根据测验方法分为问卷法、作业法、投射法等。

(2) 测验过程

包括实施步骤、测验分数的解释、注意事项。

学校心理健康教育中教师最常用的测验量表有：① 症状自评量表（SCL-90）；② 焦虑自评量表（SAS）；③ 抑郁自评量表（SDS）；④ 16PF 量表；⑤ 艾森克人格问卷；⑥ MMPI；⑦ 瑞文联合型智力测验。

3. 产品分析法

产品分析法是通过采集求助者的作品（绘画、手稿、雕刻、雕塑等），结合临床症状和其他资料对产品进行分析，有效评估其心理水平和心理状况的分析方法。产品分析法分为自然产品分析法和控制产品分析法。

五、教师解决学生常见心理问题

教师要帮助学生培养健康的心理，首先要帮助其树立正确的人生观，使其能够客观评价自我，积极悦纳自我，提高承受挫折的能力。其次帮助学生进行心理训练，锻炼学生的意志品质，使其保持乐观向上的情绪。第三帮助学生掌握情绪调节方法，使他们能合理恰当宣泄。最后，教师要推荐学生寻求心理咨询，求得心理问题的解决。教师应帮助和培养学生保持良好情绪，在传道、授业、解惑的同时，让学生发现自我，增强自信心，挖掘内在动力。

(一) 心理健康学生给人的印象

1. 行为符合常规，不出格，能进行正常学习、劳动和生活，能在教师指导下完成规定学习任务。

2. 能和他人保持良好人际关系。能理解别人，在生活中有朋友和友谊，不感到孤单，在集体中受到多数人欢迎，人们愿意接近他。

3. 具有良好、稳定情绪状态，对外界反应适中，既不过分强烈，也不麻木不仁。

4. 日常行为符合学生身份，对人、对事、对物均有相对稳定的态度，行为能为大多数人接受。

(二) 中小学生常见心理健康问题

1. 学习问题

(1)入学适应问题；(2)恐惧；(3)厌学；(4)逃学问题。

2. 人际关系问题

(1)与教师的关系问题;(2)与同学的关系问题;(3)与父母的关系问题。

3. 情绪情感类问题

(1)依赖心理;(2)自负心理;(3)自私狭隘心理;(4)自卑心理;(5)抑郁心理;(6)孤僻心理;(7)焦虑紧张心理;(8)恐惧心理;(9)易怒心理;(10)逆反心理;(11)嫉妒心理;(12)猜疑强迫心理;(13)厌学心理;(14)考试焦虑。

4. 意志障碍

意志障碍有轻有重,有的是心理疾病的表现,有的是个性问题。意志增强:表现为病态自信和固执的行动,多见于有妄想的精神病人。意志减弱:表现为缺乏主动性、进取性,见于精神分裂症和瘾癖。意志缺乏:表现为缺乏要求或打算、生活被动、处处均要别人督促,见于晚期精神分裂症与痴呆。犹豫不决:表现为缺乏决断力、行动上举止不定、忧虑重重,见于焦虑与强迫症。易受暗示:表现为思想和行为易受别人言语、态度的影响,不加批判地按别人的观念行事,见于癔症。

5. 问题行为

我国心理学家把学生问题行为分为两大类。第一类是外向性问题行为,这是直接干扰课堂正常教学活动的攻击性行为。表现为争吵、推撞、追逐、讪笑等侵犯他人的行为;交头接耳、窃窃私语、擅换座位、传递纸条等过度亲昵行为;高声谈笑、发出怪声、敲打作响、做怪异动作等故意惹人注意的行为;语言粗暴、顶撞老师、不服从指挥等盲目反抗性行为等。

第二类是内向性问题行为,这是不容易觉察,对课堂教学活动正常进行不构成直接威胁的退缩性行为。这种行为不直接威胁课堂纪律及他人学习,但对教学效果和学习影响很大,对学生人格发展也有危害,主要表现为课堂上心不在焉、发呆等注意力涣散行为;胡写乱写、抄袭作业等草率行为;害怕提问、抑郁孤僻等厌恶行为;神经过敏、频繁活动等不负责任行为等。

6. 人格障碍

人格障碍又称为病态人格或异常人格,是指人格畸形发展,形成一种特有的、明显的、偏离社会文化背景及多数人认可的认知行为模式。人格特征偏离、对环境适应不良,明显干扰社会和职业功能,导致此人不能保持和谐的人际关系,难以适应社会生活。

7. 过度迷恋网络

有些中小学生意志力不够发达,不能很好控制自己,迷恋网络特别是网络游戏。玩起游戏来只恨时间太快,不觉白天黑夜。他们相互攀比,相互影响,似乎谁玩游戏厉害,谁就脸上更光彩。他们不易听从父母劝告和制止,一玩游戏,功课和回家都丢在脑后,不利于学习和健康。有的学生为玩游戏甚至不择手段干出其他坏事,最后懊悔莫及。

8. 青春期心理问题

青春期综合征是青少年在青春发育过程中出现的生理与心理失调的总和。其根源是性激素急剧增高,自我意识迅速增强,对挫折的强烈反应等多种因素相互作用导致,又称青春挫折综合征。表现为心理状态欠佳,自卑自责,忧虑抑郁,烦躁消极,敏感多疑,缺乏学习兴趣,生活冷漠,好动肝火甚至忧伤、恐惧、自暴自弃、厌学、逃学,直至自虐、自尽。

六、教师设计与实施心理辅导活动课

教师开展心理健康教育工作,其中一种可操作的技术性活动就是心理辅导活动课。设计并组织好这种课是保证心理健康教育课程质量的前提要求。

(一) 心理辅导活动课的含义

心理辅导活动课是在学校情境中,心理辅导教师根据学生身心发展特点和社会需要,依据心理辅导理论与方法,在团体中引导学生自我了解、自我探索、自我体验、自我发展、自我成长而专门开设的活动课。

心理辅导活动课是我国学校实施心理辅导工作的重要途径。学校心理辅导活动课一般以班级活动课形式进行,对象是全体正常学生,课程实施通常由辅导员或受过专业训练的班主任来组织。

(二) 心理辅导活动课的特点

1. 心理辅导活动课的根本目标是提高学生心理素质

在学校开设心理辅导活动课,是因为心理素质在人的培养中占有重要位置。心理素质作为人的素质的基础性要素,对人的全面发展具有支撑和导向的特殊意义。心理辅导活动课以全面提高学生心理素质为根本目标,采用游戏、体验、角色扮演、人际交流等寓教于乐的渗透方式,帮助学生开发潜能、健全人格,逐步提高社会适应水平,这是对传统学校课程体系的有效变革,是推进素质教育的一项重要举措。

2. 心理辅导活动课的中心任务是促进学生心理发展

儿童青少年成长中认识自我、认识他人与社会、提高学习效率、调控自己情绪等问题的解决,是通过实践活动锻炼,学生在动手、动脑亲身参与过程中,通过领会、体验等不同心理内化方式实现的。心理辅导活动课可以优化学生心理结构,全面提高学生心理素质。学校在组织心理辅导活动课中,在活动新颖性、趣味性、参与性、可操作性上多下工夫,对于保证心理辅导发展性目标的实现具有重要意义。

3. 心理辅导活动课的本质是学生的自我教育过程

心理辅导活动课建立在人本主义人性观基础上。人本主义人性观认为，人的本性是积极的、追求个人发展的；人是富有理性的、具有建设性的，可以通过自我教育不断得到自我完善；人有极大潜力，可以通过适当教育使这些潜力得到充分发挥。按照人本主义观点，学校为儿童发展创造足够条件，儿童会在这样的环境下积极主动发展自己。心理辅导活动课是学生自我教育过程，不是说教过程，更不是代替学生成长的灌输过程。

4. 心理辅导活动课的组织模式是他助—互助—自助

心理辅导活动课充分调动学生自身教育资源。学生具有主观能动性，具有自我教育的潜力。心理辅导活动具有人际关系特殊性质，需要师生之间、同学之间敞开心扉，坦诚直言，真情沟通，倾心交流。在团体辅导活动中，学生作为团体一员，既是助人者，又是受助者，他助—互助—自助浑然融为一体。

（三）心理辅导活动课的理论基础

1. 罗杰斯人本主义教育观

罗杰斯从早期"来访者中心治疗"研究扩展到心理治疗领域之外，逐步形成"以学生为中心"的教育观。罗杰斯强调，教育的目标在于促进学生发展，使他们成为能够适应变化、知道如何学习的"自由人"。要实现这个目标，必须让学生形成自我—主动学习，即鼓励学生面向生活，正视问题；教师对学生应当抱有真诚、真实的态度；教师应像治疗师一样对学生产生共情式理解。他非常强调师生互动心理气氛的作用。

罗杰斯将他的"非指导性治疗"理念和技术移植到教学过程，提出"非指导性教学"理论与策略。"非指导性教学"基本原则是强调教师在教学中要信任学生，给予学生安全感，同时教师自身也要获得受到学生信任的感受。他认为"非指导性教学"还必须遵循以下八项原则。

(1) 教师与学生共同承担责任，一起制订课程计划和管理方式。

(2) 教师向学生提供各种有关的学习资源。

(3) 让学生单独或一起形成学习计划，把探寻学习兴趣作为重要教育资源。

(4) 提供促进学生学习的良好气氛。

(5) 学习重点是学习过程的持续性，学习内容是次要的。

(6) 学习目标由学生自己确定，为达此目标需对学生进行"自我训练"，用自我训练代替外部训练。

(7) 对学生学习的评价由学生自己作出。

(8) 促使学习从一种更快的速度更加深刻地进行下去，并渗透到学生广泛的生活和行为中去。

罗杰斯认为,教师并不是无所作为,实际上教师要扮演一个更高明的角色。比如教师要帮助学生引出并澄清学生希望做的东西;帮助学生组织已认可的经验,并提供广泛的学习活动和材料;教师作为一种灵活的资源为学生服务;努力建立以接纳为特征的课堂气氛;以团体参与者的身份参加学生的活动;主动与学生分享感情与思想。

2. 勒温的团体动力学

勒温从整体论、动力论原则出发,把团体看作是一个动力整体,其中任何一个部分的变化都必将引起另一部分的变化。这种部分与部分或团体成员之间的相互依存关系,是勒温团体动力学的核心。

勒温研究证实,在一个确定团体中,个体成员的动机通常强烈地连接在一起,以致很难把团体的目标和个体成员的意图截然分开。所以一般来说,要改变个体应先使具体的社会团体发生变化,这远比直接改变个人容易得多。这就是整体比部分更为重要的"场论"基本思想。在实际工作中,勒温也发现从改变一个团体来改变其中的个体,远比一个个改变个体要更加容易。只要团体的价值不变化,个体就会更强烈地抵制变化;一旦团体标准本身发生变化,则个体依附于该团体所产生的那种抵抗也就随之消除。

在研究团体动力过程中,勒温发明了敏感性训练的教学方式。主要是通过小组交流讨论形式,让参加者学会如何有效与他人沟通和交流。例如,如何倾听和了解他人的情感与感受,如何了解别人是怎样看待自己的,自己的行为又如何影响别人,以及自己如何受别人影响等。教师不需要课堂式讲解,只是作为小组中的临时召集人,组织大家一起参与小组活动。小组成员则通过自己的实践与亲身体验,在与小组其他成员相互作用过程中认识自己,了解他人,使自己的人际交往技能潜移默化地获得提高。

3. 米谢尔和班杜拉的社会学习理论

米谢尔和班杜拉是当代著名社会学习理论研究专家,他们的理论对心理辅导活动课具有直接影响。

米谢尔的理论大致强调三个方面:第一,情境的具体性;第二,人类知觉——认知机能的识别力;第三,人格机能适应的自我调节方面。他的理论经过后人发展,衍生出自我调节系统的概念,该概念强调个体形成和执行长期计划的能力,确定标准并维护标准的能力,以及抵抗诱惑并在遇到挫折时仍坚持不懈的能力。人们确立起自己的目标后便为实现这些目标而选定自己的计划,在追求这些目标过程中,人们监测自己的行为,评价自己的成就,有所进步时便奖励自己,出现本来可以避免的错误时便责备自己。

班杜拉提出社会学习理论与行为矫正技术。观察学习、自我效能感与自我调节是其重要概念。班杜拉认为,人的行为与环境之间的关系相互影响、交互决定,环境起着相当重要的作用。由于人具有通过语言和非语言形象获得信息及自我调节的能力,使得个体通过观察他人所表现的行为及其结果,就能学到复杂的行为反应。他认为自我效能是人类行为操作中的一种强大力量,它在控制和调节行为方面有不可估量与替代的价值。自我效能从本质上讲是自我生成的能力,通过这种自我生成,既可以对技能进行权衡和判断,也可以对自己的思想加以评价与改变。班杜拉认为人的行为不仅受外在因素影响,也可以通过自我生成因素实现自我调节。

4. 合作学习理论

合作学习是发展性教学中的一个重要策略。发展性教学关注教学活动中体现出来的群体人际关系和交往质量,积极构建合作学习的新型关系。这种关系以相互尊重、相互理解为基础,以民主、平等、互助为主要特征。真正为学生构建起民主、合作的课堂学习条件,不仅有利于学生集体意识的发展,而且将极大激发教师与学生主动性、积极性和创造性,使师生都获得自我充分发展。

在合作教学的诸多理念中,最令人注目的当属互动观。由于合作教学视教学动态因素之间的互动为促进学生学习的主要途径,因而这种互动观无论在形式上还是内容上都不再局限于师生之间的互动,而是将教学互动推至更广阔的领域——学生与学生之间的互动,因而这种教学理论较传统的教学理论更具有情感性。合作教学在注重认知、情感和技能目标的同时,还十分注重人际交往的教学目标,并将之作为一种教学要素加以考核。这样,教师与学生之间原有的"权威—服从"关系就变成了"指导—参与"关系,这对于提高学生的人际交往能力和社会适应水平具有重要意义。

(四) 心理辅导活动课的具体设计

1. 课程设计的理论架构

心理辅导活动课设计的理论架构就是要理清以下一些问题。

(1) 学生身心发展需求以及如何促使学生顺利发展

有效的心理辅导活动课设计首先应了解辅导对象的身心发展状况,其次要思考促使其顺利发展的有关对策。具体说来,要重点考虑以下问题。

① 正常个体在某一阶段正常发展的特征、期望、任务和行为是什么?
② 某一学生或特殊团体在某一阶段的发展特征、期望、任务和行为是什么?
③ 这些个体或团体在发展过程中,可能遇到哪些阻力?
④ 如何促进这些个体或团体的发展过程?

上述问题已由哈维格斯特的综合适应发展理论、埃里克森的心理社会发展理论等发展心理学的研究成果,给我们提供了清晰的指引。配合相关理论所揭示的学生身心发展的成熟度与可能的困难,设计相关的专门活动,为学生提供各种新的广泛的良性互动,便可使他们在先前发展经验基础上,完成人生成长任务。

(2) 辅导活动目标的制订

学校心理辅导有三个领域——学习辅导、人格辅导和生涯辅导,每一领域都有其领域目标及具体目标。之所以要重点考虑辅导目标,是因为辅导目标的制订不仅会影响到活动内容选择与设计,还会影响到整个辅导活动目标实施,以及辅导效果评估。

(3) 团体动力结构

心理辅导活动课一般以团体为单位展开,因此团体动力结构就成了设计与实施心理辅导活动不可或缺的考虑因素。按照我国学者的观点,团体动力结构包括四个系统。

① 个人系统:学生在日常生活中表现出来的个体人格特质与行为模式。

② 成员系统:学生在学校环境中,特别是班级团体中表现出来的小组成员特质与行为。

③ 团体系统:学生在学校环境中,特别是班级团体环境中,彼此互动状况与人际行为。

④ 团体作为一个整体系统,整体的学生行为表现所呈现出的团体气氛与特质,团体表现可视为一个整体所得的观感。

上述四个系统互相重叠。在课程设计时,要注意观察与了解班级团体动力结构,考虑在四个系统层次上学生的互动状况与影响效果。

(4) 辅导主题理论分析

① 问题重要性及成因分析:该问题的辅导在整个辅导工作中如何定位?它会影响到哪些方面,以及如何影响其他身心问题发展?该问题成因是什么?

② 问题辅导策略:针对该问题应采用何种特定的辅导策略?作为课程设计者,相关的理论储备非常重要。

(5) 环境性因素

辅导课程设计要从班级、学校和社区具体情况出发,兼顾文化、地域性等环境特殊需要,增加辅导课程设计在特定学校与班级推进的可能性与实效性。

2. 辅导课程单元设计

(1) 确立单元名称:每一名称具体标志着特定活动内容。

(2) 理论分析:对与主题有关的理论作认真研究与分析。

(3) 辅导目标制订:结合辅导对象实际情况,制订出相关辅导目标。

(4) 选择辅导策略与方法。

(5) 确定活动时间:详细制定每一单元活动所需课时及每一活动步骤所需时间。

(6) 媒体与辅导材料准备:相关媒体与材料收集、设计与运用技巧要在辅导前进行演练。

(7) 实施场所规划:活动前要布置好相应场地。

(8) 各种资源协调:相关人力、物力与学校行政及社区资源的取得与协调。

(9) 明确活动流程:这是单元设计中的主要部分,它规定了辅导活动过程及具体步骤,从活动开始到活动结束,每个流程都应有具体说明。

(10) 辅导效果评估:结合不同单元主题选择、设计不同评估方法,收集相关评估资料。

3. 辅导活动实施基本环节与流程

一个完整的辅导课程流程包含以下几个方面。

(1) 暖身运动。暖身运动的选择、设计与应用,应考虑两个要素:该暖身活动能否引发学生参与动机;能否营造出轻松、活泼、开放、接纳的气氛与情绪。

(2) 创设情境或设计活动。心理辅导活动课基点是"活动",发挥学生主体性和主动性是核心所在。依据辅导目标设计,创设有效、合适的活动或情境,是整个课程设计的重点。创设情境至少要满足两个条件:符合辅导对象心理发展水平和学生年龄特点;创设的情境一定要来源于学生生活实际。设计活动要突出活动的两个特点:主动性和目的性。

(3) 催化互动。催化学生彼此参与和互动,是心理辅导活动课设计的精妙之处。教师要充分发挥集体辅导资源,让学生在与同学、与辅导者之间的互动中,形成改变与成长的良性机制。

(4) 鼓励分享与自我探索。心理辅导活动课程设计应充分调动学生资源,鼓励学生深入自我探索,让学生在较深自我开放与自我卷入中,通过自我体验、自我领悟、自我实践,促进自我成长。

(5) 引发领悟。学生在参与和分享中获得新想法与感受之后,便会引发他们的领悟过程,从而开启改变与成长的有利契机。

(6) 整合经验。学生参与、分享与回馈,使他们把别人的经验、个人在活动中获取的新经验与已有经验整合起来,起到深化辅导效果的作用。

(7) 促成行动。教师通过鼓励学生即席采取行动和现场演练,确保辅导活动效果在知、情、行三个维度上的统整。

(8) 彼此回馈。在活动结束前提供师生之间、学生与学生之间的回馈,能强化辅导效果,为延续下一单元的辅导奠定良好基础。

(9) 活动延伸。布置行为作业,有助于学生把课程中取得的领悟与演练成果迁移运用到日常生活中去,还能充分发挥"学校—家庭—社区"这一辅导网络的支持作用。

（10）评估效果。课程设计本身应包含效果评估规划与设计，以提供课程自我改进和不断修正机制，此外还可引发新设计构想，使课程设计质量不断提高。

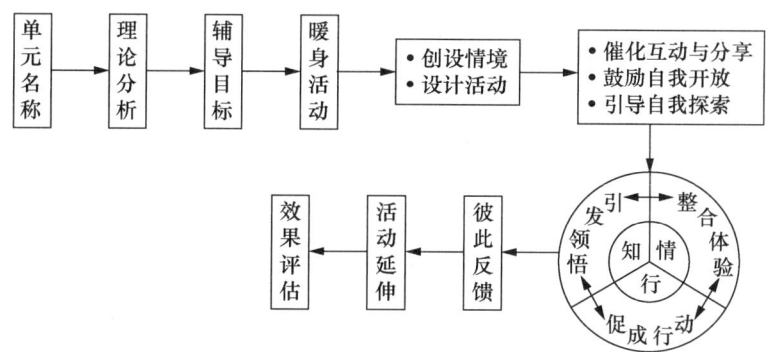

图 10-1　心理辅导活动课程设计操作程序

（五）心理辅导活动课的组织实施

1. 组织程序

（1）暖身活动

暖身活动是心理辅导活动课的起始技术，是为了让团体成员相互沟通，逐渐形成信任、合作、互助的团体气氛。这一阶段活动一般比较简单、容易。暖身活动可采用言语与非言语两种形式。言语形式的暖身有自我介绍、相互介绍、名字串联等，非言语形式的暖身有轻松体操、放松练习、按摩、哑口无言等。

（2）引导学生自我探索的系列活动

① 彼此开放、接纳和支持。自我开放是指将纯粹个人的信息甚至秘密揭示出来与团体成员共享，也称为自我揭示。彼此开放是对人信任的结果，也是彼此信任的重要条件。彼此开放可以分享过去的成功体验，正视过去曾否定过的经验。辅导教师适时、适地、适度自我开放，不仅能产生认同仿效作用，促进学生自我开放，而且有助于营造安全、自由的团体气氛。

② 在互动中自我体验、探索和成长。辅导教师在民主、平等、合作、融洽、建设性气氛中，通过与学生、学生团体以及促进学生与学生之间的互动来引导学生自我体验、自我探索，学生则通过"他助—互助—自助"的心理机制实现自我成长。辅导教师不能用自己的价值标准来要求团体成员，也不能依靠说教方式来影响成员，他扮演的是一个立场中立的教育家、咨询员、好朋友和同伴角色。

（3）经验整合、分享与迁移

心理辅导活动课结束阶段要巩固团体活动成效。前期活动过程是强调学生情感体验，结束阶段更强调知、情、意、行统合，强调从思想到行动的路径指引。

2. 活动示例:认识自我

活动简析

个体能否正确认识自我是心理健康的标准之一。如果一个人对自己的认识有偏差,影响个体人际关系和学习效率,影响情绪和行为,会导致偏差。引导学生正确认识自我是心理健康教育的重要内容。

自我是对自己存在的觉察以及对自身的价值期望,即认识自己的一切,包括认识自己的生理状况、心理特点以及与他人的关系等。自我包括物质的我、社会的我、精神的我。

小学生自我意识水平比较低,他们主要依赖长辈、教师或同学、朋友的外部评价来认识自己,容易受到外部暗示,缺乏认识的全面性与客观性。本活动运用团体动力学等理论,运用自我小测验、小组互动、集体讨论等方式,来协助小学生加深对自我的认识。

活动目标

(1)提高小学生对认识自我重要性的意识
(2)拓展小学生认识自我的方法
(3)增强小学生自我悦纳的情感体验
(4)引导小学生主动进行自我探索

活动准备

(1) 材料:印泥5—8盒;手纸1盒;白纸,每人2张;笔,每人1支。小测验与答案纸,每人1份
(2) 分组:每组5—8人,围坐

暖身

(1)指印的差异

每位同学用大拇指在一张白纸上按上红印,与邻近的两位同学进行比较:自己的手印与别人的手印是否一样。(都不一样)

手印的用处:一个人的皮肤会变老,器官会衰老,但指纹不会变。任何人的指纹都是独一无二的,世界上没有完全相同的指纹。换言之,区别不同的人可以采用指纹鉴别的方法。人的指纹各不相同,人的其他方面其实也是不同的,一个人可以通过多种方法来认识自己。

(2)有什么方法可以更好地认识自己,认识自己有什么意义(全班讨论)

系列活动

(1) 自我小测验(小组活动)

发给每个学生一张测验表。学生填写完毕后,自行计算分数,看看自己属于哪种类型的人。

小测验

每个人的兴趣都是不一样的。下面是学科兴趣小测验。

请你仔细阅读下面的问题,在"答案纸"上填写自己对下列问题的喜欢情况,以记分形式表示。如果你非常喜欢就打 5 分,比较喜欢打 4 分,无所谓喜不喜欢打 3 分,不喜欢打 2 分,很不喜欢打 1 分。

1. 喜欢阅读《小学生科技》、《科学画报》等科普读物。
2. 喜欢阅读文艺类作品。
3. 喜欢看著名医生的传记。
4. 喜欢制作工艺品、装饰品和参观艺术展览会。
5. 喜欢参加体育运动队。
6. 喜欢与数字、符号打交道。
7. 喜欢尝试写点小作品或编小报。
8. 喜欢了解人体构造和学习生理卫生知识。
9. 喜欢参加课外文艺小组和演出活动。
10. 喜欢看体育运动节目。
11. 喜欢参加数学兴趣小组活动。
12. 喜欢读文学作品中对人内心活动描述的内容。
13. 喜欢阅读有关人同疾病作斗争的故事。
14. 喜欢学习音乐、美术课程和参加欣赏活动。
15. 喜欢天天坚持体育锻炼。
16. 喜欢收集数学方面的课外资料。
17. 喜欢阅读世界文学名著。
18. 喜欢询问各种疾病发生的原因。
19. 非常喜欢自己写的小文章。
20. 喜欢参加体育课。

表 10-1 小测验答题卡

答案卡									
题号	分数	题号	分数	题号	分数	题号	分数	学科类别	兴趣倾向
1		6		11		16		数理类	
2		7		12		17		文学类	
3		8		13		18		医学生理	
4		9		14		19		文艺类	
5		10		15		20		体育类	

(2) 照镜子(小组活动)

把自己认为有别于其他人的特点(如兴趣、爱好、特长、性格、相貌、生长在什么样的家庭中、学习是否用功、长大了想干什么等),尽可能具体地写下来。

(3) 秘密会串(小组活动)

将所有的单子汇总。随机抽出一张单子,让一个学生读,其他同学猜他是谁,并说出为什么,要求举出具体的证据。

(4) 画肖像(小组活动)

坦诚客观地描述别人。一是他过去、现在是怎么样的,将来可能做什么;二是他最大的优点是什么,最大的缺点是什么。

经验分享(全班讨论)

(1) 认识自我有什么意义

(2) 认识自我有什么方法:从身边具体事件中得出结论;与别人比较;让别人来评价

(3) 认识自我以后怎么办

(六) 心理辅导活动课效果评价

1. 对基本原则执行情况评价

心理辅导活动课是根据学生心理发展规律和成长需要,按照心理学原理与技术组织的形式多样、生动活泼的实践性课程。心理辅导活动课有自己的基本原则,对这些基本原则执行情况进行评价是效果评价的首要任务。

(1) 平等性原则

心理辅导活动课应该在轻松、愉快、自由、平等、和谐气氛中进行。学生不必过多保护自己而设防。学生之间、师生之间都要遵守平等信任原则。评价心理辅导活动课的效果要看以下几点:教师有没有主动创设一种轻松、和谐的团体气氛;教师有没有自觉地与学生建立平等关系,让学生体验师生在人格上的平等;教师有没有在师生之间建立一种信任感、安全感,使学生自觉自愿开放自我。

(2) 互动性原则

心理辅导活动课是一种积极人际互动过程,既有师生互动,也有学生互动,主要是学生之间的互动。在评价效果时应注意把握:组织过程中有没有以一系列活动为主要形式;教师与学生之间有没有朋友式互动交流,教师有没有恰当运用反馈等心理辅导技术;学生与学生之间有没有交流与互动,有没有同时体现助人者与受助者双重角色。

(3) 参与性原则

对学生自主参与状况的评价在心理辅导活动课效果评价中占有重要位置。评价应注意以下几点:活动是以教师为主体,还是以学生为主体;活动中是否只有个别学生在投入,而多数同学持无所谓态度;学生在活动中是否可以自由表达思想与情感。

(4) 支持性原则

教师要积极创造民主、平等、自由、团结气氛,充分开发集体教育资源,还要为学生个性发展提供经验。教师要重视自己在活动中的情感投入。评价时需要注意以下几点:教师一般不对学生行为进行对与错的价值判断,但要积极引导;教师宜多作启发性描述或提示,不宜代替学生过早进行归纳概括;教师在活动中关注焦点是学生心理发展,而不是知识获得。

2. 对辅导活动核心要素的评价

在心理辅导活动课中,辅导关系创建、学生情感体验和学生自我探索是核心要素。对这些核心要素的评价是衡量心理辅导活动课质量的重要组成部分。

(1) 辅导关系创建的品质

心理辅导理论强调,辅导关系是决定辅导成功的第一要素。创建良好辅导关系是团体心理辅导活动顺利开展的前提条件,也是评定心理辅导活动课成功与否的基本指标。民主、平等、温暖、合作、真诚、建设性人际关系本身就是一股巨大的教育力量。良好活动组织过程每一细节都渗透着辅导者对团体成员的真诚、共情和无条件积极关注。凡是辅导关系存在明显疏漏或辅导关系处于不协调状态的活动,都应视为效果欠佳的活动。

(2) 学生情感体验程度

增强学生情感体验是心理辅导活动课成功的重要指标。只有通过以体验为核心的课程改革,才能使心理健康教育课程进入学生的生活世界。

(3) 学生自我探索水平

团体心理辅导,教师不能包办代替,也不能依靠自身权威地位进行空洞说教或进行社会规范灌输,应引导学生积极进行自我探索。

3. 对辅导活动进程的评价

(1) 选题

选题可从宏观与微观两个方面评价。从宏观层面看,应考察活动主题是不是学生在成长过程中正在面对或即将面临的人生问题,有没有辅导价值,其理论意义与现实条件是否允许。从微观层面看,应考察活动主题是否鲜明生动,有无操作价值,可否对学生心理发展起良好促进作用。

(2) 理论分析

理论分析评价辅导活动的价值性与操作的科学统一。缺乏心理教育理论指导的活动设计和缺乏实际操作价值的活动设计都是不成功的,只有把理论与实践有机结合起来的活动设计才真正具有持久生命力。

（3）活动目标

在活动目标上，要用知、情、意、行整合标准进行总体评价，但在具体活动目标评价方面，则要视活动的主题灵活掌握评价标准。例如，某一活动主题突出行为习惯培养，这时对情感体验等方面的内容就不应提出过高要求；同理，某一活动主题突出了情感体验内容，就不应对行为习惯等方面内容提出过高要求。

（4）活动准备

活动准备评价，一方面要了解辅导者对学生角色扮演状况的准备情况，另一方面要了解辅导者对活动进程所需材料、场地、设备等的准备情况。此外，辅导教师是否做好了应急状态准备，也是评价活动准备状况的内容。

（5）暖身

暖身的作用主要是学生通过活动消除防御心理，把注意力集中到当前活动上来，激发起对活动的兴趣。暖身活动一般时间较短，不超过5分钟。只要该活动达到了上述要求，就应当充分肯定。

（6）系列活动

系列活动是否真正体现了主题要求，活动是否有效是评价的内容。活动之间是否具有内在联系和递进关系，这在系列活动评价中也要留意。

（7）经验分享

一堂完整的心理辅导活动课，最后都有经验分享环节，让学生相互交流在活动中的收获、体会、经验等，以达到收效最大的目的。这一点可作为活动是否完整纳入评价过程，但在具体把握上不宜过于机械刻板。

本章小结

心理健康教育能力曾经是针对学校心理健康教育专业教师的要求，现在这种能力也成为对除心育教师外其他教师如班主任、任课教师和其他管理人员的要求。心理健康教育能力已经演变为教师进行教育、教学和管理必备的素质要求。这种能力要求教师自身要具备过硬的能力素质和培养学生心理健康的能力，需要教师掌握心理健康的规范标准，学会实施心理健康教育的多种模式，正确诊断学生，解决学生常见心理问题，并能设计和实施班级心理辅导活动课。

思考与练习

1. 针对非专业心理健康教师从事心理健康教育的做法,反思教师掌握心理健康教育专业知识、学会正规心理健康教育科学方法的必要性。
2. 教师心理健康教育能力的结构是怎样的?
3. 从哪些方面提高教师的心理健康教育能力?
4. 教师心理健康教育的模式有哪些?
5. 教师如何正确诊断学生?
6. 教师要解决的常见学生心理健康问题有哪些?
7. 请根据本章知识设计并实施一堂学生心理健康辅导活动课。

参考文献

[1] 申继亮.论教师的心理健康教育能力的构成[J].北京师范大学学报(人文社科版).2001,1:12—19.

[2] 转载自:宁波实验小学网站.心理辅导活动课的设计与实施[EB/OL].http://blog.sina.com.cn/s/blog_4968fef60100r7tk.html,2011-05-14.

第十一章　教师心理素质拓展训练

> **学习目标**
>
> 1. 了解心理素质拓展的发生发展、本质、目的、作用和意义。
> 2. 熟悉教师心理素质拓展的课程类型、特点、价值与要素。
> 3. 从心理素质拓展的示例中学会如何参与、配合、分享。
> 4. 学会组织学生开展心理素质拓展活动课。

【案例分析】

　　有个寓言故事说，一位哲学家乘船到河对岸，划船的船夫年龄已经很大了，一直在使劲划船，非常辛苦。哲学家对船夫说："老先生，你学过哲学吗？"船夫回答道："哎呀，抱歉，我没学过哲学。"哲学家摊开双手说："那太遗憾了，你失去了50%的生命呀。"过了一会儿，哲学家看到老先生如此辛苦，又说："你学过数学吗？"老船夫就更自卑了，说："对不起先生，我没有学过数学。"哲学家接着说："哎呀！太遗憾了，那你将失去80%的生命呀。"这时突然一个巨浪把船打翻了，两个人同时落入水中。船夫看着哲学家如此费劲地挣扎，就说："先生，你学过游泳吗？"哲学家说："我没学过游泳。"老船夫无奈地说："哎呀，那真抱歉，你将失去100%的生命了。"

教师岗位对教师心理健康水平提出较高要求，需要教师具备更好的心理素质。教师心理素质的加强与改善，单靠书本理论学习、自我修养的提高还嫌不够，还需要教师参加心理素质提高的实训训练。这种训练最常见的就是心理素质拓展活动。

第一节　心理素质拓展概论

　　拓展训练（Outward Development），原意为一艘小船驶离平静港湾，义无反顾投向未知旅程，去迎接一次次挑战，去战胜一个个困难。因为这种训练通过各种活动对人实施实践训练，锻炼了人多方面心理素质，所以又称为心理素质拓展训练，简称为素质拓展训练，或拓展训练。

一、起源与发展

心理素质拓展训练起源于"二战"时的英国。当时来往于大西洋上的英国船队,经常遭到德军潜艇袭击,沉船后,绝大多数海员葬身海底,只有极少部分人能够生还。令人惊奇的是,生还者大多是一些年纪偏大但身体不一定特别好的人。英国军方救生专家对这部分生还者研究后发现,他们之所以能够活着回来,是凭借他们丰富的生活经验和良好的心理素质。而那些年轻海员落水后,感到绝望,深感大陆遥远、危机四伏,首先心理防线崩溃,随之智力活动终止,体能迅速下降,支撑不了多久便很快葬身海底。研究发现在应对千难万险的困境时,人的心理状态、自我调节能力是解决问题的关键。

为保证兵员,英国军方决定,让那些从未经历战争的年轻士兵在上战场前,经历一些模拟战争情景,体验一下战争感觉,让他们从生理和心理上适应残酷战争环境。实践证明效果显著。

针对战争需要,汉思等人创办了"阿伯德威海上学校",训练年轻海员在海上的生存能力和船触礁后的生存技巧,使他们的身体和意志得到锻炼。战争结束后,许多人认为这种训练可以保留,于是拓展训练的独特创意和训练方式逐渐被推广开来,训练对象也由最初的海员扩大到军人、学生、工商业人员等各类群体。训练目标也由单纯的体能、生存训练扩展到心理训练、人格训练、管理训练等,范围由英国发展到世界各地。

1995年拓展训练由香港地区传入中国内地,发展极快。许多地方建立专业拓展训练基地,把训练理念灌输到各个行业管理培训体系中。

经过几十年发展,心理素质拓展这种体验式培训变得更加系统和专业,培训中的每一个活动都经过精心设计,按照培训需求控制其中的条件,使体验有组织、有目的,更个性化。

可见,心理素质拓展训练是一种以提高心理素质为主要目的,兼具体能和实践的综合素质教育。它以运动为依托,以培训为方式,以感悟为目的。它与传统知识培训和技能培训相比,少了一些说教和灌输,多了一些运动中的体验和感悟。拓展训练能使参与者激发个人潜能,培养乐观心态和坚强意志,提高沟通交流的主动性和技巧性,树立相互配合、相互支持的团队精神,增强合作意识,提高心理素质。

(一)在国外的发展

第二次世界大战结束之后,1946年,拓展训练信托基金会(Outward Bound Trust)在英国成立,目的是推广Outward Bound(简称OB)理念,并筹集资金创办新的OB学校。OB信托基金会拥有OB商标,掌握着该商标使用许可证发放。1962年曾在戈登思陶恩任教的美国人乔什·曼纳(Josh L. Miner)在美国成立科罗拉多OB学校,并于1963年正式从OB信托基金会获得许可证书,真正将拓展训练推广开来。

将拓展训练在学校教育推广开来的是美国一所高中的校长皮赫(J. Pieh)。经过不懈努力,皮赫将拓展训练方法应用于学校教育,与现存学校制度结合,为教育开辟了新思路新领域。1964年1月9日,组成OB法人组织(Outward Bound Inc)的文件在美国起草。1974年,拓展训练实践活动大纲出台后,得到世人瞩目和好评,该大纲被"全美教育普及网络(NDN)"评选为优秀教育大纲之一。随后,在美国高中课程大纲中,一直沿用该计划的学校达90%。

经过不断发展,OB学校已经遍及全球五大洲,共有40多所分校。在亚洲地区,新加坡最早建立了OB学校,此后中国香港、中国内地及日本、韩国也先后引进这种体验式教育课程模式。

(二) 在中国的发展

1970年,中国香港成立了香港拓展训练学校。这是中国第一个加入OB国际组织的专业培训机构,1999年,该组织在广东肇庆建立拓展训练基地,是国内第一个该组织下属的培训基地。

刘力创办了国内第一所专业体验式培训机构——北京拓展训练学校,并将其体验式培训产品命名为拓展训练。1995年3月15日成立了"人众人教育"(GROUP),1996年正式创立了培训知名品牌——拓展训练。

拓展训练以独特培训模式和新颖培训项目,给国内培训领域带来前所未有的震撼。经过发展,培训机构如雨后春笋般增长。在国内比较正规且形成规模的拓展培训机构已有超过三百家,参与组织拓展训练或"类拓展训练"的机构,包括户外运动俱乐部、管理咨询公司等已超过千余家。

1999年,我国拓展训练与学校教育在培训活动中有了第一次亲密接触。北京大学、清华大学的EMBA参与者也把拓展纳入课程体系中,让学生到拓展培训公司参加拓展活动。几乎在同一时期,许多高等院校的MBA/EMBA教育也纷纷把拓展作为指定课程内容。

拓展训练经过几十年发展,已经逐渐形成一种和传统灌输式教育模式相辅相成的体验式教育模式。训练内容已经涉及各个领域,将各种深奥的理念和理论,通过各种有趣游戏、身体磨砺等亲身感受方式予以表述和体现,通过培训师导引和讲解,让参训人员在解决问题、面对挑战过程中达到"磨炼意志、开发潜能、熔炼团队、完善人格"的目的。风靡全球50多年的拓展训练,自1995年走进中国,经过快速发展,备受推崇,逐渐被列入多个国家机关、外资企业和其他现代化企业的日常培训日程。

现代社会对教师提出了很高要求,教师除具备良好业务素质和明确职业规范外,还需要特别健康的心理素质、坚强的意志,以及敢于进取、不断创新的精神和良好人际关系、团队意识及组织协调能力,这些都需要从实践中、从强化培训中培养。体验式心理素质拓展训练适应了时代完善人格、提高素质和回归自然的需要,使成千上万的人趋之若鹜,成为素质教育新时尚。

二、心理素质拓展训练的本质、目的、作用和意义

心理素质拓展训练对教师或学生的心理健康成长具有重要意义。教师要保持自己心理健康发展,还要促进学生心理健康成长,任重道远。了解心理素质拓展的本质、目的、作用和意义,对促进教师自觉积极参与心理素质拓展训练、组织好学生的心理素质拓展训练都具有现实意义。

(一) 心理素质拓展训练的本质

体验式心理素质拓展训练既令人兴奋又富有挑战性,它包括很多内容:有针对个人或团队解决问题的行动,有肢体上的挑战,有游戏,有仿真练习,有组织练习,有分享,有冥想,有互动。在所有活动中,参与者主动参与其中,从体验中产生有意义的相关洞见。

心理素质拓展训练作为体验式训练,其本质有四个。

1. 学习者对于正在发生的学习及过程是察觉的。

2. 学习者投入省思体验中。

3. 在训练中产生的那些体验和内容独具个人意义。对参与者而言,学到什么以及如何学到,对个人有特别的重要性。

4. 心理素质拓展训练过程牵涉到完整的自己,从身体到想法、感觉和行动,不只与心智有关,而是参与者整个人全身心投入。

(二) 心理素质拓展训练的目的

心理素质拓展训练要在专业培训师指导下完成。按照培训师意见去做,才能达到理想效果,实现训练目的。心理素质拓展训练依据训练目标不同,可达到不同目的。常见目的可总结为如下一些方面。

1. 心理素质拓展训练的最终目的,是让参与者将培训活动中的所得应用到工作中去。

2. 增强参与者挑战自我的勇气。

3. 发扬团队精神,互相帮助。

4. 通过挑战,理解合理突破本能障碍的重要意义。

5. 感悟制度的制定和保障对完成任务的价值。

6. 培养参与者换位思考意识。

7. 达到自我教育的目的。

8. 磨炼意志、陶冶情操、完善人格、熔炼团队。

9. 提升个人意志力、团队沟通能力、协作能力、应变能力,激发潜能。

10. 达到心理素质提高和升华的目的,感受体能极限,锻炼坚持到底的决心和毅力。

11. 建立小组成员间的相互信任。

12. 使小组充满活力。

13. 培养合作配合、共同解决问题的意识。

14. 增强战胜挫折的信心。

15. 打破固有思维。

16. 培养决策与统筹意识。

17. 培养团队成员处理意外情况的能力。

18. 消除职业倦怠。

(三) 心理素质拓展训练的作用

人们试图用自己的思想观点去改变另一个人难度较大。假若人体验过某件事,有个人亲身经历,就容易自我改变。体验过的事,使人学习效率更高。人们更愿意相信自己所感受、体验到的,更愿意接受自己思考、发现、醒悟的道理,不大愿意轻易接受其他人的观点和指教。

心理素质拓展训练的作用表现在下列一些方面。

在个人潜能方面,可以全面提高发散性思维能力、面对压力的心理承受能力、应变能力、决策能力、判断能力及体能等个人综合素质。

在团队精神方面,引领团队构筑良好理解平台,使团队拥有共有视野和创造性氛围,锻炼组织面对挫折的复原力,并不断从经验中学习,最终塑造走向学习型组织的领先意识。

在整体素质方面,引导个人不抱怨别人,勇于承担个人责任,创造良好协作环境和沟通渠道,积极主动思考和工作。

在其他方面,引导人学会感恩,懂得回报。

(四) 心理素质拓展训练的意义

知识和技能是有形资本,意志和精神是无形力量。在实际生活和工作中,动手能力和意志坚定、坚忍往往比起书本知识更为有效和实用。使有限知识和技能释放出最大能量,开发潜伏在自己身上而自己却从未真正了解的力量,弄清自己与他人的沟通和信任到底能达到什么程度,这些是拓展训练的真正意义。

1. 个人心理素质拓展训练的意义

拓展训练提升教师核心价值,有效拓展教师潜能,提升和强化个人心理素质,帮助教师建立高尚有尊严的人格。

通过拓展训练,参与者在以下方面有显著提高:认识自身潜能,增强自信心,改善自身形象;克服心理惰性,磨炼战胜困难的毅力;启发想象力与创造力,提高解决问题的能力;认识群体的作用,增进对集体的参与意识与责任心;改善人际关系,更为融洽地与群体合作;学习欣赏、关注和爱护自然。

2. 团队合作心理素质拓展训练的意义

让教师更深刻体验个人与学校之间、下级与上级之间、教师与教师之间唇齿相依的关系,激发教师团队更高昂的工作热情和拼搏创新的动力,使教师团队更富凝聚力。

3. 心理素质拓展训练现实社会意义

现代社会具有高度人际互动,是团队英雄主义时代。人们生活节奏越来越快,工作分工越来越细,工作压力越来越大,人与人情感交流越来越困难,企业、组织和个人更需要团队。拓展训练糅合了高挑战及低挑战元素,参与者在个人和团队层面,感受危机感,体会领导者和被领导者角色,学习有效沟通,共同面对逆境,最终应对挑战的能力得到提升。

拓展训练是体验式学习,并非体育加娱乐,它是对传统教育的一次全面提炼和综合补充。拓展训练可以改变作为社会人的思想保守、情绪焦躁、精神压抑甚至更为严重的极端行为。这些行为容易给企业和个人带来损失。

拓展训练有利于缓解单位面临的挑战。挑战之一是团队士气低落,影响工作效率。单位员工交流沟通少,互相之间缺乏合作,彼此信任程度大为下降。团队配合不畅明显降低了工作效率,使领导力受到影响。挑战之二是员工对工作专注力明显下降。在长期松散工作方式和节奏过后,精神难以集中;单位文化和团队精神受到严峻考验。单位放假,使大量工作被搁置,原有工作被打乱,重新熟悉业务需要一定时间。挑战之三是员工压抑过久需要放松调整。在高度紧张和压力下,坚持工作的员工身心疲惫,效率下降,许多日常工作疲于应付。所有这些挑战,通过心理素质拓展训练能得到改善、消除。

三、心理素质拓展训练的基本主张

心理素质拓展训练关乎个人体验,不是随大流或完成任务式的参与。参与者会被要求思考及运用自己的体验作为自我了解的基础,并对自己的需求、资源和目标进行评估。

参与者被视为是主动而不是被动参与,必须实地练习这些具有教育性的专题与方法。

通过拓展训练,力量从他人控制转换到自我控制。传统的教师培训、学习训练,培训者与受训教师的关系通常不对称,前者比后者拥有更多力量。在体验式培训、学习训练中,这样的不对称减少了,受训教师自己可以计划、实现及评估自己的学习。"专家"和学习者参与整个过程,重点不在于专家将信息灌输给学习者,而在于引导学习者主动学习。

参与者为自己的受训、学习负责。专家只是资源和架构提供者,学习者主动消化外在知识并内化为内在的参考资源。心理素质拓展训练强调的体验式学习特别强调省思,省思由引导者提供模式及架构,并提供机会让参与者在精神上及彼此支持的氛围中去参与省思过程。

四、心理素质拓展训练的原则

参与或组织心理素质拓展训练,应该遵循一些原则,这样才能使工作顺利开展,避免失误。一般而言,心理素质拓展训练常见的原则有下列几条。

1. 基本原则

心理素质拓展训练本着心理挑战最大、体能冒险最小的基本原则,在参训者体能承受范围之内,对参训者心理承受力进行最大挑战,每项活动对受训者而言都是一次极大考验,促使参训者实现自我突破。

2. 安全备份原则

任何需要安全防护的地方及器械都有备份,确保万无一失。

3. 安全复查原则

所有的安全保护在准备完成后都要再复查一遍,消除操作失误的可能性。

4. 监护原则

培训师对项目进行中可能遇到的安全问题进行全程监护,将任何隐患消除在萌芽中。

五、心理素质拓展学习方法与环节

心理素质拓展活动,当教师作为参与者参与其中时,就成为了学习者角色。心理素质拓展活动是一种学习活动,要把这种学习活动搞好,达到预期效果,教师要掌握其中的学习方法和学习环节。

(一)心理素质拓展学习方法

每个参与者的不同参训态度将直接影响培训结果。心理素质拓展体验式训练属于内省式学习方法,要求参与者有非常高的参与度,培训师要有非常好的引导能力,才能使参与者进入内省状态。

心理素质拓展体验式学习要使参训者在情感、行为和认知学习上取得平衡。有些训练课程倾向专注在某一个领域,排除其他领域,但心理素质拓展体验式学习培训师要参与者不只是知道某些事,而且还要能够去实践它。培训师会要求参与者检视他们自己和正在训练之事间的关系,体察这在参与者身上如何运作。

心理素质拓展学习方法中的参与机会多。在任何体验式学习课程里,参与者能获得很大益处,在训练课程中从被动位置转为主动。团队活动促进参与者投入学习的过程,高度参与到如游戏、角色扮演、模拟练习、案例讨论等活动中。

心理素质拓展训练借用参与者的专业知识。每个参与者都带来相关经验,有些经验可直接应用,有些经验来自之前的工作状况或遭遇。无论哪种情形,大多数学习来自于同学,很多机会让参与者彼此学习。

心理素质拓展训练及时解决当前问题。体验式学习着重点在现实世界,课程进行时主要焦点是马上解决遇到的问题。当参与者将学到的知识技能方式方法运用在解决自己的状况和案例上时,是他们学习得最好的时候。

心理素质拓展训练允许重新计划。衡量体验式学习课程成功与否,要看"那接下来要如何呢"这个问题是如何被回答的,即如何将所学到的东西转换到工作或带回家。主动式课程结束时,会考虑到参与者的下一步行动,以及他们实行新想法和技巧时将会面对的障碍。

(二)心理素质拓展训练的环节

1. 心理素质拓展训练从形式和内容看,有下列一些环节

(1)破冰游戏。主要目的是让学习者之间相互熟悉,拉近距离,以便学习者能够轻松愉快地投入训练中。破冰游戏是户外拓展训练中必不可少的一部分。

(2)团队组织。组织团队目的在于使学习者参与到以团队为单位的项目中来,本质目的在于培养个人与团队间的协作和合作。

(3)个人项目。是挑战个人极限的活动设计。基本原则是在学习者体能承受范围之内,对学习者心理承受力进行最大挑战,促使学习者实现自我突破。

(4)团队项目。是继团队热身之后的环节,需要借助团队项目加强队员合作意识,以统一任务和统一目标为基准,促进学习者之间信任、沟通、理解与合作,形成真正团队。

(5)分享。学习者将参与活动体验的心得与其他人一起讨论、交流。

(6)回顾总结。帮助学习者消化和整理训练中的体验,升华出新认识、新思想。总结可以帮助学习者展开联想,将训练中所得的体验转化到工作和生活中,实现训练的整体目标。

以上六个环节,是评估标准拓展训练的重要标准。

2. 心理素质拓展训练从项目纵向深度看,有下列一些环节

(1)体验。这是过程的开端。参加者投入一项活动,以观察、表达和行动形式进行。这种初始体验是整个过程的基础。

(2)分享。有了体验以后,参加者要与其他体验过或观察过相同活动者分享他们的感受或观察结果。

(3)交流。分享个人感受之后,关键是把这些分享的东西与其他参加者探讨、交流。

(4)整合。从刚刚的经历中总结出原则或归纳提取出精华,用某种方式整合,帮助参加者进一步定义和认清体验中得出的成果。

(5)应用。这是最后一步,是策划如何将这些体验应用在工作及生活中。生活本身也是一种体验——新体验。因此参加者可以不断进步。

六、基本结论

心理素质拓展的理论依据主要是"努力积极/放弃消极"的心理动力学模型以及"体验、了解、控制、超越"的心理适应规律。其基本原理为通过户外体验项目活动中的情景设置,使参加者充分体验所经历的各种情绪,尤其是负面情绪,从而深入了解自身(或团队)面临某一外界刺激时的心理反应与后果,进而学会控制,实现超越。

心理素质拓展训练作为教师体验式培训课程,环境是独特和特别的。它具有活力、魅力、趣味和令人感觉物超所值。它提供给参与者一个密集、深入且意义深远的学习体验,给参与者提供一个令人享受的过程。它已经被证明是一种很有力量、成功的且可以成就个人的学习工具,很有意义。

【拓展阅读】

心理素质拓展场景描述与简介

在10米左右的高空,有一座断裂的"桥"。你敢从桥的一端跳到另一端吗?这就是体验式培训中一个很惊险刺激的项目——断桥。有位校长参加这个项目时,在断桥的一端整整站了40分钟。不管断桥下的培训师和同事们怎么鼓励,他就是不说一句话地站着。后来突然一下子跨到了断桥的另一端。静静地站了好一会儿,他又突然转身,从这一端又跨了回去。之后连续不断地跨了好几个来回,一边跨一边大喊:"不就是那么回事吗!"

"求生墙"项目,考验的是团队力量,大家只有齐心合力才能翻过这道高"墙"。一位参加完这个项目的学员说:"我想都没想过,我能踩着上司的肩膀爬上去。"

心理素质拓展训练一般是先参与一些带有挑战性的"项目",自己和团队经受一些"考验",之后大家围坐一圈进行讨论,把这些从"考验"中得来的认识与工作实际结合,把培训中的情景与工作目标相联系。在整个过程中,不带入平时工作时的上下级关系,大家都是平等的。有的重在个人挑战,有的则要依靠团队的力量。项目都带有很强的挑战性,但实际是没有危险的,成功离我们只有"一步"距离,需要突破心理上的极限。我们每个人都想待在心理上觉得最舒适的地区,安全让人感觉舒适。地面相对于高空是安全的,所以从地面爬到高空需要克服心理上的障碍。大多数项目都是这样一个过程。

心理素质拓展训练中的每一个项目都是根据实际工作和生活环境相结合设计出来的,绝不仅仅是给人心惊肉跳的感觉。在参与一个项目时,很容易看出一个人在平时不容易让人发现的性格。背摔项目中有的站在桌子上的人死活都不敢往下摔。这样的人可能在工作环境中很难相信其他同事。而桌子下面的人,有的在队友往下摔的刹那,下意识抽出自己的手臂往后退,这样的人在工作时,往往不太愿意承担责任和帮助其他人。

第二节 教师心理素质拓展类型、价值与要素

教师心理素质拓展训练有多种类型,每种类型的价值各有差异,每种类型内含的要素也有所不同。了解这些类型、价值和要素,有助于教师选择合适的训练项目参与其中以提高自己的心理素质和整体素质,也有利于教师面向学生开展心理素质拓展活动时的权衡取舍。

一、教师心理素质拓展课程类型

当把心理素质拓展活动设计为课程时,依据这种课程开展的条件、内容和规模不同,可以分为不同的类型。

(一)按照教师心理素质拓展课程开展的场地划分

教师心理素质拓展课程从场地看,由三类课程组成。

一是水上课程。如游泳、跳水、扎筏、划艇等。

二是野外课程。如远足露营、登山攀岩、野外定向、伞翼滑翔、野外生存技能等。

三是基地课程。是在专门的心理素质拓展训练基地,利用各种训练设施,如高架绳网等,开展各种团队组合课程及攀岩、跳越等心理训练活动。

(二)按照教师心理素质拓展课程开展的内容划分

教师心理素质需要训练和拓展的方面很多,从全面视角看有成功心理训练、自我认知拓展、情绪管理拓展、意志品质训练、个性优化拓展、人际交往拓展、学习心理拓展、创新思维拓展、适应心理拓展等。最常见的有下列四类。

1. 充沛体能训练

通过超常规、超强度体能训练,增加人身体的爆发力、耐力、持久性,训练因达到几乎让人难以忍受的残酷程度而令人刻骨铭心,印象深刻。特种兵、运动员、飞行员往往有此类训

练。对教师的心理素质拓展训练则往往适可而止,很难达到残酷的程度。

2. 成功心理训练

具备成功心理才具备成功动力源。一个人能否成功,很大程度上取决于其是否具备理性的成功心理。人的成功心理有两种:一是追求荣誉的成功心理,二是力争做好、做得更好的自我实现式成功心理。追求荣誉的成功心理动机在于赢得荣誉,获得社会赞许和他人尊敬、羡慕等;自我实现式成功心理是对自己面临的事都尽自己所能做好的心理,动机在于挖掘潜力,把自己最大能力发挥出来。追求荣誉的成功心理若忽略个人潜能发挥,一旦失败,容易使人产生消极心理,如自卑、孤僻、虚荣、反社会倾向等。自我实现式成功心理容易使人更独立、自尊、自信。荣誉可能掩盖人的敏感脆弱和自卑心理,有人虽然如愿以偿达到了成功目标,得到的不是幸福感和意义感,而是厌倦感和空虚感,这种情况犹如美国精神病理学家弗拉赫所指出的"成功导致抑郁"。持自我实现式成功心理者因为注重成功的过程而不是仅注重成功后的结果,相信自己的潜力,认为通过努力可以将事情做好、做得更好,他们具有独立而健全的个性,有自己的价值评判体系,因而生活得幸福而富有意义。

【拓展阅读】

在纽约,一位卖糖果的小贩,每天都固定出现在一个小孩子聚集的地方,那里的小孩没有不认识他的。每当生意欠佳时,他就会放一些五颜六色、各式各样的气球升空来吸引更多小孩子前来买糖。孩子们看到那些红的、白的、黄的以及黑的气球升空,都感到十分兴奋,纷纷鼓掌叫好。这时,一位黑人小孩站在一旁,眼睛望着气球,心中觉得很纳闷。他走过去问小贩:"叔叔,为什么黑色气球跟其他颜色的气球一样也会升空呢?"小贩不懂他的意思,就反问:"嘿,小朋友,你为什么要问这个问题?"黑人小孩回答说:因为从小在我的印象里,黑人象征着穷、脏、乱、苦和无知。我看到白种人、黄种人甚至印第安人都飞黄腾达、成功致富,过着令人羡慕的生活,可是我从来没有看到一位黑人出人头地。所以当我看到红色气球、黄色气球、白色气球升空,这点我相信,可是我不相信黑色气球也会升空,直到我刚才看到了它也能升空,所以我想来问问你。小贩了解他的意思,告诉他:啊,小朋友,气球能不能升空,并不在于它的外在颜色,而在于是不是充满了气,只要充满了气,不管什么颜色都会升空;人也一样,一个人能不能成功跟他的肤色、性别、国籍、种族没有关系,要看他的内在是不是装满了勇气和智慧。

这则故事告诉我们,只要内心充满了气,那么他就一定能成功飞翔。

3. 挑战自我训练

挑战自我训练源自魔鬼训练。魔鬼训练营最早起源于古罗马的"斯巴达克训练",后来风行于欧美,"二战"后在欧美和日本演变成课程。

1970年冬,一群赤裸身体的人聚在日本北海道一处荒凉山谷中席地而坐。猛烈寒冷的风雪横冲而来。他们已坐了很久,头上、肩上、腿上盖着厚厚的一层雪。后被称作"老魔鬼"的大江白内诚正是其中一员。他们的坚强意志在风雪中得到了严峻考验。

当有些人怀着对商业的仇恨,重新进入城市大搞暴力活动时,大江白内诚留下来,就地开创了魔鬼训练。他想通过魔鬼训练帮助人们树立强者风范,完善壮丽人生。他认识到,如果人们都成为有坚强意志的人,社会就会变成一个富于勇气、善于开创的社会,根本用不着激进主义的暴烈行径去强化弱者的神经。最早接受魔鬼训练的人,怀着一种宗教精神追随"老魔鬼"大江白内诚。

一个具有坚强意志的躯体,必然是体能最出色、最具有强大生命力的,这是魔鬼训练略显偏激的观点。在严寒中裸身战天斗地,考察体能,通过适应酷寒来磨炼抵抗力,这个方法到现在依旧沿用下来。有个人站立在瀑布顶端,任烈日曝晒,考验意志力。最出色的一个人曾站立三天三夜,在他眼中,瀑布不过是抛到身外的生命泡沫而已。

魔鬼训练法创立之初,多少带有一些宗教式修炼色彩,是一种比较残酷的体能和耐力的刻意训练。

4. 团队合作训练

团队合作训练重在打造团队精神。团队精神是大局意识、协作精神和服务精神的集中体现。团队精神的基础是尊重个人兴趣和成就,其核心是协同合作,最高境界是全体成员的向心力、凝聚力。团队精神反映个体利益和整体利益的统一,保证组织高效运转。团队精神的形成并不要求团队成员牺牲自我,相反,挥洒个性、表现特长保证了成员共同完成任务目标,明确的协作意愿和协作方式则产生真正的内心动力。团队精神是组织文化的一部分,良好管理可以通过合适组织形态将每个人安排至合适岗位,充分发挥集体潜能。如果没有正确的管理文化,没有良好的从业心态和奉献精神,就不会有团队精神。

【拓展阅读】

要生存必须学会相处与合作

2003年8月,在经过6个月历险和恐惧后,发生在撒哈拉沙漠的15名欧洲游客被绑架事件最终得以解决。14人活下来,只有德国女游客米歇尔·施皮策未能幸免。回顾整个被绑架的过程,米歇尔的死并非偶然,在某种程度上说,是她不能很好与人相处与合作,导致了她的死亡。

在这次死亡之旅中,与旅客及绑架者相处合作显得格外重要,个人的阅历和魅力决定了自己在这个群体中与人相处与合作的能力,确定了自己在这个群体中的位置。米歇尔倔强的个性和不合作的态度,使她在这个群体受到严重孤立。米歇尔不相信任何人,经常与同伴发生冲突,起因都是一些鸡毛蒜皮的小事。绑架者都是些极端分子,他们提出戴头巾、穿外套之类的要求,被绑架者中只有米歇尔不合作。同伴一次次苦劝,毫无结果,米歇尔与同伴越来越疏远,不得不一个人待着,大多数时候她只躺在毛毯上唉声叹气、自言自语。由于米歇尔与同伴情感距离越来越大,就连绑匪在她再次不听话时,也没有惩罚过她。绑匪都意识到米歇尔在人质中是多么孤立,没有必要杀一儆百。

最后米歇尔无声无息地死了,群体(包括绑匪)变得更加融洽、更加照应,这一点从绑匪和人质照片中的笑容可以看出来。人质马克·海迪说:"这并非米歇尔终于不再使我们神情紧张,而是我们已经看到,如果我们不能很好相处与合作,同心同德,将导致事态更加恶劣。"

与人很好相处、合作,任何时候都是一种美德,都是社会的需要。与人很好相处、合作,可使自己的人格变得高尚,用豁达心态去分享别人的成功,用欣赏的眼光去肯定别人,人生境界会因此得以提升。与人很好相处、合作,可以建立健康和谐的人际关系。与人很好相处、合作,必须克服狭隘心态。一个人在团体中若始终想着自己得失,总对别人心存戒备,狂妄自大,就不会体验到相处与合作的愉快。

(三)按照教师心理素质拓展课程开展的规模划分

教师心理素质拓展课程从规模看,由两类课程组成。

一是个人项目。这是面对个体的项目。这种项目本着心理挑战最大、受伤害冒险最小的原则设计,每项活动对受训者的心理承受力都是一次极大考验。

二是团队项目。这是面向单位团体成员的项目。团队项目以改善单位参与者的合作意识和受训集体的团队精神为目标,通过复杂而艰巨的活动项目,促进学员之间相互信任、理解、默契和配合。

二、教师心理素质拓展运动特点与价值

教师心理素质拓展活动无论作为课程还是娱乐,无论对新教师还是老教师,无论教师是

参与其中作为学习者还是作为组织者组织学生开展这种活动,都应该了解心理素质拓展的特点和价值。

(一)教师心理素质拓展运动特点

1. 综合活动性

拓展训练的所有项目都以体能活动为引导,引发出认知活动、情感活动、意志活动和交往活动,有明确的操作过程,要求学员全身心投入。

2. 挑战极限性

拓展训练的项目都具有一定难度,表现在心理考验上,需要学员向自己的能力极限挑战,跨越"极限"。

3. 团体协作性

拓展训练实行分组活动,强调集体合作。每个人的言行都要顾及到自己的团体。

4. 个性显现性

拓展训练力图使每一名参与者竭尽全力为集体争取荣誉,同时从集体中吸取巨大力量和信心,在集体中充分显现自己的独特个性。

5. 高峰体验感

在克服困难,顺利完成任务要求以后,参与者能体会到发自内心的胜利感和自豪感,获得人生难得的高峰体验。

6. 自我教育性

拓展训练的教员只是在课前把课程内容、目的、要求以及必要的安全注意事项向学员讲清楚,活动中一般不进行讲述,也不参与讨论,充分尊重学员的主体地位和主观能动性。即使在课后的总结中,教员也只是做引领,点到为止,主要让学员自己来讲,达到参与者自我领悟、自我教育的效果。

7. 效果显著性

拓展训练参训者在训练结束后,在许多方面有显著提高:认识自身潜能,增强自信心,改善自身形象;克服心理惰性,磨炼战胜困难的毅力;启发想象力与创造力,提高解决问题的能力;认识群体的作用,增进对集体的参与意识与责任心;改善人际关系,学会关心,更为融洽地与群体合作;学习欣赏、关注和爱护大自然等。

(二)教师心理素质拓展运动价值

良好的团队精神和积极进取的人生态度,是现代人应有的基本素质,也是现代人人格特质的两大核心内涵。在现代社会,人类的智慧和技能只有在这种人格力量驾驭下,才会迸发出耀眼的光芒。教师心理素质拓展运动拓展了人的价值观,其价值具体体现在下列一些方面。

1. 通过心理素质拓展使人积极主动

积极的工作态度和人生态度是拓展训练的核心精神。训练后的人乐观自信,从我做起,环境因我而变;坐言起行,言必行,行必果,行动效率提高。

2. 通过心理素质拓展使人开拓创新

通过训练,受训者能够以开放的心态,应对变化,积极进取。

3. 通过心理素质拓展使人认真负责

通过训练,人更加认真负责。人和事因认真而完美,注重细节是任何工作更加专业化的表现。

4. 通过心理素质拓展使人独立协作

人在岗位,理当独立自主,各司其职,独当一面,具备高水平独立性。同时,在独立性下,还要与单位领导同事良好互动与协作。高水平独立加上高水平协作,是良好心理素质和优秀人格的体现。独立与协作,兼顾了个人局部利益和团体整体利益,使人以双赢心态创造出最大动力,获得最优结果。

5. 通过心理素质拓展使人共享成功

成功来自每个人的努力和贡献,同时成功又是协作的结果。心理素质拓展让人共享成功的经验,共享成功的欢乐,共享成功的实惠。

三、心理素质拓展训练课程的要素

心理素质拓展作为课程进行设计时,应该考虑其中包含的各种要素,这样才能达到活动的预期目的。

1. 共同的愿景、目标

马斯洛说,杰出团队的显著特征,是具有共同的愿景与目的。因此建立团队的首要要素,便是建立团队共同的愿景与目的。每个人的需求不同、动机不同、价值观不同、内心恐惧不同,要让人们目标趋于一致,会存在困难。培训师运用同理心技术,使参与者具备同理心;再使用其他熟练技巧,参与者积极配合提高,努力进步,就可以建立共同的愿景和目标。

2. 组织协调与团队关系

组织协调正式关系与非正式关系,这是一项挑战,需要领导者创造环境与机会,协调、沟通、安抚、调整、启发、教育,让团队成员从生疏到熟悉,从防卫到开放,从不稳定到贴近,甚至从排斥到接纳、从怀疑到信任,关系愈稳定、愈信赖,组织内耗愈小,团队效能愈大。

3. 规章制度

没有规矩无以成方圆,组织中缺乏规范更会引起各种问题。缺乏制度、没有清晰的规定、奖惩没有标准,不仅会造成困扰、混乱,也会引起猜测、不信任。制定制度规矩容易,如何将之推行彻底则非易事。领导者必须有能力建立合理、有利于组织的规范,并且促使团队成员认同规范、遵从规范。

四是领导力(称职的团队领导)。领导力是对上述三种要素的有效运用,并能判断情况,决定何时、何处、针对何人提出何种对策的能力。领导力是在动态情况中,运用各种方式,促使团队目标趋于一致、建立良好团队关系、树立规范的能力。领导力使用的技巧有沟通、协调、任务分配、目标设定、激励、教导、评价、适当批评、建议、授权、开会、奖惩等。

第三节　教师心理素质拓展示例

示例1:画"自画像"

一、活动目的

1. 通过画"自画像",进一步认识自己,展示一个"内心的我"。

2. 通过交流读懂你、我、他,促进彼此的理解。

二、活动时间:大约20分钟。

三、活动道具:彩色笔和16开大小的白纸。

四、活动场地:以室内为宜。

五、活动程序

1. 主持人发给每位参与者一张16开大小的白纸,把彩色笔放于场地中央,供需要者自由取用。

图11-1　自画像

2. 在8~10分钟内,每人在白纸上画一幅"自画像"。

3. 小组内交流"自画像"的含义,同组成员可以提出质疑。

4. 主持人发现典型案例做全班分享。

六、注意事项

1. 主持人可以暗示大家,"自画像"可以是形象的肖像画,也可以是抽象的比喻画;可以是一色笔画成,也可以是多色笔画成。

2. 有的学生会因为自己的绘画技能差而感到为难,主持人要提醒大家这不是绘画比赛,只要求画的内容、形式等形象反映对自我的认识。

3. 主持人寻找典型案例时,可以关注"自画像"的大小、位置、色彩、内容等,还可以关注在画"自画像"和交流时的神情。

示例2：三个进球

一、活动目的：说明指令明确在协同工作中的作用；展示良好的沟通对提升工作成绩的作用。

二、活动时间：每个人5～10分钟。

三、活动人数：至少3个人参加到活动中，其余人先当观众，再进行尝试。

四、活动道具：每个小组1个大塑料桶，用来接球，40个网球（放在袋子或盒子里）。

五、活动程序

1. 邀请一个志愿者，让他和你一起站在前面。

2. 让志愿者面向某一个方向站好，目视前方。不可以左顾右盼，更不能回头。然后，把装有40个网球的袋子交给他。

图11-2 三个进球

3. 把塑料桶放在志愿者的身后，塑料桶与志愿者间的距离约为10米。注意不要把塑料桶放在志愿者的正后方，要让它略微向旁边偏出一些。

4. 告诉志愿者他的任务是向身后的塑料桶里扔球，要至少扔进3个球才算成功。告诫志愿者不许回头看自己的球进了没有，落在了哪里。

5. 让其他队员指挥志愿者，告诉他如何调整投掷的力量和方向才能进球。注意，这里只允许通过语言传达指令。

6. 等志愿者扔进了3个球后（这可能会颇费周折），问他"是什么帮助他实现了目标"，问其他队员是否也觉得很有成就感。

7. 引导队员就如何在工作中加强沟通展开讨论。

六、讨论与分享

1. 哪些因素帮助你实现了目标？

2. 哪些因素增加了实现目标的难度？

3. 负责指挥的队员是否感觉好像自己进了球一样？

4. 如何才能更快更好地实现目标？

5. 这个游戏揭示了什么道理？

6. 如何将这个游戏和我们的实际工作联系起来？

七、安全事项：注意不要被球砸到。

示例3：打绳结

一、活动目的

1. 集中精力、开动脑筋。
2. 演示合作的作用。
3. 引人发笑。

二、活动时间：2～10分钟。

三、活动人数：2人。当人数较多时，需要将队员划分成若干个由5～7个人组成的小组。

四、活动道具：每个小组一根约1米长的绳子。

五、活动步骤

1. 大家需要一起来解决一个简单的问题。

图11-3　打绳结

2. 人数较多时，以小组为单位活动。

3. 给每个小组发一根绳子。

4. 致开场白：很久以前，有一个魔术师，非常善于解决各种难题。有人颇不服气，想出一个问题来考验他。他给魔术师一根绳子，问魔术师能否在两手抓住绳子的两端，不许松开的前提下，打出一个绳结。请你们以小组为单位，帮助魔术师打出这个绳结。

（答案：一人折叠双臂交叉于胸前，另一人将绳子穿过其双臂形成的环，然后将绳子两端放在其手上让其捏住。打开双臂后绳子自动形成一个绳结。）

示例4：信任背摔

信任背摔是一项典型的心理素质拓展活动，通过这个活动，可以帮助人们建立起彼此间的信任关系，克服恐惧，锻炼心理素质，提高团队合作能力。

一、活动目的：培养人的信任感，建立相互信任与负责任的团队气氛，通过身体接触，打破学员之间的陌生与隔阂，体会团队同伴对自己的支持，体验环境变化后，在恐惧与挑战面前，团队激励对个人的作用，体验诚信与承诺对个人成长、组织发展的重要性。

二、活动人数：14～20人，至少8个男生。

三、活动道具：一定高度的台子，或者1.5米高讲桌、椅子、防护垫等，束手绳。

图11-4　信任背摔

四、活动用时：20～30分钟。

五、活动过程

1. 团队成员分组。每组成员14+1人左右,背摔者站在台子上,承接者两人为一搭档,一人先用左手握紧自己的右手腕,另一人也如此做。两人互握形成非常牢固的一个"手结"。其他几对搭档也如此,然后排成一排,形成一道安全的手臂网;搭网队员至少要有6对组成一组。

2. 背摔者用左右手交叉抱住自己双臂,必要时用束手绳约束双手,并闭上双眼,准备从高台上往后仰面倒下。此时台上背摔者需对台下的承接队友说:"你们准备好要支持我了吗?我相信你们!"台下面的人需要大声说:"我们准备好要支持你了!请相信我们!"然后,背摔者往后倒下,台下的人接住。

3. 接着再换另一位队友,遵循上述程序,如此依序直到小组内所有人皆完成这项体验活动。

六、注意事项

1. 背摔者仰落前应将身上的硬物及尖锐物品取下,如发卡、手机、眼镜等,以免伤害下方的队友。

2. 背摔者仰落前应将双手交叉放在胸前,下落过程中不能打开,以免肘部打击下方搭人桥的队友。背摔者需听从指导,不要向后窜跃,倒下时肘关节收紧不要打开。

3. 背摔者下落时身体要保持笔直向后倒下去,不能屁股先着地,否则可能由于体重不能平均分配到承接人的胳膊上而不被接住。

4. 为安全起见,承接的成员尽量为男生,地面可加防护垫。

承接的每两名成员要相互将脚和膝盖贴紧,腰挺直,随时做好应接准备,剩下的成员在外围保护手臂网的牢固,所有队员在任何时候都不可以撒手或撤退。培训师要检测手臂网的牢固程度,必须确保安全后才可以进行活动。

5. 身体健康有问题者如哮喘、心脏病、恐高等不能参加。

七、游戏讨论与分享

1. 在活动中,当你分别担任背摔者和承接者时,各有什么样的感觉?

2. 活动中你会怎么做或怎么想,才会相信其他人会安全地支持你?

3. 从信任后仰开始直到结束,你觉得身体有什么变化?

4. 透过这样的活动,你觉得大家彼此间的关系会有什么改变?

八、活动启示

1. 人要相互信任,要互相理解和支持对方。

2. 人要勇于突破自己,相信队友,勇敢倒下去。

示例 5：手指的力量/四两拨千斤

一、活动目的

1. 认识目标一致情况下，合作可以产生强大力量。

2. 认识在合适条件下，人都可以最大限度发挥自身潜能。

二、活动时间：大约 25 分钟。

三、活动道具：安全的海绵垫。

四、活动场地：室内室外均可。

五、活动程序

图 11-5　手指的力量

1. 先选取一人作为被试，体重一般，不要太重。另外选取志愿者 8—12 人左右为举人者。

2. 向大家发问，一个人只用一根手指能否举起他来？此时可自己先示范一次，答案显然是不能的，因为一根手指无法承受体重的压力。

3. 再告诉大家人的潜力是无限的，有办法让大家仅用一根手指抬起一个人。

4. 被试平躺，双臂抱胸。

5. 另外 8—12 个人各伸出一个食指，分别用食指撑住被试身体的头部、颈部、肩膀、后背、臀部、大腿、小腿、脚。

6. 准备就绪后，告诉他们听到口令后必须齐心协力才能举起被试，喊一声"一、二、三"，大家一齐向上用力，就能把被试托举起来。

7. 再选一位体重更重的人，重新做一次，看结果如何。

8. 体验分享。

六、注意事项

1. 安全防护要到位。对于被试来说，脱离地面有一定危险性，所以他身下要有安全海绵垫或其他安全措施。当大家用手指抬住被试的后背或肩膀部位时，被试可能会感觉痒而发笑，这样会引起其他学员发笑而导致大家力量不一致。

2. 被试必须绷直身体。

3. 身体功能欠佳（哮喘、心脏病等）者，不宜参加这项活动。

示例6：坐地起身/背背坐/同心协力

一、活动目的：考察团队合作，借助团队每个人的力量来达到共同目标。

二、活动人数：4—10人。

三、活动时间：20—30分钟。

四、活动程序

1. 每组首先派出两名成员，背靠背坐在地上。两人双臂相互交叉，合力使双方一同站起。若成功后可再加入一人继续训练，如果失败则需重新进行，以此类推。

2. 不用手撑地站起来，也不用除环坐队友以外的任何外力。

3. 随后依次增加人数，每次增加2个，直至10人。

图11-6 坐地起身

五、注意事项

在合作过程中，要不断实践并发现问题，然后及时改变策略。在此过程中，培训师要引导参与者坚持、坚持、再坚持，因为成功往往就是再坚持一下。

六、讨论与分享

这个训练仅靠个人或几个人的力量很难完成。在这个训练中，所有参与者都需要组成一个整体，全力配合才有可能达到目标。通过此项训练，可以培养团队精神和合作意识。同时，通过这个训练还可以锻炼每个小组领导者的组织能力。因为此项训练需要每个参与者密切配合，如果步调不一致，力气再大也无法顺利完成。小组领导者要做好协调，找出最有效的解决办法。组织者应注意，在训练结束后，要帮助完成效果不好的小组找出原因，帮助他们树立团队意识，引导他们自己总结经验。通过此项训练，可以有效增强团队成员归属感和责任感，同时也可以激发个体的奋斗精神，这对参与者的素质提高有很大帮助。

示例7："变形虫"

一、活动目的

1. 通过心理游戏"变形虫"，体验沟通的必要性。

2. 通过小组交流，感悟人际中交往理解、合作、认同的重要性。

3. 在体验和分享中学习人际交往技巧，提高人际交往能力。

二、活动时间：大约需要20分钟。

三、活动道具：每套道具包含13米的长绳2—3根、5个眼罩。

第十一章 教师心理素质拓展训练

图 11-7 变形虫

四、活动场地：以室外场地为宜。

五、活动程序

1. 先把 13 米长的绳子两头连接，接成一个大绳圈，这样的大绳圈准备 2—3 个。

2. 全体学员分成若干个组，每组 5 人。2—3 组同时进行游戏比赛。

3. 5 名学员分别戴上眼罩，主持人把事先准备好的大绳圈分别交给他们。

4. 根据主持人发出变形指令，如正三角形、正四边形、正五边形……5 名参与者通过合作完成，用时最少的组获胜。

5. 在合作变形过程中，不允许用语言交流。

六、注意事项

1. 长绳的长度以比 5 个人伸直双臂的总长度多 5 米为宜，不要太短，也不能太长，否则会影响游戏难度。

2. 一般以 2—3 个小组同时开展竞赛为宜，这样可以节省时间。

3. 在"变形"过程中，要求绳子充分展开，不可以收缩部分绳子，减短边长，降低难度。

七、活动规则

当五个人之间的角色关系确定后，对主持人提出的变形要求，可做出规律性变化。明确一个人可以是一个点，一只手也可以是一个点，一个人也可以代表两个点。两个点可以形成一条线，所以一个人也可以成一条边。假如要变出一个正三角形，五个人中只需要三个点，必然出现两组两人重叠的情况。假如要变出一个六边形，需要四个人每人一个点，一人出两个点，共六个点构成，调整六条边为等长即可。

由于整个游戏要求参与者不用语言交流，所以一个组要顺利完成变形过程，需要产生"领导者"。通过自发产生的"领导者"进行统一管理，才能从无序逐步到有序。在游戏中存在"领导"与"服从"两种角色，学员之间需要有一个协调、服从、合作的过程，主持人需要有充分耐心等待"变形"过程完成。周边学员也要保持安静，不要大声提醒和暗示，当"变形"成功时，集体鼓掌给予激励。

八、感受与分享

旁观者会议论，有暗示，有提醒，有指责，有嘲笑。参与者蒙上眼睛什么也看不见，对要完成任务心中无底很茫然；有的一直等待有人告诉该怎么办，缺乏有效沟通，真不知怎么办，很着急;有的很想说话,就首先发问,得到了回应,很高兴;有的做了两遍,发现沟通很重要,就不停与大家交流。虽然眼看不到,但彼此的合作很快成功。听到大家给出鼓励的掌声,很兴奋。有的在旁边看这些"蒙眼人"瞎走瞎变,各个都在按自己的意图行事,缺乏中心指挥员,不知道何时才能成功,干着急;有的看他们真笨,不动脑筋,正三角形、正四边形、正五边形是几个点、几条边,也不找找规律,全乱套,真无奈。

主持人点评:当局者迷,旁观者清。当你蒙上眼睛,又不能讲话交流,小组成员是谁、他在哪里、他想干什么都不清楚,如何才能完成一个集体任务呢?再聪明的人也难以完成!所以组员之间需要沟通,学会主动;需要交流,学会真诚;需要合作,学会放弃;需要理解,学会宽容;需要认同,学会赞美;需要思考,学会机智。相信在探索中可以找到默契和信任,在信任中获得合作和成功。

示例8:我说你画

一、活动目的

1. 学会全局思维、清晰表述、准确回应。

2. 学会多角度找原因,主动承担责任。

3. 体验有效信息沟通要素,包括准确表达、用心聆听、思考质疑、澄清确定等。

二、活动时间:大约需要 10—15 分钟。

三、活动道具:两张样图,每人一张 16 开白纸和笔。

四、活动场地:室内为宜。

五、活动程序

1. 第一轮请一名自愿者上台担任"传达者",其余人员都作为"倾听者"。"传达者"看样图一两分钟,背对全体"倾听者",下达画图指令。

2. "倾听者"们根据"传达者"的指令画出样图上的图形,"倾听者"不许提问。

3. 根据"倾听者"的图,"传达者"和"倾听者"谈自己的感受。

4. 第二轮再请一位自愿者上台,看着样图二,面对"倾听者"们传达画图指令。其中允许"倾听者"不断提问,看看这一轮的结果如何?

5. 请"传达者"和"倾听者"谈自己的感受,并比较两轮过程与结果的差异。

六、注意事项

1. 第一轮与第二轮两张样图构成基本图形一致,但位置关系有所区别。

2. 两轮中的"传达者"可以为同一人,也可以为不同人。

3. 邀请"倾听者"谈感受时要选择有代表性的,如画得较准确的和特别离谱的,这样便于分析出造成不同结果的多种因素,从而找到改进的方法。

七、体会分享

第一轮中,在不准交流和沟通的情况下,对发出的指令,每个人都根据自己的理解画图,就会"千差万别",没有沟通是关键。自愿者要求担任"传达者",2分钟看完样图一后,觉得比较简单。传达者容易很自信。当"传达者"一个个指令发出后,人们渐渐开始不安起来,可以听到越来越多的议论声、抱怨声、责备声。甚至有人说:"自己都搞不清楚,还说什么,越说越糊涂了。"也有的人干脆放下笔拒绝接受指令。

"传达者"自己也明白为什么会如此表达不清楚,很少有人能够画出与样图完全相同的图形。通过"传达者"与"倾听者"的交流,发现理解、表述、质疑、回应都是有效沟通的基本要素。

第二轮中"传达者"与"倾听者"尝试和体验了有效沟通,允许沟通,一边讲、一边示范,不时询问:"大家听清楚了吗?有问题要澄清吗?"在一次次提问中,发现讲得不够准确,不断改进表述。及时沟通,明白了意图,就画得越来越准确。除了用语言交流,还运用眼神交流,可以巡视,观察指导,及时纠正。"倾听者"们画出的图形与样图基本相同,结果令双方满意。

示例9:我说你剪

一、活动目的

1. 体会沟通过程中单向与双向、封闭与开放、盲目与探索的区别。
2. 通过游戏明确有效沟通的基础是双向沟通。

二、活动时间:大约需要20分钟。

三、活动道具:16开大小的彩纸若干张、剪刀若干把。

四、活动场地:室内、室外均可以。

五、活动程序

1. 参与者每人向主持人领取彩纸一张、剪刀一把,背朝圆心面朝外围成一个圆圈坐好。

2. 按照主持人指令做。

(1)把纸向上折、向下折,剪去一个等腰三角形。

(2)向左折、向右折,剪去一个等腰三角形。

(3)展开剪剩的纸,互相交流。

3. 剪纸过程不允许提问、不允许讨论,独立完成。

4. 第二批参与者,每人向主持人领取彩纸一张、剪刀一把,面朝圆心背朝外围成一个圆圈坐好。

5. 按照主持人指令做。

(1)将长方形纸横向拿好,由左向右折1/3,再由右向左折1/4,在左下角剪去一个腰长为 2cm 的等腰三角形。

(2)将剪剩的纸上下对折,由左向右折 1/4,再由右向左折 1/3,在右下角剪去一个腰长为 1cm 的等腰三角形。

(3)展开剪剩的纸,互相交流。

6. 剪纸过程允许提问和讨论。

7. 讨论交流,两次剪纸过程最大的区别是什么,从中得到的启示是什么?

六、注意事项

1. 主持人准备的长方形彩纸,长与宽的差距不宜过长,以接近正方形为好。

2. 第一轮结束,可以让参与者谈感受后再进行第二轮。两轮的参与者可以相同,也可以不同。

3. 第一轮一定强调不讨论、不提问,第二轮启发参与者互相参考、讨论及向主持人提问。

4. 在比较各人的"作品"时,注意捕捉与众不同,有创新意识的理解和做法。

七、讨论与分享

第一轮结束时,同样的材料、同样的指令,彼此的作品怎么会如此"千差万别"?有人对自己的"作品"满意,但不是主观控制下的成果。有人对自己的"作品"不满意,但也不是自己主观的愿望。总之,自己是盲目地"跟着感觉走",因为没有提问、没有交流、没有比较。

第二轮结束时,看到大家的"作品"如此接近,是预料之中的事。因为讨论、交流和提问让大家达成共识,是集体的智慧与成果。

两轮本质区别不是"作品"的异同,而是态度与理念的差异。前者单一、封闭、盲目,后者多元、开放、探索。启示:在学习、工作、交往、生活中,都需要后者的态度与精神。这说明各人的习惯、思维、个性不同,得出的结果就不一样,要想达成共识,沟通很重要。如果要达到一致的结果,需要的是双向沟通。

示例 10:走出"舒服圈"

一、活动目的

1. 体验改变习惯的困难及改变习惯的普遍反应。

2. 意识到要不断挑战自己,改变自己的习惯是可能的。

二、活动时间:大约需要 25 分钟。

三、活动场地:以室内为适。

四、活动程序

1. 所有学员面向中心围成一圈。

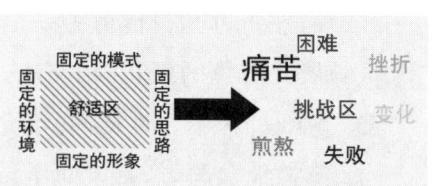

图 11-8 走出舒服圈

2. 主持人邀请学员自然地十指交叉相扣约5秒。

3. 主持人再邀请各学员以相反的位置十指交叉相扣约5秒,感受和之前动作不同的地方。

4. 恢复垂手状态,主持人再邀请各学员随自己的习惯自然地绕手。

5. 主持人再邀请各学员以相反方向绕手,感受和之前动作不同地方。

6. 恢复垂手状态,向学员提问:"第二次的十指相扣和绕手有什么感觉?为什么有这种感觉?改变习惯可能吗?什么因素可协助改变?"

7. 引发学员讨论如何改变不良习惯。

五、讨论与分享

在生活学习中,有哪些情况要求我们打破自身的舒服圈?我们的舒服圈是如何产生的,如何拓展我们的舒服圈?做完游戏后,人们之间处于一种什么样的状态?

六、注意事项

舒服圈是个很抽象的概念,讨论这个话题时一定要借助于一个具体的载体而不能凭空讨论。最好结合跟学员生活、学习有关的事件,让学员有一种切身的体验和感受。例如,如果自己怕羞或不擅长人际交往,可以尝试多和陌生人打招呼和聊天,如假装问到某个地方怎么走,你会发现与陌生人交往并不是一件难事;放学回家时换一条路走,或换乘另外一辆公交车,虽然可能费一些时间,但往往会有一些意想不到的发现,说不定会发现更近的路线;过去只读小说、只听流行歌曲、只欣赏水彩画,从现在开始,也读哲学、听古典音乐、欣赏雕塑,从个人兴趣这样的小地方先着手,挑战自己过去不接触的东西,让生活多一点弹性;试着用左手写字、拿筷子、打球、取东西等,笨拙一点也不要紧,因为训练左手可以开发人的右脑;如平时不敢吃辣,今日不妨尝点辣的;穿一些色彩、风格和你平时衣着不同的衣服,说不定它会带来一种新感觉和情绪。

本章小结

心理素质拓展类活动引入中国之后,在各界产生巨大反响。教育界进行师资培训、学校提高学生素质,逐渐把心理素质拓展活动当作重要内容,改变了过去师资培训和学生成长以知识灌输为主的单一模式。教师的成长,需要作为参与者参与到拓展活动中进行个人的、个人与团体的各种训练,促进教师心理素质、个性、团结协作、突破自我限制等方方面面的提高与改变,特别是对于尚未参加教育教学工作的未来教师更是如此。对于已经工作多年的教师,拓展个人的心理素质,才能跟上时代步伐,成为适应新时代要求的合格教师。作为教师,也应该掌握心理素质拓展的技术,作为组织者组织学生,让学生拓展个人心理素质,提高对学校、对社会、对人生的适应性，使他们成为真正合格的现代新人。

思考与练习

1. 你对心理素质拓展训练了解多少？如果你参加过此类训练，请向你周围的同学或同事谈谈你的感受和收获。

2. 扮演参与者角色，学会在此类活动中积极参与、协作与配合，积极分享，使自己心理素质得到切实提高。

3. 扮演组织者角色，组织一场或几场心理素质拓展活动，邀请同学或同事参加，作为演练熟悉整个过程。

4. 已经工作了的教师组织学生开展心理素质拓展训练活动，实践从课本上学到的内容。

参考文献

[1] 心理. 心理素质拓展训练[EB/OL]. http://www.linhaiedu.cn/XLJK/Show Article.asp？ArticleID=39612,2012-11-09.

北京大学出版社
教育出版中心 精品图书

21世纪高校广播电视专业系列教材

电视节目策划教程（第二版）	项仲平
电视导播教程（第二版）	程 晋
电视文艺创作教程	王建辉
广播剧创作教程	王国臣
电视导论	李 欣
电视纪录片教程	卢 炜
电视导演教程	袁立本
电视摄像教程	刘 荃
电视节目制作教程	张晓锋
视听语言	宋 杰
影视剪辑实务教程	李 琳
影视摄制导论	朱 怡
新媒体短视频创作教程	姜荣文
电影视听语言——视听元素与场面调度案例分析	李 骏
影视照明技术	张 兴
影视音乐	陈 斌
影视剪辑创作与技巧	张 拓
纪录片创作教程	潘志琪
影视拍摄实务	瞿 臣

21世纪信息传播实验系列教材（徐福荫 黄慕雄 主编）

网络新闻实务	罗 昕
多媒体软件设计与开发	张新华
播音与主持艺术（第三版）	黄碧云 睢 凌
摄影基础（第二版）	张 红 钟日辉 王首农

21世纪数字媒体专业系列教材

视听语言	赵慧英
数字影视剪辑艺术	曾祥民
数字摄像与表现	王以宁
数字摄影基础	王朋娇
数字媒体设计与创意	陈卫东
数字视频创意设计与实现（第二版）	王 靖
大学摄影实用教程（第二版）	朱小阳
大学摄影实用教程	朱小阳

21世纪教育技术学精品教材（张景中 主编）

教育技术学导论（第二版）	李 芒 金 林
远程教育原理与技术	王继新 张 屹
教学系统设计理论与实践	杨九民 梁林梅
信息技术教学论	雷体南 叶良明
信息技术与课程整合（第二版）	赵呈领 杨 琳 刘清堂
教育技术学研究方法（第三版）	张 屹 黄 磊

21世纪高校网络与新媒体专业系列教材

文化产业概论	尹章池
网络文化教程	李文明
网络与新媒体评论	杨 娟
新媒体概论（第二版）	尹章池
新媒体视听节目制作（第二版）	周建青
融合新闻学导论（第二版）	石长顺
新媒体网页设计与制作（第二版）	惠悲荷
网络新媒体实务	张合斌
突发新闻教程	李 军
视听新媒体节目制作	邓秀军
视听评论	何志武
出镜记者案例分析	刘 静 邓秀军
视听新媒体导论	郭小平
网络与新媒体广告（第二版）	尚恒志 张合斌
网络与新媒体文学	唐东堰 雷 奕
全媒体新闻采访写作教程	李 军
网络直播基础	周建青
大数据新闻传媒概论	尹章池

21世纪特殊教育创新教材·理论与基础系列

特殊教育的哲学基础	方俊明
特殊教育的医学基础	张 婷
融合教育导论（第二版）	雷江华
特殊教育学（第二版）	雷江华 方俊明
特殊儿童心理学（第二版）	方俊明 雷江华
特殊教育史	朱宗顺
特殊教育研究方法（第二版）	杜晓新 宋永宁 等
特殊教育发展模式	任颂羔

21世纪特殊教育创新教材·发展与教育系列

视觉障碍儿童的发展与教育	邓 猛
听觉障碍儿童的发展与教育（第二版）	贺荟中
智力障碍儿童的发展与教育（第二版）	刘春玲 马红英
学习困难儿童的发展与教育（第二版）	赵 微
自闭症谱系障碍儿童的发展与教育	周念丽
情绪与行为障碍儿童的发展与教育	李闻戈
超常儿童的发展与教育（第二版）	苏雪云 张 旭

21世纪特殊教育创新教材·康复与训练系列

特殊儿童应用行为分析（第二版）	李 芳 李 丹

特殊儿童的游戏治疗	周念丽
特殊儿童的美术治疗	孙 霞
特殊儿童的音乐治疗	胡世红
特殊儿童的心理治疗（第三版）	杨广学
特殊教育的辅具与康复	蒋建荣
特殊儿童的感觉统合训练（第二版）	王和平
孤独症儿童课程与教学设计	王 梅

21世纪特殊教育创新教材·融合教育系列

融合教育本土化实践与发展	邓 猛 等
融合教育理论反思与本土化探索	邓 猛
融合教育实践指南	邓 猛
融合教育理论指南	邓 猛
融合教育导论（第二版）	雷江华
学前融合教育（第二版）	雷江华 刘慧丽
小学融合教育概论	雷江华 袁 维

21世纪特殊教育创新教材（第二辑）

特殊儿童心理与教育（第二版）	杨广学 张巧明 王 芳
教育康复学导论	杜晓新 黄昭明
特殊儿童病理学	王和平 杨长江
特殊学校教师教育技能	昝 飞 马红英

自闭谱系障碍儿童早期干预丛书

如何发展自闭谱系障碍儿童的沟通能力	朱晓晨 苏雪云
如何理解自闭谱系障碍和早期干预	苏雪云
如何发展自闭谱系障碍儿童的社会交往能力	吕 梦 杨广学
如何发展自闭谱系障碍儿童的自我照料能力	倪萍萍 周 波
如何在游戏中干预自闭谱系障碍儿童	朱 瑞 周念丽
如何发展自闭谱系障碍儿童的感知和运动能力	韩文娟 徐 芳 王和平
如何发展自闭谱系障碍儿童的认知能力	潘前前 杨福义
自闭症谱系障碍儿童的发展与教育	周念丽
如何通过音乐干预自闭谱系障碍儿童	张正琴
如何通过画画干预自闭谱系障碍儿童	张正琴
如何运用ACC促进自闭谱系障碍儿童的发展	苏雪云
孤独症儿童的关键性技能训练法	李 丹
自闭症儿童家长辅导手册	雷江华
孤独症儿童课程与教学设计	王 梅
融合教育理论反思与本土化探索	邓 猛
自闭症谱系障碍儿童家庭支持系统	孙玉梅
自闭症谱系障碍儿童团体社交游戏干预	李 芳
孤独症儿童的教育与发展	王 梅 梁松梅

特殊学校教育·康复·职业训练丛书

（黄建行 雷江华 主编）

信息技术在特殊教育中的应用	
智障学生职业教育模式	
特殊教育学校学生康复与训练	
特殊教育学校校本课程开发	
特殊教育学校特奥运动项目建设	

21世纪学前教育专业规划教材

学前教育概论	李生兰
学前教育管理学（第二版）	王 雯
幼儿园课程新论	李生兰
幼儿园歌曲钢琴伴奏教程	果旭伟
幼儿园舞蹈教学活动设计与指导（第二版）	董 丽
实用乐理与视唱（第二版）	代 苗
学前儿童美术教育	冯婉贞
学前儿童科学教育	洪秀敏
学前儿童游戏	范明丽
学前教育研究方法	郑福明
学前教育史	郭法奇
外国学前教育史	郭法奇
学前教育政策与法规	魏 真
学前心理学	涂艳国 蔡 艳
学前教育理论与实践教程	王 维 王维娅 孙 岩
学前儿童数学教育与活动设计	赵振国
学前融合教育（第二版）	雷江华 刘慧丽
幼儿园教育质量评价导论	吴 钢
幼儿园绘本教学活动设计	赵 娟
幼儿学习与教育心理学	张 莉
学前教育管理	虞永平
国外学前教育学本文献讲读	姜 勇

大学之道丛书精装版

美国高等教育通史	[美]亚瑟·科恩
知识社会中的大学	[英]杰勒德·德兰迪
大学之用（第五版）	[美]克拉克·克尔
营利性大学的崛起	[美]理查德·鲁克
学术部落与学术领地：知识探索与学科文化	[英]托尼·比彻 保罗·特罗勒尔
美国现代大学的崛起	[美]劳伦斯·维赛
教育的终结——大学何以放弃了对人生意义的追求	[美]安东尼·T.克龙曼
世界一流大学的管理之道——大学管理研究导论	程 星
后现代大学来临？	[英]安东尼·史密斯 弗兰克·韦伯斯特

大学之道丛书

以学生为中心：当代本科教育改革之道	赵炬明
市场化的底限	[美]大卫·科伯
大学的理念	[英]亨利·纽曼
哈佛：谁说了算	[美]理查德·布瑞德利
麻省理工学院如何追求卓越	[美]查尔斯·维斯特

大学与市场的悖论	[美]罗杰·盖格
高等教育公司：营利性大学的崛起	[美]理查德·鲁克
公司文化中的大学：大学如何应对市场化压力	[美]埃里克·古尔德
美国高等教育质量认证与评估	[美]美国中部州高等教育委员会
现代大学及其图新	[美]谢尔顿·罗斯布莱特
美国文理学院的兴衰——凯尼恩学院纪实	[美]P.F.克鲁格
教育的终结：大学何以放弃了对人生意义的追求	[美]安东尼·T.克龙曼
大学的逻辑（第三版）	张维迎
我的科大十年（续集）	孔宪铎
高等教育理念	[英]罗纳德·巴尼特
美国现代大学的崛起	[美]劳伦斯·维赛
美国大学时代的学术自由	[美]沃特·梅兹格
美国高等教育通史	[美]亚瑟·科恩
美国高等教育史	[美]约翰·塞林
哈佛通识教育红皮书	哈佛委员会
高等教育何以为"高"——牛津导师制教学反思	[英]大卫·帕尔菲曼
印度理工学院的精英们	[印度]桑迪潘·德布
知识社会中的大学	[英]杰勒德·德兰迪
高等教育的未来：浮言、现实与市场风险	[美]弗兰克·纽曼等
后现代大学来临？	[英]安东尼·史密斯等
美国大学之魂	[美]乔治·M.马斯登
大学理念重审：与纽曼对话	[美]雅罗斯拉夫·帕利坎
学术部落及其领地——当代学术界生态揭秘（第二版）	[英]托尼·比彻 保罗·特罗勒尔
德国古典大学观及其对中国大学的影响（第二版）	陈洪捷
转变中的大学：传统、议题与前景	郭为藩
学术资本主义：政治、政策和创业型大学	[美]希拉·斯劳特 拉里·莱斯利
21世纪的大学	[美]詹姆斯·杜德斯达
美国公立大学的未来	[美]詹姆斯·杜德斯达 弗瑞斯·沃马克
东西象牙塔	孔宪铎
理性捍卫大学	眭依凡

学术规范与研究方法系列

如何为学术刊物撰稿（第三版）	[英]罗薇娜·莫瑞
如何查找文献（第二版）	[英]萨莉·拉姆齐
给研究生的学术建议（第二版）	[英]玛丽安·彼得等
社会科学研究的基本规则（第四版）	[英]朱迪斯·贝尔
做好社会研究的10个关键	[英]马丁·丹斯考姆
如何写好科研项目申请书	[美]安德鲁·弗里德兰等
教育研究方法（第六版）	[美]梅瑞迪斯·高尔等
高等教育研究：进展与方法	[英]马尔科姆·泰特
如何成为学术论文写作高手	[美]华乐丝
参加国际学术会议必须要做的那些事	[美]华乐丝
如何成为优秀的研究生	[美]布卢姆
结构方程模型及其应用	易丹辉 李静萍
学位论文写作与学术规范（第二版）	李武 毛远逸 肖东发
生命科学论文写作指南	[加]白青云
法律实证研究方法（第二版）	白建军
传播学定性研究方法（第二版）	李琨

21世纪高校教师职业发展读本

如何成为卓越的大学教师	[美]肯·贝恩
给大学新教员的建议	[美]罗伯特·博伊斯
如何提高学生学习质量	[英]迈克尔·普洛瑟等
学术界的生存智慧	[美]约翰·达利等
给研究生导师的建议（第2版）	[英]萨拉·德拉蒙特等
高校课程理论——大学教师必修课	黄福涛

21世纪教师教育系列教材·物理教育系列

中学物理教学设计	王霞
中学物理微格教学教程（第三版）	张军朋 詹伟琴 王恬
中学物理科学探究学习评价与案例	张军朋 许桂清
物理教学论	邢红军
中学物理教学法	邢红军
中学物理教学评价与案例分析	王建中 孟红娟
中学物理课程与教学论	张军朋 许桂清
物理学习心理学	张军朋
中学物理课程与教学设计	王霞

21世纪教育科学系列教材·学科学习心理学系列

数学学习心理学（第三版）	孔凡哲
语文学习心理学	董蓓菲

21世纪教师教育系列教材

青少年心理发展与教育	林洪新 郑淑杰
教育心理学（第二版）	李晓东
教育学基础	庞守兴
教育学	余文森 王晞
教育研究方法	刘淑杰
教育心理学	王晓明
心理学导论	杨凤云
教育心理学概论	连榕 罗丽芳
课程与教学论	李允
教师专业发展导论	于胜刚
学校教育概论	李清雁
现代教育评价教程（第二版）	吴钢
教师礼仪实务	刘霄
家庭教育新论	闫旭蕾 杨萍
中学班级管理	张宝书
教育职业道德	刘亭亭
教师心理健康	张怀春

现代教育技术	冯玲玉
青少年发展与教育心理学	张 清
课程与教学论	李 允
课堂与教学艺术（第二版）	孙菊如 陈春荣
教育学原理	靳淑梅 许红花
教育心理学（融媒体版）	徐 凯
高中思想政治课程标准与教材分析	胡田庚 高 鑫

21世纪教师教育系列教材·初等教育系列

小学教育学	田友谊
小学教育学基础	张永明 曾 碧
小学班级管理	张永明 宋彩琴
初等教育课程与教学论	罗祖兵
小学教育研究方法	王红艳
新理念小学数学教学论	刘京莉
新理念小学音乐教学论（第二版）	吴跃跃
初中历史跨学科主题学习案例集	杜 芳 陆优君
青少年心理发展与教育	林洪新 郑淑杰
名著导读12讲——初中语文整本书阅读指导手册	文贵良
小学融合教育概论	雷江华 袁 维

教师资格认定及师范类毕业生上岗考试辅导教材

教育学	余文森 王 晞
教育心理学概论	连 榕 罗丽芳

21世纪教师教育系列教材·学科教育心理学系列

语文教育心理学	董蓓菲
生物教育心理学	胡继飞

21世纪教师教育系列教材·学科教学论系列

新理念化学教学论（第二版）	王后雄
新理念科学教学论（第二版）	崔 鸿 张海珠
新理念生物教学论（第二版）	崔 鸿 郑晓慧
新理念地理教学论（第三版）	李家清
新理念历史教学论（第二版）	杜 芳
新理念思想政治（品德）教学论（第三版）	胡田庚
新理念信息技术教学论（第二版）	吴军其
新理念数学教学论	冯 虹
新理念小学音乐教学论（第二版）	吴跃跃

21世纪教师教育系列教材·语文教育系列

语文文本解读实用教程	荣维东
语文课程教师专业技能训练	张学凯 刘丽丽
语文课程与教学发展简史	武玉鹏 王从华 黄修志
语文课程学与教的心理学基础	韩雪屏 王朝霞
语文课程名师名课案例分析	武玉鹏 郭治锋等
语用性质的语文课程与教学论	王元华
语文课堂教学技能训练教程（第二版）	周小蓬
中外母语教学策略	周小蓬
中学各类作文评价指引	周小蓬
中学语文名篇新讲	杨 朴 杨 旸
语文教师职业技能训练教程	韩世姣

21世纪教师教育系列教材·学科教学技能训练系列

新理念生物教学技能训练（第二版）	崔 鸿
新理念思想政治（品德）教学技能训练（第三版）	胡田庚 赵海山
新理念地理教学技能训练（第二版）	李家清
新理念化学教学技能训练（第二版）	王后雄
新理念数学教学技能训练	王光明

王后雄教师教育系列教材

教育考试的理论与方法	王后雄
化学教育测量与评价	王后雄
中学化学实验教学研究	王后雄
新理念化学教学诊断学	王后雄

西方心理学名著译丛

儿童的人格形成及其培养	[奥地利]阿德勒
活出生命的意义	[奥地利]阿德勒
生活的科学	[奥地利]阿德勒
理解人生	[奥地利]阿德勒
荣格心理学七讲	[美]卡尔文·霍尔
系统心理学：绪论	[美]爱德华·铁钦纳
社会心理学导论	[美]威廉·麦独孤
思维与语言	[俄]列夫·维果茨基
人类的学习	[美]爱德华·桑代克
基础与应用心理学	[德]雨果·闵斯特伯格
记忆	[德]赫尔曼·艾宾浩斯
实验心理学（上下册）	[美]伍德沃斯 施洛斯贝格
格式塔心理学原理	[美]库尔特·考夫卡

21世纪教师教育系列教材·专业养成系列（赵国栋 主编）

微课与慕课设计初级教程	
微课与慕课设计高级教程	
微课、翻转课堂和慕课设计实操教程	
网络调查研究方法概论（第二版）	
PPT云课堂教学法	
快课教学法	

其他

三笔字楷书书法教程（第二版）	刘慧龙
植物科学绘画——从入门到精通	孙英宝
艺术批评原理与写作（第二版）	王洪义
学习科学导论	尚俊杰
艺术素养通识课	王洪义